1. 北海道（札幌市）
2. 青森県（青森市）
3. 岩手県（盛岡市）
4. 宮城県（仙台市）
5. 秋田県（秋田市）
6. 山形県（山形市）
7. 福島県（福島市）
8. 茨城県（水戸市）
9. 栃木県（宇都宮市）
10. 群馬県（前橋市）
11. 埼玉県（さいたま市）
12. 千葉県（千葉市）
13. 東京都（東京［新宿区］）
14. 神奈川県（横浜市）
15. 新潟県（新潟市）
16. 富山県（富山市）
17. 石川県（金沢市）
18. 福井県（福井市）
19. 山梨県（甲府市）
20. 長野県（長野市）
21. 岐阜県（岐阜市）
22. 静岡県（静岡市）
23. 愛知県（名古屋市）
24. 三重県（津市）
25. 滋賀県（大津市）
26. 京都府（京都市）
27. 大阪府（大阪市）
28. 兵庫県（神戸市）
29. 奈良県（奈良市）
30. 和歌山県（和歌山市）
31. 鳥取県（鳥取市）
32. 島根県（松江市）
33. 岡山県（岡山市）
34. 広島県（広島市）
35. 山口県（山口市）
36. 徳島県（徳島市）
37. 香川県（高松市）
38. 愛媛県（松山市）
39. 高知県（高知市）
40. 福岡県（福岡市）
41. 佐賀県（佐賀市）
42. 長崎県（長崎市）
43. 熊本県（熊本市）
44. 大分県（大分市）
45. 宮崎県（宮崎市）
46. 鹿児島県（鹿児島市）
47. 沖縄県（那覇市）

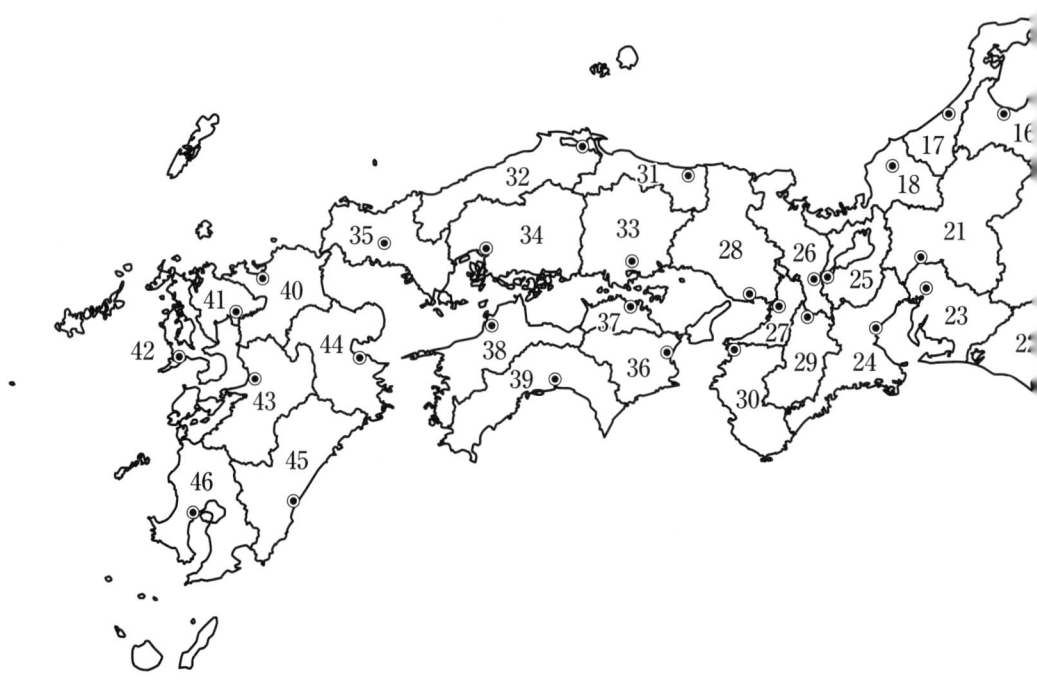

世界地誌シリーズ ①

日　本

菊地 俊夫 編

朝倉書店

編集者

菊地俊夫　首都大学東京大学院都市環境科学研究科

執筆者
（　）は担当

池　俊介　早稲田大学教育・総合科学学術院（5章）

菊地俊夫　首都大学東京大学院都市環境科学研究科（1, 9章）

作野広和　島根大学教育学部（3章）

堤　　純　筑波大学大学院生命環境科学研究科（8章）

仁平尊明　北海道大学大学院文学研究科（7章）

根田克彦　奈良教育大学教育学部（4章）

松井圭介　筑波大学大学院生命環境科学研究科（6章）

山下宗利　佐賀大学文化教育学部（2章）

（50音順）

まえがき

　グローバル化の進展は，世界各地の人々や地域の交流を直接的にも間接的にも強め，いつでもどこでも誰でも同じ情報を共有し，同じような体験を味わうことができる画一的な世界をつくってきた．地域においては，グローバル化は地域の個性を失わせる方向で影響を及ぼし，地域ならではの伝統・風習や産物が失われてきた．例えば，スーパーマーケットの生鮮食品売り場をのぞいてみると，販売されている大根はほとんどが青首大根である．かつては，練馬大根や三浦大根のように，地域の風土に根ざした大根が栽培され流通していたはずである．しかし，現在の日本における大根の市場占有率は青首大根が95％と卓越している．これは，青首大根の調理における利便性（煮くずれしないことと食味がよいこと）が情報として広まるとともに，トラック輸送による流通しやすさが青首大根の産地を拡大させ，練馬大根や三浦大根などの地域野菜を淘汰してきた結果であった．

　グローバル化が進展し没個性の時代といわれる現在，地域の個性を理解することは，世界各地の人々や地域と交流を深め，相互理解するうえで重要である．地域の個性を理解する方法の1つとして地誌の学習や研究がある．地誌は地域を理解する方法として古代から行われており，日本でも古代に編纂された各地の「風土記」は地域を紹介し理解する地誌の書物であった．「風土記」にもみられるように，地域の個性を理解する古典的な方法は，自然や歴史，文化，産物，産業，社会などの項目に従って網羅的に地域の様相を丹念に記述することであった．このような方法は静態地誌と呼ばれ，長い間，地誌の学習や研究の主流になっていた．しかし近年では，静態地誌と異なる方法でも地域の個性が理解されるようになった．1つは動態地誌の方法であり，農業や観光など地域を特徴づけるテーマを設定し，そのテーマに関連して地域の様相を記述する．もう1つは比較地誌の方法であり，他地域と比較しながら地域の個性を明らかにする．

　本書は，静態地誌の知見を基盤にしながら，動態地誌や比較地誌の方法を取り入れて，日本全体における地域の個性を理解するとともに，7つの地方（九州，中国・四国，近畿，中部，関東，東北，北海道）それぞれの個性を理解する新しい地誌の教科書を目指している．第1章では，日本の地誌を考える枠組みをさまざまな地域区分を通じて概観する．第2章以降では，それぞれの地方の特徴的なテーマに基づいて地域の個性を体系的に理解し，最終章では日本と世界，特に近隣諸国との相互関係や比較から，日本の性格を読み解いている．本書の刊行には7名の新進気鋭の地理学者の協力が得られ，その陣容は新しい日本の地誌を構築するにふさわしいものとなった．また，朝倉書店編集部には，企画から刊行まで大変お世話になった．記して，深謝したい．

2011年3月

菊 地 俊 夫

目　　次

1. **総論：日本の地域像** ………………………………………………………………………… *1*
   1.1　日本を知る7つの視点　　1
   1.2　日本を描く地誌学的アプローチ　　2
   1.3　多様な地域区分　　4
   1.4　地域差と地域構造　　14
   　　　コラム　日本を知るための資料の探し方　8／道州制と地域区分　17

2. **九州：その特異性と進化** ……………………………………………………………………… *19*
   2.1　東アジアとの近接性　　19
   2.2　多様な自然環境と農業　　20
   2.3　産業構造の変容　　23
   2.4　先端産業「アイランド」の成長　　27
   2.5　福岡への一極集中と地域間格差の拡大　　32
   2.6　九州地方の将来像　　35
   　　　コラム　環境・新エネルギーのパイオニア九州　28／フードアイランド九州　36

3. **中国・四国：三海に囲まれた多様な特性をもつ地域** ……………………………………… *37*
   3.1　多様性に富む自然環境　　37
   3.2　ギャップが著しい産業　　43
   3.3　東西移動を中心とした結びつき　　49
   3.4　中国・四国地方の将来像　　56
   　　　コラム　世界遺産への登録と観光地化　53／宮本常一による「和牛」と「和鉄」の文化　58

4. **近畿：古代から近代までの展示場** …………………………………………………………… *59*
   4.1　多種多様な自然環境　　59
   4.2　近代工業と生産構造の変化　　63
   4.3　京阪神大都市圏の多核心化　　70
   4.4　近畿地方の将来像　　77
   　　　コラム　近畿圏の空港と海外からの観光客　68／歴史的景観の保護と観光地化の問題　78

5. **中部：東日本と西日本を結ぶ回廊** …………………………………………………………… *80*
   5.1　複雑な地形と多様な気候　　80
   5.2　交通条件の良さに支えられた産業　　85
   5.3　内部の地域格差の拡大　　90
   5.4　中部地方の将来像　　95
   　　　コラム　イタイイタイ病の悲劇　97／東日本と西日本の文化の接点　98

6. 関東：東進する日本の中心 ……………………………………………………………… 100
   6.1 自 然 環 境　　100
   6.2 産 業 特 性　　105
   6.3 日本の中心・東京　　112
   6.4 関東地方の地域構造と将来像　　116
     コラム　環境問題の原点：渡良瀬遊水地と足尾鉱毒事件　110／首都機能の移転と新都市建設：筑波研究学園都市　120

7. 東北：豊かな自然とそれに育まれた地方文化 ………………………………………… 121
   7.1 多彩な気候と地形　　121
   7.2 変化を続ける産業　　125
   7.3 発展する交通網と都市の盛衰　　134
   7.4 東北地方の将来像　　137
     コラム　東北地方における人の移動　127／東北地方における山の文化　139

8. 北海道：壮大なスケールの自然と大陸的風土 ………………………………………… 140
   8.1 厳しい自然環境と大地の恵み　　140
   8.2 産業の特徴　　143
   8.3 都市の特徴　　154
   8.4 北海道地方の将来像　　157
     コラム　北前船（弁財船）　147／ラムサール条約：北海道の湿原の保全と適正利用　159

9. 世界の中の日本 …………………………………………………………………………… 160
   9.1 近隣諸国との関係　　160
   9.2 グローバル化と日本の地域性　　161
   9.3 「美しい国」日本の行方　　164
     コラム　世界の人々は日本をどのようにみているのか　165

さらなる学習のための参考図書　　*167*
付録　統計資料　　*172*
索　　引　　*174*

1 総論：日本の地域像

新宿副都心と富士山（写真提供：東京都）

日本の地域像を描くため，自然や歴史文化，あるいは社会経済などに基づく地域的な差異に注目した．それらの地域的な差異は日本の多様な地域区分を生み出してきた．このような地域区分は特定の性格の類似性や異質性によって地域をまとめたものであり，それらの総合的な姿が日本の地域像に反映される．本章では，日本における多様な地域区分を検討し，日本の地域的な差異を明らかにするとともに，北海道，東北，関東，中部，近畿，中国・四国，九州の7地域区分による地域像を確かなものにする．

1.1 日本を知る7つの視点

土地や場所の特徴を読み解く方法は大きく2つある．1つは，土地や場所で興味・関心のある「現象」や「事象」を取り上げ，その現象の秩序や法則性，あるいはその現象の因果関係や形成システムなどを通じて土地や場所の特徴を理解する方法である．これは，地形や気候，あるいは人口や農業など1つの特定なテーマを掘り下げて「地（ち）」の「理（ことわり）」を「学（まな）」ぶものであり，系統地理学的な方法として知られている．もう1つの方法は，特定の現象やテーマに興味をもつのでなく，区画した土地や場所としての「地域」に興味をもつもので，地域を構成する自然や文化，および社会や経済などの諸要素を丁寧に記載し，それらの記載を総合的に検討して地域の性格を読み解くものである．これは，「地（ち）」を「誌（しる）」すことで土地や場所の性格を明らかにするもので，地誌学の方法として周知されている．

地誌学の方法では土地や場所を区画するスケールをどのように設定するかが重要になる．例えば，地域は県（静岡県など）や市町村（静岡市など）の規模でとらえることができるし，地方（関東地方など）や国（日本やフランスなど）といった規模でとらえることもできる．また，身近な地域のようにきわめて微細なスケールが用いられることもあるし，州（ヨーロッパなど）や大陸（アフリカなど）のような大規模なスケールやグローバルなスケールが用いられることもある．当然のことながら，地域のスケールの違いによって地域を考察する視点や方法は異なってくる．地域のスケールが小さくなるにつれて，地域を構成する要素の記載が詳細で具体的なものとなり，土地や場所の性格をより的確に把握することができる．他方，地域のスケールが大きくなるにつれて，地域を構成する記載が一般化・標準化されたものとなる傾向にあり，土地や場所の性格の全体的な概要や地域的な差異は把握しやすくなる．

本書の日本を対象にした地誌では，小さな地域スケールの地誌の利点（具体的な記載）と，大きな地域スケールでの地誌の利点（記載の一般化）を生かすため，両方の地域スケールを組み合わせて地域の性格を読み解くことにした．具体的には，日本全体や地方を対象にした地域スケールでは，対象とした地域の全体的な性格や地域内における地域的差異を議論する．一方，県や市町村を対象とした地域スケールでは，地域の具体的な諸相や地域的差異の因果関係などを詳しく検討する．しかし，いずれの地域スケールで土地や場所

の性格を議論するにしても，地域を構成する要素をどのように抽出し記載するのかを検討することが次のステップとして重要になる．

地域を記載し地域の性格を総合的に把握するためには，地域を構成する諸要素を位置（数理位置・関係位置），自然（地形・気候・陸水・土壌・植生），人口（人口属性・人口構成・人口分布・人口移動），歴史，産業（農牧業・工業・商業・流通・交通・通信・観光），生活文化（都市・村落・衣食住），他地域との関連に分け，その順序と項目に従って体系的・網羅的に整理する方法が一般的である（図1.1）．以上に述べた項目ごとに地域を調べて考察する方法は，多くの国別の世界地誌や百科事典で採用されているものであり，静態地誌と呼ばれるものである．このような方法は，地域を構成する要素を項目として漏れなく網羅的に調べることができ，地域が異なっても同じ項目で体系的に調べることができるため，地域の比較も容易にできる．しかし，地域を構成する要素が羅列的に説明されることや，地域を構成する要素間の相互関係に基づく性格や特徴が把握しにくいといった問題も少なからず指摘されている．

地域を構成する要素の羅列的な説明に陥らないようにするためには，説明に重点項目を設け，説明にメリハリをつける必要がある．本書では，日本を1つの地域として理解するために，あるいは日本をいくつかに区分した地域を理解するために，以下の7つの視点からの考察が必要であると

した．すなわち，自然環境を中核とした考察，歴史的背景を中核とした考察，産業を中核とした考察，環境問題や環境保全を中核とした考察，人口や都市，村落を中核とした考察，生活・文化を中核とした考察，他地域との結びつきを中核とした考察である．これら7つの視点はどの地域にとっても必要不可欠であるが，ある地域を地誌的に考察する際にどの視点が重要なのかを選択することで説明にメリハリをつけることができる．

他方，本書で設定した地誌的な考察のための7つの視点は，先に述べた地域を構成する要素の項目とほぼ合致する．しかし，地域を考察する時点での時代の背景や要請（ニーズ）から必要とされる視点を追加することもできる．21世紀になって，環境に対する意識や関心が急速に高まってきたため，本書は環境問題や環境保全を中核とした考察も加えた．

1.2 日本を描く地誌学的アプローチ
―静態地誌から動態地誌へ，そして比較地誌へ―

地域を構成する要素を項目ごとに調べて記載し，最後に記載したことをまとめて考察して地域の性格を明らかにする静態地誌の方法に代わって，特色ある地理的事象や地域の構成要素を中心にして，他の構成要素を関連づけながら地域の性格を考察する方法が求められるようになった．この方法が動態地誌と呼ばれるものである．動態地誌は従来の静態地誌の問題点であった羅列的な記載や分析的でない考察，あるいはステレオタイプ的な結論といったものを改善するために考え出されたフレームワークである．このフレームワークの基本は記載した要素を分析し，その相互関連性に基づいて地域の性格や特徴を体系化するものである．

地域を構成する要素の相互関連性に基づいて地域の性格を明らかにする方法は，地域構造図の分析方法と類似している．地域構造図は地域を構成する諸因子や諸要素との相互関係を示すものである（千葉，1972，1973）．しかし，地域を構成する諸因子や諸要素をすべて羅列的に列挙することは不可能であり，意味のあることでもない．そのた

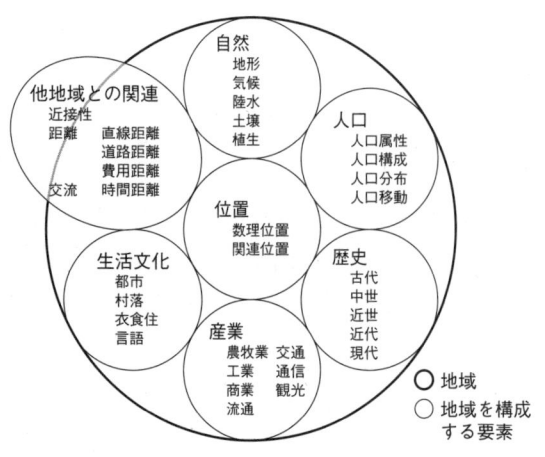

図1.1 地域と地域を構成する諸要素

め，地域構造図を作成するためには，対象とする地域における地理的事象の中で特徴的なものに焦点を絞り，それに関連した因子や要素を抽出し，それらの相互関係を明らかにすることが必要となる．このような考え方や作業プロセスが動態地誌の方法や考え方と類似している．実際，地域構造図では抽出した因子と要素の関連性や関連順序に従って系統的に矢印で結ぶことにより，地域構造図の概念的なフレームワークが構築できる．さらに，関連性の強さを矢印の太さで示したり，関連作用を歴史的系列や社会経済的系列，および自然的系列に区分して記述したりするなど，地域構造図をわかりやすくする工夫も必要になる．

地域構造図の1つの事例として，富山県の黒部川扇状地における農村変化に着目して地域の因子と要素の関連性をみてみよう（図1.2）．

黒部川扇状地の農村変化は自立農業地域の形成，合理化された水稲作，通勤兼業農村，生活の都市化で特徴づけられる．地域における内的因子（加賀藩，黒部川水量豊富，扇状地地形，扇状地土壌，積雪，土地所有の固定性，大都市から遠隔地，扇状地の中心地の配置と交通路）が外的因子（米

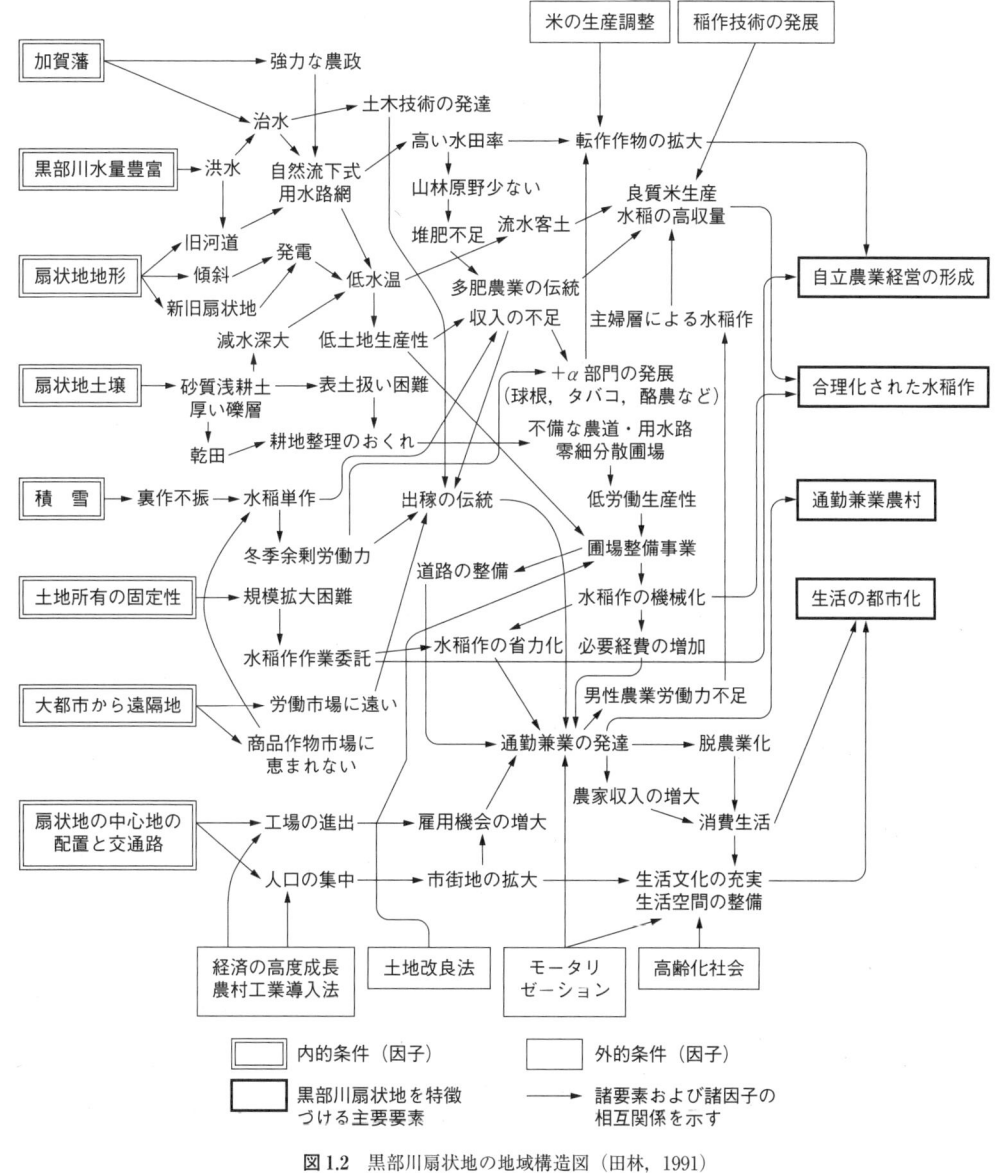

図1.2 黒部川扇状地の地域構造図（田林，1991）

表 1.1 本書における地域区分と分析項目

地方＼項目	自然環境を中核とした考察	歴史的背景を中核とした考察	産業を中核とした考察	環境問題や環境保全を中核とした考察	人口や都市・村落を中核とした考察	生活・文化を中核とした考察	他地域との結びつきを中核とした考察
九州	○		○	コラム	○	コラム	
中国・四国	○	コラム	○			コラム	○
近畿	○	コラム	○		○		コラム
中部	○			コラム	○	コラム	○
関東	○	コラム	○		コラム		○
東北	○		○		コラム	コラム	○
北海道	○	コラム	○	コラム	○		

の生産調整，稲作技術の発展，経済の高度成長，農村工業導入法，土地改良法，モータリゼーション，高齢化社会）と関連して地域の構成要素を生み出し，最終的には地域を特徴づける4つの要素に収斂されていく．以上に述べたように，黒部川扇状地の地域の性格は農村変化という地理的事象に焦点を当て，それに関連して自然や社会経済，および歴史的背景や生活文化，他地域との関係を関連づけて体系的に説明することで明らかにされた．このような方法がまさに動態地誌である．

最近では，静態地誌や動態地誌とともに，比較地誌の見方・考え方が新しい地誌のフレームワークとして取り入れられるようになった．比較地誌は複数の地域を静態地誌の自然や産業などの項目で整理し，項目ごとに比較して地域の共通性や異質性を把握することで地域の性格を明らかにするものである．比較地誌は動態地誌として同じように記述分析した複数の地域を比較考察することもできる．比較地誌の大きな利点は，それぞれの地域の性格が比較することで容易に把握できることである．しかし，どのような地域単位で比較するのか，あるいは何をどのように比較するのかを体系的・合理的に説明する必要がある．一般に，比較する地域単位は，国レベル（例えば，日本とイギリス）や地方レベル（例えば，関東地方と近畿地方）といった同じレベルの地域単位で比較することが多い．また，比較の方法も静態地誌の項目ごとに行うことが多いが，共通した特定のテーマ（例えば，都市構造や産業構造の変化など）に基づいて地域の構成要素がどのように関連するかを比較するものもある．

本書では，日本を7つ（九州，中国・四国，近畿，中部，関東，東北，北海道）に区分し，地域の構成要素の7つの項目から分析と考察を加えている（表 1.1）．また，本書は7つの項目の中で，いくつかの項目を抽出し，それを中心的な視点として地域の性格を明らかにするが，その際に動態地誌のフレームワークも取り入れることにしている．さらに，いくつかの地域では分析・考察する視点となる項目が共通しており，比較地誌の議論も可能なものになっている．したがって，本書は静態地誌だけでなく，動態地誌や比較地誌のフレームワークも取り入れられるように工夫された内容になっている．

1.3 多様な地域区分

1.3.1 自然環境に基づく地域区分

日本はユーラシア大陸の東岸と日本海を挟んで対峙し，ヨーロッパからみれば「極東」と呼ばれるように，大陸の東の端に位置している．また，日本は主に日本海と太平洋に囲まれた島国で，その中央には3000m級の脊梁山脈が走っている．島国としての大きな特徴は南北に長く，南は亜熱帯の北緯20°，北は亜寒帯の北緯45°まで広がっている．基本的には，日本は中緯度に位置し，偏西風による大気の流れと海に囲まれていることの影響を受けて，四季の変化が明瞭にみられ，海洋性気候の特徴を呈している．しかし，南北に長い国土と脊梁山脈の影響で，北日本と西南日本，および太平洋側と日本海側の気候の地域的差異が著しい．例えば，冬にシベリア高気圧の影響を強く受ける北日本は，緯度のわりには寒冷で，積雪も多く，そのことが温暖な西南日本との地域的差異になっている．

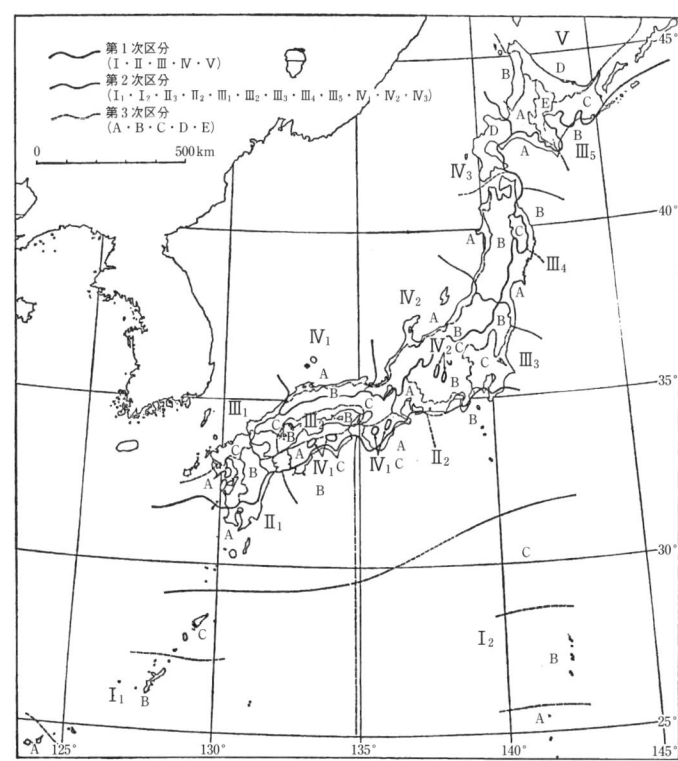

図1.3 日本における気候区分（青野・尾留川, 1980）
I_1：南西諸島など
I_2：小笠原諸島など
II_1：南九州と四国の太平洋岸
II_2：紀伊半島から房総半島までの沿岸地域の一部
III_1：九州と山口県の一部
III_2：瀬戸内海を囲む地域
III_3：主として中部地方と関東地方の太平洋側地域
III_4：東北地方太平洋岸
III_5：北海道太平洋岸
IV_1：中国地方の日本海側のほとんどの地域
IV_2：主として中部地方の日本海側
IV_3：東北地方の日本海側と北海道の半島部
V：北海道主部

　日本の気候に基づいた地域区分では（図1.3），第1次区分（マクロ）は5地域で構成されており，それらは主に緯度の違いによって亜熱帯から亜寒帯に区分されている．第2次区分（マクロ-メソ）は13地域から構成され，緯度の違いに加えて太平洋側と日本海側の対照性が地域区分の基準になっている．第3次区分（メソ）は39地域から，第4次区分（メソ-ローカル）と第5次区分（ローカル）はそれぞれ186地域と323地域から構成されている．メソスケールやローカルスケールになると，気候区分は複雑な地形を反映してより多様になる．全体的には，日本の気候区分は南北に広がる国土と南北に走る脊梁山脈の影響を強く受けるが，複雑な地形による気候の地域的差異も大きなものとなっている（青野・尾留川, 1980）．

　次に，日本の地形区分をみると（図1.4），日本は独立した島弧の会合によって4つの地域に大きく区分されている．すなわち，1次の地域区分は北海道胴体部地方と東北地方，および中央地方と西南地方である．さらに，東北地方と中央地方，および西南地方は中央構造線やフォッサマグナ（糸魚川-静岡構造線）などの地帯構造区分に従って2つないし3つの亜地域に区分されている．さらに，地盤活動や火山活動などの内因的な作用が実際の地形に及ぼした影響を考慮して，1次の地域やその亜地域がさらに区分され，それらは2次的な地域区分になる．具体的には，関東地方は1次区分で中央地方に，亜地域として東部亜地方と西部亜地方に区分される．また，東部亜地方は関東平野や関東山地など5つの2次的な地域区分で構成されている．さらに，内的作用だけでなく外的作用も斟酌すると，日本の地形区分は第3次区分まで行うことができる（青野・尾留川, 1980）．

　このような地形区分から，日本における地形単位の特徴はそれぞれに細かくなっており，比較的広くまとまったものが少ないことがわかる．特に，人間の生活や経済活動の主要舞台である平野は，それぞれ広い山地に隔てられて分散的に分布しており，小規模でポケット状に広がっているにすぎない．そのため，個々の平野単位で独特な生活文化や産業が発達し，それが日本の多様な性格と地域の独自性を生み出してきた．実際，平野単

図 1.4 日本における地形区分（青野・尾留川，1980）

位の地域は，地形や土壌，および地質などの土地条件に基づいてひとまとまりの地域が形成するだけでなく，気候や植生などの自然条件とも関連してひとまとまりの地域になる傾向にある．さらに，交通や市場などの社会経済条件に関連しても，ひとまとまりの地域を形成する傾向にあり，それは他地域との関連を希薄にし，地域を閉鎖的なものにしてきた．

1.3.2　歴史的背景に基づく地域区分

古代の日本では，律令制度の成立にともなって，中国で用いられていた「道」を取り入れた広域地方行政区分が行われた．この広域行政区分は五畿七道と呼ばれるもので，都（平城京）周辺の五国を畿内に，それ以外の地域を東海道，東山道，北陸道，山陰道，山陽道，南海道，西海道の七道に区分した（図 1.5）．五畿七道の区分は，地形条件に基づいて区分されているが，中央と周辺の関係も大きく反映されている．古代の日本では，中央と地方を結ぶ通信と交通は駅伝制によって支えられていた．その駅伝制の幹線街道（官道，駅路）が東海道や東山道などの七道である．幹線街道では 30 里（約 16 km）ごとに駅が設置され，駅馬が常備された．駅鈴をもった役人や公文書を伝達する駅使は駅で駅馬を乗り継いで，中央から地方に向かった．したがって，七道の地域は幹線街道に基づく中央と地方の結びつきによって区分されていた．例えば，現在の群馬県と栃木県が東山道に区分され，「上」野国と「下」野国と上下の名称がついているのも畿内からの交通路とその経路順に基づくものであった．

図 1.5 律令国家の行政区分（五畿七道）
（山本ほか，2006 より作成）

明治期以降になると，9つの地方区分（北海道，東北，関東，北陸，東海，近畿，中国，四国，九州）が広域行政区分として用いられるようになった．この地方区分は廃藩置県による道府県を単位としているが，五畿七道の歴史的背景や地域のまとまりを考慮したものとなっていた．現在の地方区分と異なるのは，関東地方に山梨県が，北陸地方に長野県が含まれていたことであり，三重県は東海地方に属することも現在の地方区分と異なっている．山梨県と長野県は五畿七道の区分では北関東との結びつきが強いため，関東地方と結びつくことが妥当であるが，長野県は信濃川の水系や流域との関連で北陸地方と結びついた形で地方区分されている．他方，三重県は五畿七道では東海道に位置づけられており，東海地方との結びつきを強くしていた．このように，日本の地方（地域）区分は歴史的背景を強く残しながら行われてきたといえる．

1.3.3 社会経済活動に基づく地域区分

人間の経済活動や産業と関連した日本の地域区分の1つに，農業地域区分がある．農林省開拓局計画部開拓経済課（1949）による日本の農業地域区分は，さまざまな要素を考慮して，総合的な地域区分を最初に行ったものとして評価されている．この地域区分は，食料増産のための開拓可能地の探求と農業生産様式の合理化・高度化を進めるためのものであるが，自然条件（気候と地形，土壌，植生，地質など）と社会経済条件（栽培作物と飼養家畜，交通，市場など）を総合的に検討したものになっていた（図 1.6）．具体的には，大分類では第1に気候を，次に地形を考慮し，日本の農業地域は13地帯に区分された．13地帯は北海道半島部と道西，道東，裏日本，東北太平洋岸，関東，東海，中部山地，山陰，畿内，瀬戸内，中部九州，南海であり，緯度による地域的差異や脊梁山脈による地域的差異が強く反映されている．

中分類では気候と地形に加えて，地理的位置と交通を考慮し，日本の農業地域は46地域に区分された．例えば，図 1.6 で Ⅵ 地帯の関東は (a) の北部山地と (b) の平野，および (c) の西部山地の3つに中分類され，交通条件や市場への近接性が重要な指標になっている．さらに小分類になると，交通条件や市場への近接性を詳細に検討し，日本の農業地域は261地区に区分された．例えば，関東の平野部に中分類された地域は，道路密度や鉄道敷設の状況，および市場への近接性に基づいて，13の農業地区に区分されている．このように，日本の農業地域区分は気候や地形の自然条件を強く反映するものであったが，さまざまな技

> コラム1

日本を知るための資料の探し方

資料を手早く探すために
　地域を知るための資料の探し方はさまざまであるが，近年では，インターネットの検索エンジンを用いた方法が手っ取り早いため，多く用いられている．一般に利用される検索エンジンはYahoo!（http://www.yahoo.co.jp/）やGoogle（http://google.co.jp/）などがあり，調べたい内容のキーワードを入力すると，さまざまな情報が示される．しかし検索エンジンを用いた資料探しでは，不必要な資料が多く提示されることが少なくなく，目的に合った資料にたどり着くことが容易にできないことが多い．そのため，資料は文献や映像，あるいは地図や統計資料などに絞って探す必要がある．

文献資料を探す
　文献資料は，従来，図書館で探す方法が一般的であったが，現在ではインターネットを利用して自宅で検索することができる．最も利用しやすく信頼できるのは，国立国会図書館の蔵書検索・申込システムNDL-OPAC（http://opac.ndl.go.jp/index.html）である．書名や著者名がわかっている場合はもちろんのこと，署名や著者名がわからない場合でも，「件名」の欄に知りたいテーマやキーワードを入力すると，該当する文献が提示される．同様の文献検索の方法として，国立情報学研究所の学術コンテンツ・ポータブルGeNii（http://ge.niiac.jp/genii/jsp/index.jsp）がある．この検索では大学図書館などが所蔵する図書や雑誌を検索できるだけでなく，テーマやキーワードに関連した論文も検索することができる．その他，有用な文献検索として全国新聞総合目録データベース（http://sinbun.ndl.go.jp/）があり，国立国会図書館と全国約1300機関が所蔵する新聞の検索ができる．

映像資料を探す
　日本の地誌に関する資料として有用なものは，実際の自然景観や文化景観，あるいは現実の生活文化や経済活動を映し出したものになる．映像資料もインターネットで検索が可能であり，その方法は文献検索と同じである．映像検索によく用いられるサイトは，放送ライブラリー（http://www.bpcj.or.jp/search/index.php）とNHKアーカイブス（http://www.nhk.or.jp/archives/）である．

地図資料を探す
　地図の検索もインターネットで容易に行うことができる．例えば，Googleマップ検索（http://maps.google.co.jp/）やMapion地図検索（http://www.mapion.co.jp/）がある．特に，Googleマップは空中写真と併用して画面上でズームインやズームアウトしながら検索できるため，得ようとする地図を手に入れることが容易にできる．また，国土地理院が無償で提供する電子国土サイト（http://portal.cyberjapan.jp/）を利用すれば，地形図の閲覧だけでなく，国や地方公共団体が公表している地図や主題図を閲覧することができる．さらに，国土地理院の地図閲覧サイト（http://watchizu.gsi.go.jp/）や空中写真閲覧国土変遷アーカイブ（http://archive.gsi.go.jp/airphoto/）も利用できる．しかし，地図は知ろうとする地域のスケールや時代に応じて使い分ける必要がある．市町村レベルであれば，2万5000分の1や5万分の1の地形図が，都道府県や地方レベルであれば20万分の1の地勢図や50万分の1の地方図が必要になる．国土地理院発行の過去の地形図や地勢図に関しては，国土地理院関東地方測量部で閲覧と謄本の受け取りができる．

統計資料を探す
　統計資料を探すことは，国の省庁がそれぞれの管轄で作成していたり，地方自治体が独自に作成していたりするため，面倒であった．例えば，国勢調査は国内の人口や世帯に関する統計で，総務省が毎年5年ごとに管轄して実施している．工業統計書や商業統計書は毎年，サービス業基本調査は5年ごとに経済産業省が管轄して行うが，農林業センサスは5年ごとに農林水産省が行っている．このような，統計資料の所管が多岐にわたる不便を解消するため，統計図書館が国立国会図書館の支部として整備された．統計図書館（http://www.stat.go.jp/training/toshokan/4.htm）は内外の統計資料を所蔵する統計専門の図書館で，蔵書検索システムを利用すれば知ろうとする内容に適した統計を探すことができる．

　　　　　　　　　　　　　　　　　　　　　　　　　　　　　　　　　　　　　　　［菊地俊夫］

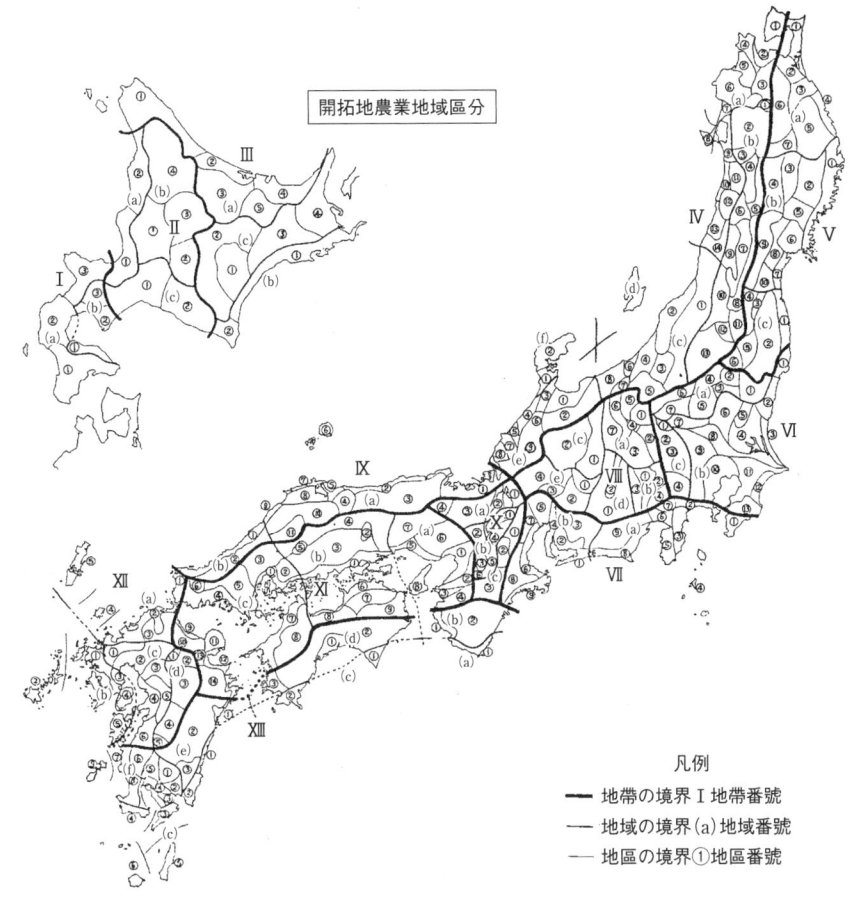

図 1.6 日本の農業地域区分（農林省開拓局計画部開拓経済課編，1949）

術革新によって自然条件の制約は弱まる傾向にあった．現代の農業地域区分においても，自然条件の役割は低下する傾向にある．それに対して，市場や都市への近接性とそれを支える交通条件は農業地域区分を規定する重要な指標になっている（田林ほか編，2009）．

次に，都市や市場への近接性に配慮して作成した日本の農村空間区分をみてみよう．農村空間の区分では，都市的要素と農村的要素の程度を景観や土地利用の側面と就業構造の側面から分析し，農村空間の類型が都市化の影響と労働市場や農産物市場としての都市への近接性を考慮して導き出された．それらは，都市農村空間，郊外農村空間，都市周辺農村空間，後背農村空間，農業卓越農村空間，出稼農村空間，自営兼業農村空間の 7 類型である（表 1.2）．例えば，都市農村空間では，恒

表 1.2 日本における農村空間の諸類型（山本ほか編，1987）

	Å 都市農村空間	A 郊外農村空間	B 都市周辺農村空間	C 後背農村空間	D 農業卓越農村空間	E 出稼農村空間	F 自営兼業農村空間
景観	U＋r	U＋R	u＋R	R	R	R	U＋R
就業構造	U＋r	U＋r	U＋R	U＋R	u＋R	U＋R	U＋r
農外就業	恒常的安定兼業（通勤）			恒常的不安定兼業（日雇）	臨時的不安定兼業（日雇・出稼）	臨時的不安定兼業（出稼）	自営兼業（観光・在来工業）

R・r：農村的要素，U・u：都市的要素．それぞれの要素の強弱はそれぞれ大文字と小文字で示されている．

常的安定兼業（通勤）が農外就業として卓越し，景観と就業構造はともに都市的要素が強く，農村的要素が弱い．それに対して，都市周辺農村空間では，恒常的安定兼業（通勤）が農外就業として卓越しているが，農村的要素が景観や就業構造において強く残存している．また農業卓越農村空間になると，景観や就業構造はほとんど農村的要素によって特徴づけられ，臨時的不安定兼業（日雇・出稼）が農外就業として卓越する．

日本における農村空間の諸類型の分布から地域区分をすると（図1.7），都市農村空間は東京と大阪と名古屋の大都市中心地を核にして広がり，その周囲を郊外農村空間が，さらにその外側を都市周辺農村空間が取り囲んでおり，都市を中心とする圏構造が形成されている．郊外農村空間と都市周辺農村空間の組み合わせは，京浜地方から北九州まで連続してみられ，その通勤兼業地帯は太平洋ベルト地帯にも相当する．一般に，都市周辺農村の外側には後背農村空間が広がり，その周囲には遠隔地農村ともいえる出稼兼業農村空間が出現する．出稼兼業農村空間は，太平洋ベルト地帯を日本列島の核とするならば，最も外縁に位置し，交通条件が比較的悪く，都市への近接性は低い．他方，農業卓越農村空間や自営兼業農村空間は空間的な広がりに乏しく，都市周辺農村空間や後背農村空間や自営兼業農村空間において点在する分布パターンになっている．日本の農村空間区分では気候や地形が地域区分の重要な指標になっているが，それら以上に都市との関わりや関係位置，および都市化の程度が重要な指標になっていることがわかる．このことは，近年において社会経済条件が地域を考察する視点として自然条件とともに重要になってきたことを示唆している．

1.3.4 生活文化に基づく地域区分

日本における生活文化に関しては，南北に長い国土や多様で複雑な自然条件を反映して，あるいは交通通信のインフラストラクチャーが未発達であったため，著しい地域的差異が第二次世界大戦前まで基本的にあった．第二次世界大戦後になると，交通の技術革新や情報通信の発展は日本における生活文化の地域的差異を小さくし，地域の伝統的で独特な生活文化は衰退傾向にある．しかし，日本全体で等質的な傾向にある生活文化においても，地域的差異は少なからず残存し，そのような地域的差異に基づいて地域区分を行うことが可能になる．特に，地域における衣食住や言語は，交通や通信情報ネットワークの発展で容易に変化しやすい要素として考えられてきたが，地域を特

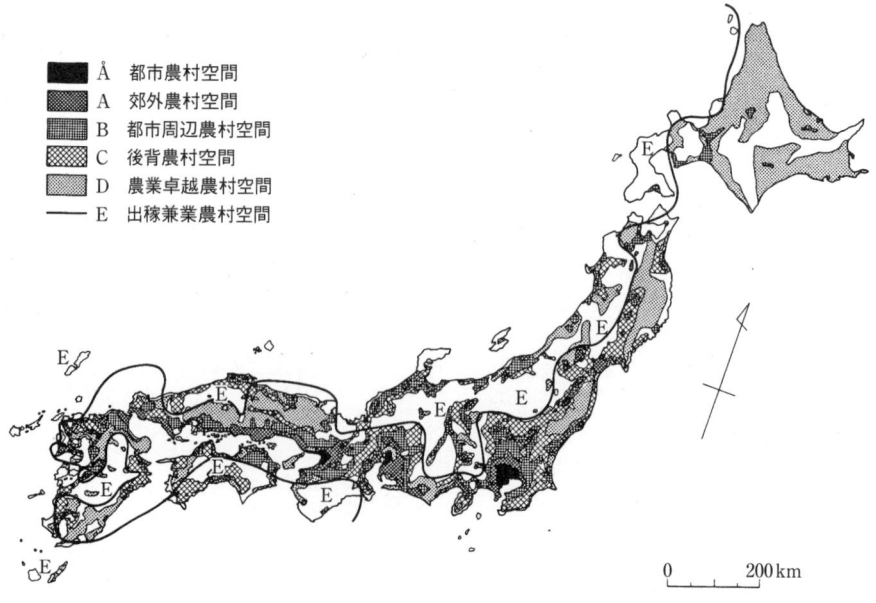

図1.7 日本における農村空間区分（山本ほか編，1987）

徴づける基本的な要素として残存もしてきた．以下では，そのような生活文化に基づいて地域区分の諸相を検討する．

日本における雑煮文化を整理した図1.8によれば，雑煮には餅の形や汁の仕立て方，あるいは具材の種類に地域的差異があることがわかる．最も明確な地域的差異は角餅を使用する東日本と丸餅を使用する西日本で，その境界は福井県と石川県，滋賀県と岐阜県（関ヶ原付近），三重県と愛知県になっている．雑煮は正月の「ハレ」の食事（祝い膳）であるが，本来は武士の宴席の最初の酒の肴として振舞われた．そのような雑煮文化が近世の武士社会で儀礼化し，一般庶民にも伝わって定番化した．他方，畿内の米作地帯では農家が大晦日に供えた丸餅を正月に雑煮として食べて，家内安全や豊作を祈願したといわれる．つまり，江戸時代の武家社会に関連した文化と，伝統的な寿福円満の縁起に基づく文化との違いを反映している．このように，日本の生活文化における地域的差異の東西性やそれに基づく地域区分は，文化の伝播パターンや歴史的背景を反映する場合が少なくない．

雑煮における汁の仕立て方は（図1.8），味噌仕立てとすまし仕立てに大きく大別でき，畿内と香川県や徳島県は味噌仕立てが，それら以外はすまし仕立てが卓越している（山陰地方の一部に小豆汁仕立てが例外的にみられる）．味噌仕立ては古風な味付けで，基本的には白味噌を使用するなど京の食文化の影響を受けている．すまし仕立ては醤油と塩で簡単に味付けをするもので，質実剛健である武家社会の影響を受けたものになっている．ここでも，京文化の伝統と武家文化に基づく地域的差異がみられるが，西日本は東日本と同様にすまし仕立ての文化圏になっている．これは，参勤交代などにより江戸の食文化が地方に伝播したものであり，交通や通信情報によって地域の生活文化が変化したことを示唆している．同様に，雑煮の餅を煮るか煮ないかも畿内の雑煮文化の伝播と関わり，餅を煮る文化は西日本や東海・北陸の主要街道に沿って伝播していることがわかる．また，雑煮に里芋を用いる地域は畑作地帯の伝統文化と関わり，畿内や関東や九州で発達した．

次に，国立国語研究所編『日本言語地図』を用いて，標準語形の都道府県別分布を検討し，その

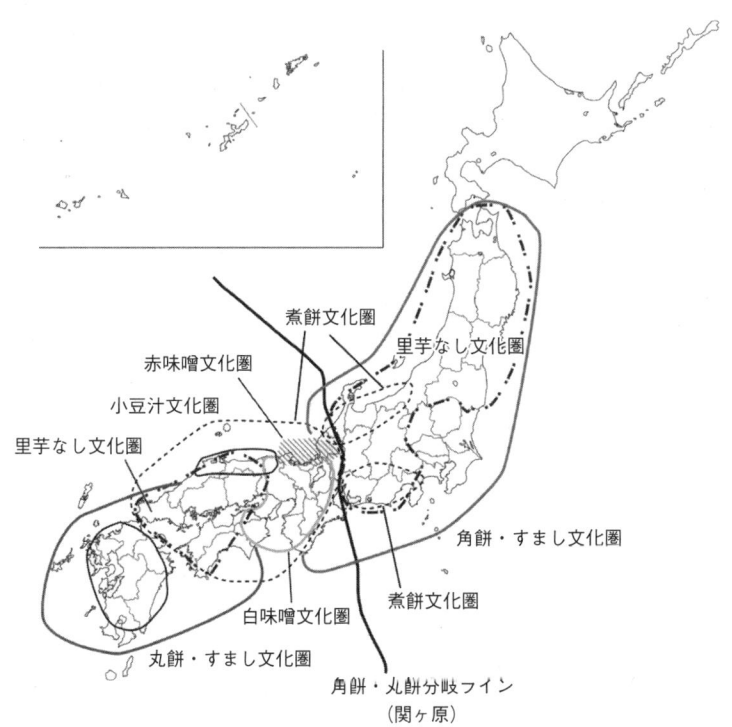

図1.8　日本における雑煮の地域的差異（農山漁村文化協会編，2002）

地域的差異から地域区分を行った．ここでは，標準語形と認めた言葉がどの程度用いられているのかを割合で示した．対象とした言葉は，「まぶしい」，「甘い」，「からい」などの状態を表すものや，「つむじ」，「顔」，「唇」，「薬指」など身体の名称，および「ジャガイモ」，「サツマイモ」，「茄子」，「とうもろこし」など物の名称と多岐にわたっていた．対象とした言葉の標準語形の出現頻度を都道府県別に割合（%）として求め，それを分布図に示した（図1.9）．標準語形の平均分布率は東京都で61.1%と最も高く，次いで埼玉県（60.8%），栃木県（60.7%），神奈川県（59.4%），群馬県（57.0%）と続く．全体的には，標準語形の分布率が50%以上の地域は東京都を中心とする関東地方とその近県に広がっている．

他方，標準語形の分布率が30%以上50%未満の地域は東北地方南部から北陸地方，および中部地方や近畿地方，さらに中国・四国地方や九州北部に広がっており，東京都を中心とする分布率50%以上の地域を取り囲むように分布している．さらに，標準語形の分布率が10%以上30%未満の地域は東北北部や九州南部に展開し，30%以上50%未満の地域のさらに外側に分布している．全体的には，標準語形の分布率の地域的差異は東京や関東地方を中心にして圏構造的なパターンを呈しており，最も遠隔地の沖縄県では標準語形の分布率は10%未満となる．実際，標準語が東京の言葉を母体にしてつくられているため，その分布率の地域的差異は東京との近接性の差異を反映したものとなっている．しかし，北海道は東京から距離的に離れているにもかかわらず，標準語形の分布率は50%以上である．これは，東京からの移住者や転勤者などにより，標準語形が比較的広く分布しているためで，東京と北海道は文化的に近接しているともいえる．

1.3.5　行政区分や管轄区分に基づく地域区分

日本国土をいくつかの地域に区分し，それぞれの地域を管理・統括し，より効果的で合理的な業務を実行する方法は，行政の地方事務所や企業の支店・営業所の設置と関連して一般的なものとなっている．例えば，国土交通省の地方運輸局の管轄地域は，北海道運輸局，東北運輸局，関東運輸局，北陸信越運輸局，中部運輸局，近畿運輸局（神戸運輸管理部を含む），中国運輸局，四国運輸局，九州運輸局の9つに区分され，それらとは別に沖縄県は総合事務局として区分されている（図1.10）．この地域区分では，山梨県が関東地方に含まれ，三重県と福井県が中部地方に含まれている．また，北陸信越地域が中部地方とは別に区分されており，長野県は北陸3県と同じ地域区分に属している．このような地方運輸局の地域区分は，都道府県を基礎的な単位とし，地形や道路に基づく中心都市への近接性を考慮し，道路交通の

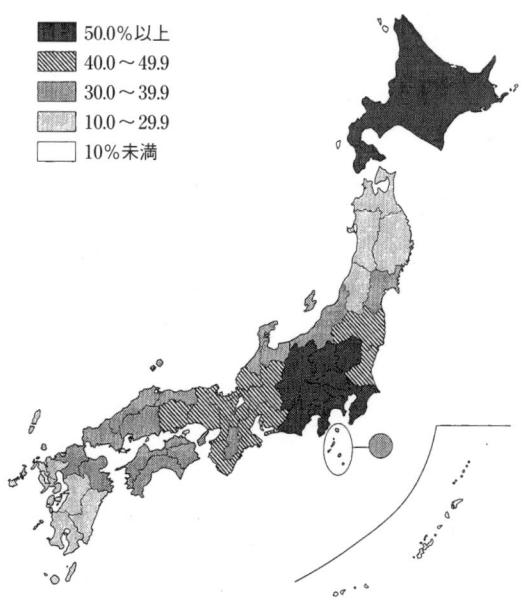

図1.9　日本語における標準語形の都道府県別分布率（河西，1981）

図1.10　国土交通省地方運輸局の地域区分（国土交通省ウェブサイトより作成）

維持管理のしやすさやまとまりなどを反映したものとなっている.

地域の交通のまとまりと関連して，JRグループ各社の管轄範囲による地域区分をみてみよう．JRグループの旅客鉄道は北海道旅客鉄道，東日本旅客鉄道，東海旅客鉄道，西日本旅客鉄道，四国旅客鉄道，九州初客鉄道の6つの会社に分かれ，それぞれの管轄範囲は図1.11に示されたようなものになっている．この地域区分では都道府県が必ずしも基礎的な単位になっているというわけでなく，都道府県の境界を無視した地域区分が随所にみられる．例えば，津軽半島は青函トンネルとの関連でJR北海道が管轄範囲にしている．また，中部地方は県境を無視して区分されている場合が多く，長野県ではJR東日本とJR東海，およびJR西日本に属する地域がある．静岡県もJR東日本とJR東海に分割区分されている．以上に述べた複雑な地域区分も鉄道の運行と関連しており，運行の拠点となる都市を中心にしたネットワークが地域区分の1つの基準になっている．また，新幹線の運行と路線管理もJRグループ各社の地域区分に少なからず影響を及ぼしている．

次に，行政機関の管轄範囲の例として農林水産省の地方農政局の管轄範囲による地域区分をみてみよう（図1.12）．地方農政局は北海道農政事務所と沖縄総合事務局を除くと，東北農政局，関東農政局，北陸農政局，東海農政局，近畿農政局，中国四国農政局，九州農政局の7つに地域区分されている．この地域区分では，中国地方と四国地方

図1.12 農林水産省地方農政局の管轄範囲（農林水産省ウェブサイトより作成）

が1つにまとめられていることや，新潟県・富山県・石川県・福井県で北陸地方がつくられていること，および三重県が東海地方に入っていることや長野県・山梨県・静岡県が関東地方に含まれることなどが特徴的であるが，行政管轄の地域区分としては合理的で無理のないものになっている．これは，農政局の大きな機能の1つとして地域農業の振興と指導があり，地域農業は気候や地形の自然条件と大きく関わり，自然条件を基調とした地域区分が基本的なものとして重要になるためである．また，農政局の管轄範囲にみられる地域区分は，農産物の集荷圏や出荷圏などの機能地域も考慮されており，市場としての大都市を中心としたまとまりも重要になる．

次に電力会社の管轄範囲に基づく地域区分をみてみよう（図1.13）．日本における電気事業は，東京の東京電灯がドイツ製発電機（50 Hz）を1894

図1.11 JRグループ各社の管轄範囲（JRグループウェブサイトより作成）

図1.13 電力会社の管轄範囲による地域区分（電力会社ウェブサイトより作成）

（明治 27）年に導入し，関西の大阪電灯と神戸電灯，および京都電灯がアメリカ製発電機（60 Hz）を導入したことに始まる．電気事業が異なるシステムの発電機で開始されたことは，周波数の東西における地域的差異を生み出し，その境界は静岡県の富士川と新潟県の糸魚川を結ぶラインとなっている．その後も周波数の統一は行われず，その地域的差異は電気事業の管轄範囲にも反映されている．現在，電気事業の管轄範囲は北海道電力，東北電力，東京電力，北陸電力，中部電力，関西電力，中国電力，四国電力，九州電力，沖縄電力の 10 に地域区分されており，北海道電力と東北電力，および東京電力は 50 Hz の周波数の区域になっている．また，静岡県は周波数の関係で東京電力の区域と中部電力の区域とに分かれている．さらに，電源開発と電気の供給地との関係で，長野県は中部電力の区域に（一部には東京電力の区域が混在している），新潟県は東北電力の区域に含まれている．このように，電気事業の地域区分は初期に導入した発電機の影響を強く受けているといえる．このような電気事業の地域区分は先に述べた JR グループの旅客会社の地域区分にも影響しており，JR 東海と JR 西日本，および JR 東日本における静岡県・長野県・新潟県の複雑な地域区分は電気事業の地域区分とも関連している．

最後に，文化に関連した事業の管轄範囲として日本放送協会（NHK）の各地の放送局を管轄する範囲から地域区分を検討してみよう（図 1.14）．NHK の放送局の管轄範囲は北海道地区，東北地区，関東・甲信越地区，東海・北陸地区，関西地区，中国地区，四国地区，九州・沖縄地区の 8 つに区分されている．それぞれの地区では地区の事情に合ったニュースや企画，および天気予報などが番組に取り上げられるため，NHK の地域区分は重要である．この地域区分の大きな特徴は，地域における天気予報の情報を提供するため，気候・気象を中心とする自然条件の地域区分を少なからず考慮していることである．また，地域の社会経済情報をいち早く伝えることも公共放送として重要な役割の 1 つであり，そのためには社会や経済，および文化の地域的なまとまりも意

図 1.14　日本放送協会（NHK）の放送局による地域区分（NHK ウェブサイトより作成）

識されている．例えば，関東地区と甲信越地区が 1 つのまとまりとして地域区分されているのも，東京を中心とした通勤や余暇・観光などの人々の移動と物流を反映しているためである．

1.4　地域差と地域構造

日本における多様な地域区分を概観すると，自然条件や歴史的背景，および社会経済条件や生活文化などに地域差がみられた．それらの地域差は南北に細長い国土とそれにともなう気候変化を反映した南北性や，脊梁山脈の存在によって発生する太平洋側と日本海側の違いとして理解されてきた．また，古代から近世にかけての都との関係や，近世以降の江戸ないし東京との関係に基づいて，西日本と東日本の地域差や，中央と周辺との地域差が目立つようになってきた．さらに，近代以降になると，日本を取り巻く社会経済環境の変化から，東京や京阪神，および名古屋の大都市圏の経済的な優位性や都市機能の集中が顕著となり，大都市圏を中心とした圏構造に基づく地域差が識別されるようになった．

日本における地域差の様相は多様であり，その多様性は自然環境や歴史性，および社会経済環境や生活文化に基づいて形成されたものであった．そのような地域差を考慮して日本の地域構造を議論すると，現代における日本の地域構造は大都市圏を中心とした圏構造で特徴づけられる（図 1.15）．東京大都市圏と京阪神大都市圏，および名古屋大都市圏を中心とし，それらを結びつける交通

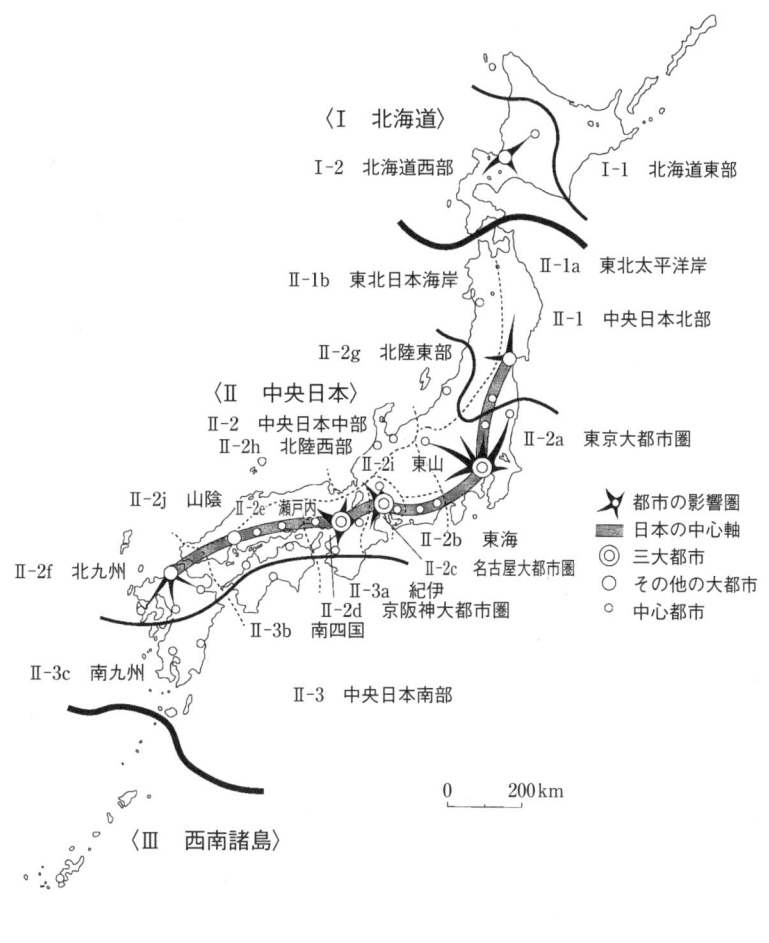

図1.15 日本における地域構造（山本ほか，2006）

ネットワークとそれらに連なる周辺地域への交通ネットワークに基づいて連担する都市圏が，日本の地域構造における中心軸となって機能している．この中心軸は太平洋ベルト地帯といわれるもので，東京・名古屋・京阪神の三大都市圏以外の都市圏も東海道新幹線や山陽新幹線のネットワークと関連して西に延びて発展している．さらに，東北新幹線によって，東京大都市圏からの中心軸は北に延びており，新幹線の整備とネットワークの拡大にともなって，日本の地域構造における中心軸はさらに南や北に伸長することになるといえる．

日本の地域構造において中心軸を構成する都市は，周辺地域に影響を及ぼして都市圏を形成しており，地域区分や地域構造は等質地域の要素（土地利用や経済活動などの等質性）よりも機能地域の要素（通勤圏や商圏などの地域と地域の結びつき）を強く反映するようになる．つまり，自然条件や社会経済条件，および歴史的背景や生活文化が重層して醸し出してきた地域差や地域性，あるいは地域構造とともに，大都市圏とその影響の強弱，あるいは都市への近接性などを反映した地域差や地域性が生み出されるようになってきた．その結果，大都市圏を中心とする圏的な地域構造が形成されるようになってきたといえる．

以上に述べてきたように，現代における日本の地域構造や地域差と，これまでのさまざまな地域区分の経緯を考慮して，本書では九州（福岡県・佐賀県・長崎県・熊本県・大分県・宮崎県・鹿児島県・沖縄県），中国・四国（岡山県・広島県・鳥取県・島根県・山口県・香川県・愛媛県・徳島県・高知県），近畿（兵庫県・大阪府・京都府・和

歌山県・滋賀県・奈良県・三重県)，中部 (福井県・石川県・富山県・新潟県・岐阜県・愛知県・長野県・山梨県・静岡県)，関東 (東京都・神奈川県・千葉県・埼玉県・群馬県・栃木県・茨城県)，東北 (福島県・山形県・宮城県・秋田県・岩手県・青森県)，北海道の7地方区分を採用する．三重県は従来の区分で中部地方に含められることが多かったが，本書では近畿地方に含めることにした．三重県と愛知県の間には木曾川・長良川・揖斐川が流れ，それらは明治期まで経済的交流や文化的交流の障壁になっていた．そのため，三重県は近畿圏との経済的交流や文化的交流を無理なく行っていたといえ，三重県を近畿地方に含めることにした．同様なことは，新潟県や長野県，および山梨県や静岡県にもいえる．それらの県は一部の地域区分では関東地方に含められるが，北陸地方や東山地域，あるいは東海地方のまとまりを考慮して中部地方として地域区分した．

[菊地俊夫]

引用文献

青野寿郎・尾留川正平編 (1980)：日本地誌Ⅰ 日本総論，636p，二宮書店．
河西秀早子 (1981)：標準語形の全国分布．言語生活，**354**：52-55．
田林 明 (1991)：扇状地農村の変容と地域構造—富山県黒部川扇状地農村に関する地理学的研究，286p，古今書院．
田林 明・菊地俊夫・松井圭介編 (2009)：日本農業の維持システム，484p，農林統計出版．
千葉徳爾 (1972, 1973)：地域構造図について (1), (2), (3), (4)．地理，**17**(10)：64-69，**17**(11)：71-76，**17**(12)：60-64，**18**(1)：87-92．
農山漁村文化協会編 (2002)：聞き書き ふるさとの家庭料理 (5) もち・雑煮，256p，農山漁村文化協会．
農林省開拓局計画部開拓経済課編 (1949)：開拓地農業地域案—第一次改訂案—，農林省開拓局計画部開拓経済課．
山本正三・北林吉弘・田林 明編 (1987)：日本の農村空間—変貌する日本農村の地域構造—，423p，古今書院．
山本正三・谷内 達・菅野峰明・田林 明・奥野隆史編 (2006)：日本総論Ⅱ (人文・社会編) (日本の地誌 2)，600p，朝倉書店．

国土交通省ウェブサイト
　http://www.mlit.go.jp/
JRグループウェブサイト
　http://www.jrhokkaido.co.jp/
　http://www.jreast.co.jp/
　http://www.jr-central.co.jp/
　http://www.westjr.co.jp/
　http://www.jr-shikoku.co.jp/
　http://www.jrkyushu.co.jp/
農林水産省ウェブサイト
　http://www.maff.go.jp/
電力会社ウェブサイト
　http://www.hepco.co.jp/
　http://www.tohoku-epco.co.jp/
　http://www.tepco.co.jp/index-j.html
　http://www.kepco.co.jp/
　http://www.chuden.co.jp/
　http://www.energia.co.jp/
　http://www.yonden.co.jp/
　http://www.kyuden.co.jp/
　http://www.okiden.co.jp/index-j.html
NHKウェブサイト
　http://www.nhk.or.jp/

> コラム 2

道州制と地域区分

道州制とは

　道州制は，現在の都道府県を単位とする地方行政制度を改め，道と州を単位とする広域行政体をつくり，地域行政が自立するために多くの権限を与える制度である．道州制が話題になってきた背景には，行政サービスの効率化と行政費用の節約化がある．実際，行政サービスは都道府県や市町村といった行政単位ごとに行い，小規模な行政単位である程度の水準を維持しようとすれば，行政負担は大きくなる．その反面，費用負担を節約すれば，行政サービスの効果や効率は低いものになる．例えば，一部の地域の消防が広域行政体で維持されているのも，地域単位を大きくして行政サービスの効率化や行政費用の節約化を目指したものであった．また，地域の税収面でも，税収の均一化が図られて税収による地域格差は少なくなる．さらに，地域には国からさまざまな権限が委譲されるため，地域独自の資源やノウハウを利用したさまざまな事業が自立的に実施され，それらによる地域の活性化が実現する期待も寄せられている．

　一方，道州制によるデメリットも懸念されている．最大のデメリットは広域行政体の域内における地域格差である．道都や州都に人口が一極集中し，人口過密地域と過疎地域のコントラストが現在以上に大きくなることが心配されている．人口過密地域におけるインフラストラクチャーの整備や住民サービスに多くの費用が必要な反面，過疎地域の整備やサービスは低下する可能性が大きい．また，行政サービスも管轄する範囲が広くなる一方で，サービス担当者の数が効率化や節約化に基づいて減少し，きめ細かい行政サービスができないことも心配されている．加えて，道州制の地域区分がどのようなものになるかも懸念材料の1つになっている．便宜的な区分や無理な区分は，地域のまとまりを阻害することにもなるし，行政サービスの効率化を妨げることにもなる．

道州制における地域区分

　内閣総理大臣の諮問機関の地方制度調査会は 2006 年に「道州制のあり方に関する答申」を発表し，その中で道州制の地域区分として3つの案が示された．すなわち，9道州案と 11 道州案，および 13 道州案である．いずれの案も基本的には行政省庁の管轄区域に基づき，それぞれの道州の総生産額を考慮しながら導き出されたものである．以下でそれぞれの地域区分を検討してみよう．

　9道州案では，地域が北海道，東北，北関東信越，南関東，中部，近畿，中国・四国，九州，沖縄に区分されている（図1）．この地域区分は比較的違和感なく受け入れられる可能性があるのは，従来の自然条件や社会経済条件に基づく地域のまとまりに準拠しているためである．しかし，北関東と長

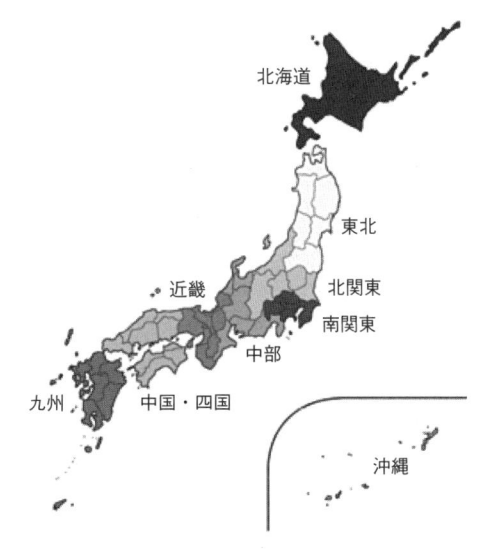

図1　道州制における9道州案

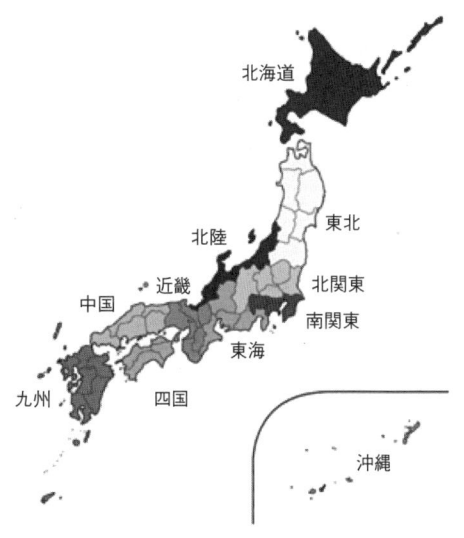

図2　道州制における 11 道州案

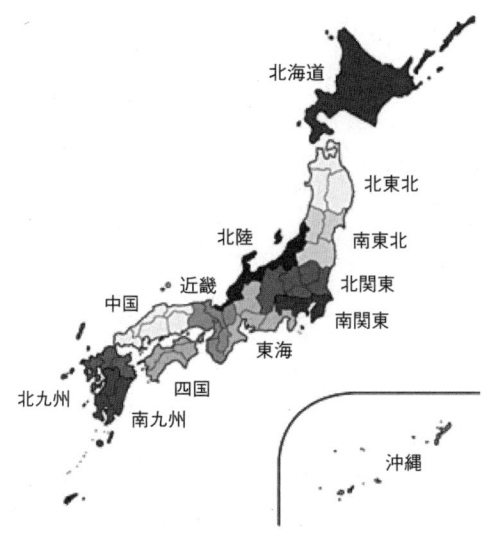

図3　道州制における13道州案

野県・新潟県が組み合わされた区分や南関東に山梨県が含まれる地域区分，あるいは中部に石川県・富山県の北陸地方が含まれる点など，多少の違和感がある．加えて，9つの道州の2003年の住民総生産額を比較すると，南関東が約157兆円で卓越し，第2位の近畿の約82兆円を大きく引き離している．また，最低の住民総生産額は沖縄の約4兆円であり，次いで北海道の約20兆円が低い．このように，道州における住民総生産額の格差がきわめて大きくなり，東京や南関東への一極集中の傾向は道州制でも是正されない可能性がある．

　11道州案では，地域は北海道，東北，北関東，南関東，北陸，東海，近畿，中国，四国，九州，沖縄に区分され，9道州案よりも違和感が少なくなっている（図2）．違和感が少なくなった原因は，中部が東海と北陸に分けられ，北陸に新潟県を含めるようにしたことで，自然条件や社会経済条件による地域のまとまりがより強調されるようになったためである．同様のことは，中国・四国にも当てはまり，中国と四国を分けることにより，自然条件と社会経済条件による地域のまとまりがより強調されるようになった．しかし11道州案では，道州間における住民総生産額の格差は解消されないままになっている．道州間の総生産額の格差の原因は東京都にあり，その2003年の都民総生産額は約84兆円に達している．そのため，南関東から東京を分けて，首都圏を北関東と南関東，および東京の3つに区分する案もある．この案では，東京と近畿，および東海がほぼ拮抗し，南関東ないし東京への一極集中を防ぐことができる．

　他方，13道州案では（図3），地域は北海道，北東北，南東北，北関東，南関東，北陸，東海，近畿，中国，四国，北九州，南九州，沖縄に区分されている．先に述べた11道州案との違いは，東北と九州が北と南の2つに区分されたことである．これらの新たな区分は東北や九州の自然条件や社会経済条件に基づいて地域のまとまりを考えると妥当なものである．しかし，地域区分を細かくすることのデメリットもある．つまり，細かい地域区分は道州制の本質的な目的である規模の経済の利益を享受できない可能性がある．地域における行政サービスの費用は，広域行政体になれば縮減されるが，行政サービスのきめ細かさは，小さな行政体ほど高くなる．行政サービスの節約性と満足度の調和する地域区分が道州制に求められている．また，13道州案では住民総生産額の格差がより著しくなり，東京大都市圏や名古屋大都市圏，および大阪大都市圏への人口や経済の集中がいっそう懸念される．

［菊地俊夫］

2 九州：その特異性と進化

阿蘇草千里（2010年11月）

九州は日本列島の南西部に位置し，豊かな自然環境を背景に特色のある文化・産業が育まれてきた．東京や大阪から距離を置き，むしろ韓国や中国にきわめて近く，歴史的にもゲートウェイとしての役割を担ってきた．九州経済は全国の「1割経済」と呼ばれ，福岡市には企業の支店が数多く配置されている．近年ではより付加価値の高い産業構造へと脱皮を図りつつある．本章では，「日本の中の九州」と「アジアの中の九州」の2つの視点から九州の地理的な特色を説明してみたい．

2.1 東アジアとの近接性

九州は日本列島の南西部に位置し，九州島および沖縄本島を含む多くの周辺の島々からなり，行政的には福岡，佐賀，長崎，熊本，大分，宮崎，鹿児島，そして沖縄の8県から構成される．沖縄県はその自然的，歴史・文化的，政治的背景の違いから九州と切り離して扱われることが多く，この場合には「九州・沖縄地方」と表現される．また，経済的に九州と関わりの深い山口県を含めて「九州・山口地方」と呼ばれることもある．本書では，沖縄県を含めた8県を「九州」とする．本章では諸産業を中心に，環境問題や東アジアとの結びつきを取り入れながら九州の地域像を明確にしたい．

福岡から韓国の釜山（プサン）までは約200 km，ソウルまでは約600 km，上海までは約1000 kmである（図2.1）．福岡と東アジアの主要都市とはきわめて近い．北部九州は，この地理的近接性を背景に古くから大陸と交流をもち，玄関口として機能してきた．ソウル便の9往復/日をはじめ，上海や天津（ホンコン），香港，大連（だいれん），広州（こうしゅう），北京（ペキン），台北（タイペイ）の中国路線を中心に定期航空路線が開設されている．その他，ホーチミンシティ，釜山などとが結ばれ，ホノルルにも2往復/日の運航が開始された（2012年4月17日現在）．福岡空港のみならず，長崎空港や鹿児島空港といった九州各地とアジアの主要都市との間にも定期航空路線が開設されている．さらに，釜山と博多との間には航空機だけでなく高速船も多数運行されており，両都市間をわずか2時間55分で結んでいる．このように，福岡は東アジアのゲートウェイとして機能している．

この近接性は九州へのアジア旅行客の増加となって現れている．ハウステンボスに代表されるテーマパーク，各地の温泉，ゴルフなどに人気がある．1980年当時の九州に入国した外国人数は約8

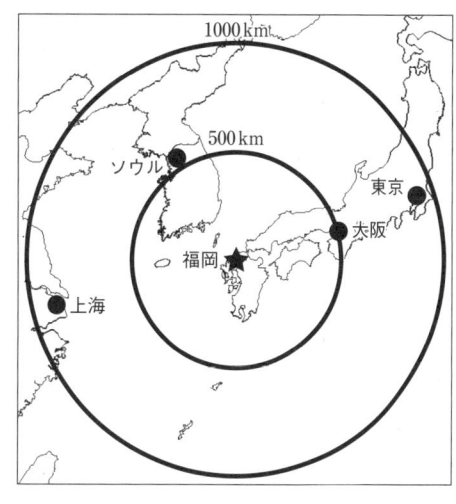

図2.1 アジアのゲートウェイとしての福岡
正距方位図法により作成．

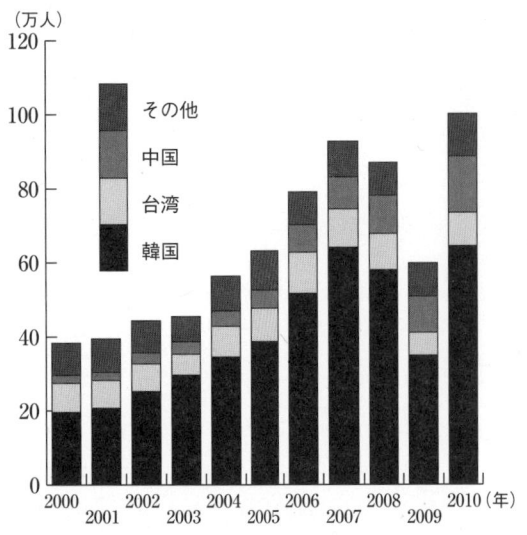

図 2.2 九州への国籍別入国者数の推移
資料：出入国管理統計統計表（沖縄県を除く）．

万人にすぎなかったが，1990 年には 20 万人を超え，外国人入国者総数は 2000 年代中頃に急増した（図 2.2）．リーマンショックに伴う減少があったものの，2010 年には 100 万人を超えた．このうちアジアからが全体の 9 割を超える．国籍別には韓国が 64％ を占め，中国，台湾が続く（2010 年）．近年では中国からの入国者が増加傾向にある．九州と東アジアとの強い結びつきを読みとれる．主要ターミナルや道路標示板にハングルや中国語標記が併記され，東アジアからの観光客の増加に対応した受け入れ態勢が急速に浸透してきたことがうかがえる．

2.2 多様な自然環境と農業

2.2.1 気候と農業

九州地方の地域的特色は，多様な自然的側面とそれらに対応した農業に依拠するところが大きい．北九州から日本の西端の与那国島までは直線距離で約 1300 km もあり，東京までの約 835 km をはるかに上回る．しかも九州と沖縄との緯度差は大きく，これが九州と沖縄の気候の違いを生み出す要因になっている．

これまでなされた九州地方の気候区分の多くでは，奄美大島以南は沖縄型に属し，九州島とその周辺の気候とは明確に区分される．前者は真冬でも熱帯循環の影響が強く，四季の移ろいがはっきりしない亜熱帯気候区にあたる．温量指数（暖かさの指数と呼ばれ，月平均気温が 5℃ を超える月に対して，月平均気温から 5℃ を差し引いた値の積算値）は奄美以南では 180〜240（℃・月）に達する．その結果，植生はイタジイやイスノキなどの亜熱帯樹林が広がり，沖縄の海岸には固有のマングローブの林が繁茂する．また亜熱帯性のハイビスカスの色鮮やかな花々や独特のサンゴ礁の発達，白い砂浜，エメラルドグリーンの海などが南国の風光明媚な景観を呈し，多くの観光客を集める（写真 2.1）．なお，サンゴ礁は刺胞動物門花虫綱に属する動物（サンゴ虫）がつくり出す地形であり，サンゴ礁の北限（サンゴの生育限界＝最寒月の海水温度 16℃）は大隅半島と種子島の間（最寒月の月平均表面海水温度 18℃ ライン）にある（前門，2005）．しかし近年，長崎県壱岐島でもサンゴ礁が確認されている．

一方，奄美大島の北では，その気候は大きく 3 つに区分される．それらは，九州地方（九州のほぼ中央部を東西に分けた九州の西部），表日本気候区（太平洋に面した九州の南東部），そして瀬戸内気候区（周防灘に面した九州の北東部）である（関口，1959）．最初の九州地方は北九州地方と西九州地方に二分される．この区分は四季の状態を考慮しながら気温や降水，日照率，水分過剰量を重ね合わせて経験的につくられたものである．

吉野（2003）の生気候による区分（図 2.3）では，経験的方法をさらに進めて，気候特性，生物学的・医学的特徴，植生自然度，人口密度，死因別死亡率を考慮しながら，九州・沖縄地方を 3 つに大別して示している．まず温量指数 180（℃・

写真 2.1 沖縄県宮古島のリゾート観光（2008 年 8 月）

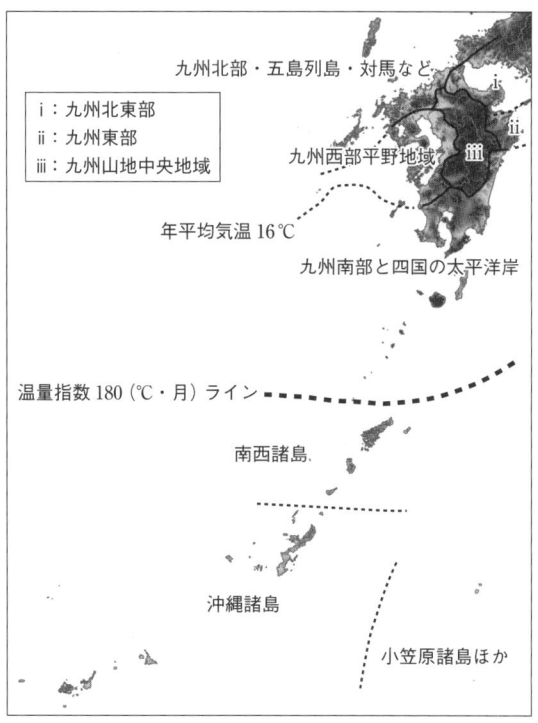

図 2.3 九州の気候区分（吉野, 2003）

写真 2.2 大分県九重町飯田高原におけるキャベツ栽培（2006 年 9 月）

月）によって奄美大島以南（南西諸島）とそれ以北が大別でき，年平均気温 16℃ の等温線によって宮崎・鹿児島県（九州南部）とそれ以外の九州を区分し，さらに，生気候による地域区分ではいくつかの小地域（九州西部平野地域，九州山地中央地域，九州北部・五島列島・対馬など，九州東部，九州北東部）に区分されている．

ところで，植生からみると九州の大部分は暖温帯常緑広葉樹林の群系に，奄美大島以南は亜熱帯性林の群系に覆われる．しかし，植生の分布には温度要因が大きく作用しているため，九州の中でも九重連山から阿蘇山，九州山地にかけての山地部では東北日本で優勢な冷温帯落葉樹林の「ブナ帯」が広がる．

ブナ帯に属する九州の高冷地の1つ，大分県の飯田高原における高冷地性輸送園芸農業の発達をみてみよう（山本ほか, 1982）．飯田高原は九重火山群の北麓一帯に広がる高原で，標高 750～1200 m の火山性の緩斜面である．年平均気温は 10.9℃，8月のそれは 22.0℃ と東北地方北部とほぼ同じである．飯田高原では明治期以降に開拓が進んだが，夏の低温と日照不足のため，水稲作を農業経営の中心に据えながらも，麦，雑穀，イモ，豆などの小規模な畑作と役肉牛飼養を組み合わせた伝統的な生業形態を第二次世界大戦後も続けてきた．しかし，1955年以降の飯田高原では収益性の高い商品作物栽培が求められ，入会原野を畑へと転換し，夏の冷涼な気候を活用した夏秋キャベツ栽培を始めた（写真 2.2）．夏はキャベツの端境期であったため，飯田高原において7月下旬～10月上旬に収穫される夏秋キャベツは市場で大きな商品価値を有するようになったのである．同様にイチゴの山上げ栽培もみられた．

近年では農業労働者の高齢化の進展や黒根腐病の発生，平地での周年栽培技術の発達，そしてくじゅう地域の観光地化の進展などにより，キャベツ栽培は縮小し，代わって花卉栽培や飼料用作物栽培，肉牛飼養へと変貌しつつある．

ブナ帯での高冷地性輸送園芸農業とともに，九州では温暖な気候を利用した暖地性輸送園芸農業も盛んである．なかでも宮崎県のピーマン栽培は有名で，冬から春先にかけて市場に多く出回る．2009年における全国の冬春ピーマンの収穫量7万1000トンのうち茨城県が2万3300トン（32.8%）で全国第1位，宮崎県は2万2600トン（31.8%）で第2位であり，高知県1万600トン（14.9%），鹿児島県9580トン（13.5%）と続いている．一方の夏秋ピーマンでは大分県の4250トン（5.9%）が大きく，宮崎県は3110トン（4.3%）で，九州の各ピーマン産地のシェアは低い．また冬春キュウリに関しても宮崎県が最大の産地であり，冬春ト

マトに関しても熊本県や福岡県，宮崎県で大きな収穫量をもつ．このように，九州における野菜栽培は温暖な気候条件を背景に，野菜の早期出荷を目指した暖地性の輸送園芸農業が発展している．

2.2.2 地形の多様性

図2.4は屋久島以北における九州の地形区分および火山の分布を示したものである．九州の地形は北部九州・中部九州と南部九州の2つの地域に大別することができ，中央構造線の続きと考えられる横ずれ断層がこの境界線をなしている．中央構造線とクロスするように火山フロント（西日本火山帯）が九州を縦断し，九重や阿蘇，霧島，桜島，雲仙などのカルデラ，火砕流台地，溶岩ドーム，溶岩台地などの火山特有の地形を形づくっている．南部九州は阿蘇火山の南に位置し，非火山性の九州山地が連なるとともに，桜島や霧島に代表される火山地域が分布する．九州各地では火山の恵みによって豊富な温泉が湧出し，別府や阿蘇，雲仙をはじめとして大小さまざまな温泉地が形成され，多くの観光客で賑わいをみせる（写真2.3）．

これら火山の周辺には火砕流堆積物が広範囲に

写真2.3 温泉と阿蘇根子岳（2010年11月）

分布し，「シラス」と呼ばれる台地地形が発達している．シラス台地は透水性が強く，また土地がやせているため，サツマイモや麦，雑穀などの生産性の低い畑作農業が行われてきたが，近年では畑地灌漑により野菜作を中心に果樹，茶，そして畜産へと変化している．

九州の地形の特色は，上記の火山地形以外に地殻変動にともなう多様性があげられる．北部九州は大陸と近いため大陸的な地形・地質が存在し，氷河の成長や後退にともなって海面変化が生じ，これによって九州は大陸と陸続きあるいは離ればなれになった歴史をもつ（町田ほか，2001）．隆起にともなう段丘地形が乏しく，起伏の小さい山地と屈曲に富んだ海岸線の存在などは九州固有の地形的特色とされる．さらに九州では短時間に多量の降水現象があって降雨強度が大きく，台風の襲来もある．そのためシラス台地のような火山性の地形・地質が広がる地域では，土砂災害の発生頻度も高くなり，各種の災害に対する備えも必要となっている．一方，北部九州の丘陵斜面には地すべり地形が多く，リアス式海岸や多島海も特色のある景観をみせる．また，北部九州の脊振山地は花崗岩類からなっているため風化が進行し，標高の高いところでも水田耕作が行われ，棚田の風光明媚な景観を呈している（写真2.4）．

有明海は福岡県，佐賀県，長崎県，熊本県の4県に囲まれ，その干満差は6mにも達し，干潮時

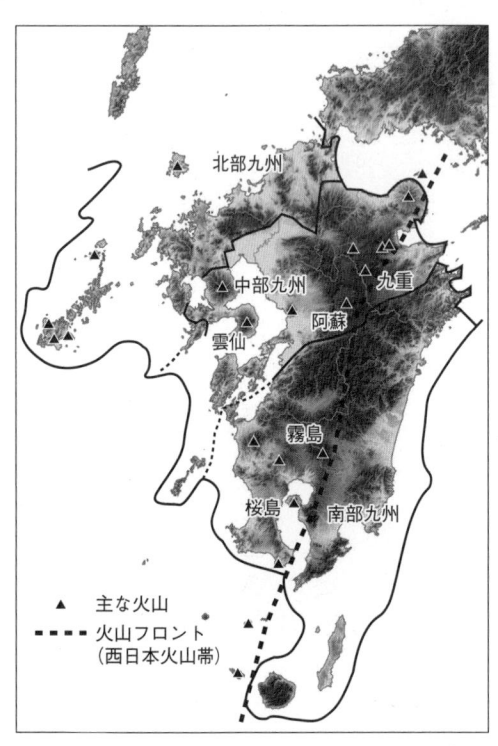

図2.4 屋久島以北の九州の地形区分と火山（町田ほか編，2001）

写真 2.4　棚田の景観（2008 年 6 月）
佐賀県唐津市蕨野，「日本の棚田百選」の 1 つ．文化財保護法に基づく「重要文化的景観」に選定された．

には広大な干潟が姿を現す（写真 2.5）．氷河性海面変化により大陸と日本列島は離合を繰り返してきたが，日本列島が大陸から分かれ，有明海が現在の姿になったのは約 6000～1 万年前である．有明海の干潟域にはムツゴロウやワラスボ，アゲマキ，ミドリシャミセンガイといった有明海固有の干潟底生生物が生息しているが，これらは朝鮮半島西海岸の干潟域においても同様に観察できる．すなわち，これらの干潟底生生物は大陸系遺留種であり，氷河の発達により海面が低下して陸続きになった時に大陸から渡来して有明海に住み着いたとされている．

筑後川をはじめとして，嘉瀬川，矢部川，白川などの河川が有明海に流入し，これら河川は豊富な栄養塩の供給源となっている．有明海沿岸域では豊富な栄養塩をもとに，広大な干潟と干満差を利用したノリ養殖が第二次世界大戦後に広まった（写真 2.6）．佐賀県有明海区の漁業生産額は 214 億 9900 万円（2004 年）であるが，この総生産額の 95.5％をノリ養殖業が占めている．すなわち，ノリ養殖にきわめて特化した漁業・養殖業が有明海において行われており，モノカルチャー化が成立・進行しているといえる（山下，2005）．

図 2.5 は 1963 年以降の佐賀県有明海におけるノリ養殖の推移を示したものである．年変動を繰り返しながらも板ノリは生産規模を拡大させ，2007 年度には生産枚数は 21 億 4500 万枚に達している．2000 年度に有明海では大規模なノリの色落ち被害が生じた．しかし，ここ数年間の推移をみると，販売金額は連続して 200 億円を超えており，日本最大の生産を誇っている．一方で，ノリ養殖漁家の生産構造をみると，経営体数は継続的な減少傾向にあり，農業などと同様に高齢化が進行中である．また，ノリ 1 枚当たりの平均価格は他産地の生産量に左右されるが，ここ近年は 1 枚当たり 10.5 円前後の低価格で推移している．この背景には，生産されたノリの多くはコンビニのおにぎり用ノリとして加工され，価格の低迷が生じていることがあげられる．ノリ価格の低迷に対処するために，ノリ養殖の協業化といった生産構造の高度化がなされ，一方では高級ノリ「佐賀海苔®有明海一番」によるブランド化を進めている．

2.3　産業構造の変容

2.3.1　「1 割経済」の九州

九州は「1 割経済」と形容される．これは，表

写真 2.5　佐賀空港沖合約 5 km 付近「ガンドウス」での潮干狩り　干潮時（約 2 時間）にアサリをとる．軍手に熊手，長靴姿．

写真 2.6　ノリの摘み取り作業（2006 年 3 月）

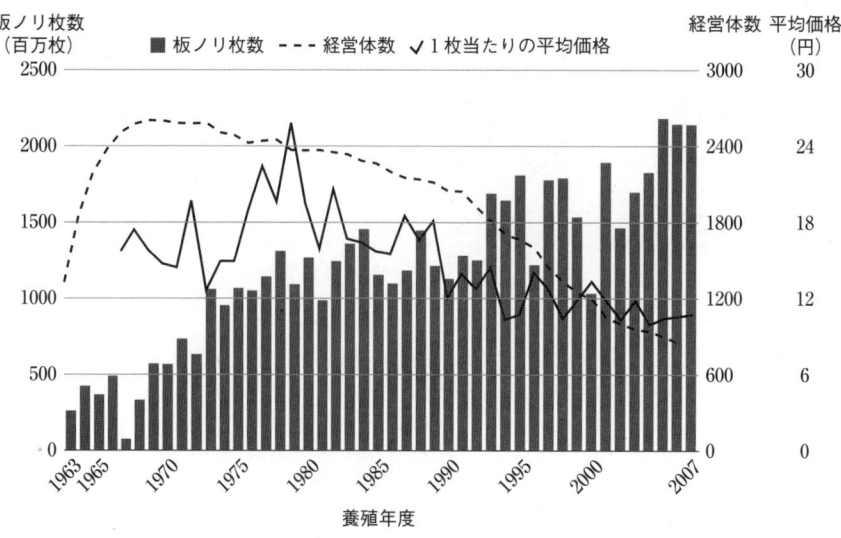

図 2.5 佐賀県有明海におけるノリ養殖の推移
資料：海面漁業生産統計調査．経営体数は暦年．

2.1 に示すとおり，人口 11.4%，面積 11.8%，域内総生産 9.6%，小売業販売額 10.7% というように，九州における主要経済指標の多くが全国の約 1 割のシェアを有することによる．しかし，IC 生産額（29.2%）や鋼船建造量（29.7%）は製造業の中でも高いシェアを誇り，また，農業産出額（20.7%）や畜産業産出額（25.4%）も相対的に高い．特にミカン（32.3%），葉タバコ（51.5%），ブロイラー（44.3%），肉用牛（41.8%），豚（30.9%）は九州に深く根ざしている．このように「1 割経済」と称されながらも，九州には IC 製造業や特定の農林漁業に関して全国的にも優良な産業が展開して

表 2.1 主要経済指標における九州 8 県のシェア

指標	九州	全国	シェア (%)	年度
人口（人）	14596783	127767994	11.4	2010
面積（km²）	44467.58	377914.78	11.8	2010
域内総生産（十億円）	46343	483216	9.6	2009
工業出荷額（百億円）	1592	28911	5.5	2010
鉄鋼業出荷額（億円）	16557	181462	9.1	2010
粗鋼生産量（千トン）*	15581	109599	14.2	2010
自動車生産台数（千台）	1031	9626	10.7	2010
IC 生産額（億円）	8247	28256	29.2	2010
鋼船竣工実績総トン（千総トン）*	5243	17652	29.7	2008
輸出額（億円）	52763	673996	7.8	2010
大型小売店販売額（億円）	15217	195791	7.8	2010
卸売業販売額（億円）	283269	4135317	6.8	2007
小売業販売額（億円）	143855	1347054	10.7	2007
農業産出額（億円）	17049	82551	20.7	2010
ミカン	497	1540	32.3	2010
葉タバコ	293	569	51.5	2010
畜産業産出額（億円）	6718	26475	25.4	2010
肉用牛	2124	5077	41.8	2010
豚	1655	5352	30.9	2010
ブロイラー	1275	2878	44.3	2010
海面漁業漁獲量（百トン）	5718	40831	14.0	2010

各種統計資料により作成．*：沖縄県を除く．

いる．

2.3.2 北九州工業地帯と近代化産業遺産

九州は，明治維新で重要な役割を果たし，日本の近代化政策の下で豊富な原料資源を背景に工業化を推し進めてきた．これらはその後の「シリコンアイランド」や「カーアイランド」となって実を結び，「エコアイランド」へと変貌を遂げつつある．このような九州の産業構造の変容を追ってみたい．

九州の石炭産業は日本における明治期以降の産業革命や第二次世界大戦後の経済復興の強力な牽引役となった．北部九州では，大規模な筑豊炭田（福岡県北九州市，中間市，直方市，飯塚市，田川市，山田市などの遠賀川水系一帯）や三井三池炭鉱（熊本県荒尾市），三菱高島炭鉱・端島炭鉱（長崎県長崎市；写真2.7, 2.8）をはじめ，貝島炭鉱（福岡県宮若市），麻生炭鉱（飯塚市，嘉麻市），唐津炭田（佐賀県唐津市，多久市，大町町）など，数多くの炭鉱が栄えた．その1つである高島炭鉱では，外国の蒸気船の燃料としての需要の高まりを背景に，1868（慶応4）年には佐賀藩とグラバー商会が合弁事業を開始し，高島炭鉱に日本初の蒸気機関による立坑を開坑した．これら北部九州の炭鉱では1872（明治5）年の鉱山開放令の公布とともに，民間資本による炭鉱の個人経営が促進された．さらに1875（明治8）年には三池炭鉱が排水ポンプ装置を導入するなど，各地の炭鉱は急速に近代化した．その結果，出炭量は急増し，筑豊炭田では1877年の7万5000トンから1887年には41万トンにふくれ上がった．このような西欧の技術をいち早く取り入れる素地がもともと北部九州にあったことも石炭産業の発展に影響しているといえよう．これらは九州・山口の近代化産業遺産群として世界遺産登録へ向けて動き出している．

1901（明治34）年には官営八幡製鐵所（現在の新日本製鐵八幡製鐵所）が操業を開始し，これとほぼ前後して中央の財閥資本が炭鉱経営に乗り出した．北部九州で産出されるこれら豊富な石炭と中国大陸の鉄鉱石が合わさって製鉄業が芽生えたのである．北部九州の産業は石炭産業に端緒を開き，その後の大規模鉄鋼業へと発展したが，資源を利用した素材型産業としてはこれ以外に，豊富な石灰岩を用いたセメント産業，また有田焼，伊万里焼，唐津焼にみられる陶磁器産業，そしてトイレやバス，キッチン，洗面化粧台などを製造する建築用設備機器製造業へと脈々とつながっている．これらを基盤として，四大工業地帯の1つ，北九州工業地帯は展開した．

一方，南九州や東九州における産業の近代化は北部九州に少し遅れた．熊本県水俣市では1906（明治39）年に曾木電気(株)が設立され，その後の日本窒素肥料(株)（現在のJNC(株)水俣製造所）として事業を拡大し，近代的な工場で化学肥料を製造した．同じく宮崎県延岡市の日本窒素肥料(株)延岡工場（現在の旭化成(株)延岡支社）においても化学肥料の製造を1923（大正12）年に開始した．これ以外に久留米市においてはゴム底足袋製造も大正中期に始まった．ブリッヂストン

写真2.7 端島「軍艦島」（2010年8月藤永　豪撮影）
端島炭鉱で栄え，居住施設として高層アパートが立ち，高い人口密度を有した．現在は無人島だが，一部は観光も可能．

写真2.8 端島の観光（2009年7月）

タイヤ(株)(現在の(株)ブリヂストン)は1934(昭和9)年に久留米工場で本格的なタイヤ生産を行い,現在のような世界規模のタイヤメーカーへと成長し始めた.

2.3.3 第二次世界大戦後の北九州工業地帯

上述のように,石炭産業が契機となって発展した北九州工業地帯は,八幡製鐵所を中心にその規模を拡大した.しかし,第二次世界大戦によって長崎市をはじめ,軍事関連施設が集積した佐世保市,住宅・工場が集積した北九州市などの大都市では甚大な被害を受けた.

第二次世界大戦後に石炭産業はいち早く復活し,筑豊炭田の産出量は日本最大となった.鉄鋼,化学,造船といった重厚長大型産業も戦後復興に多大な貢献をなした.しかし1950年代にエネルギー源の主体は石炭から石油や天然ガスに移行するようになり,1962年の原油の輸入自由化政策により急激に石油への転換が進んだ.すなわち,エネルギー革命が生じたのである.安価な石油と良質な海外炭の輸入拡大の波に押されるとともに,国による石炭への保護政策も打ち切られた.その結果,九州の炭鉱の多くは次々に閉山に追い込まれた.筑豊炭田では1976年に貝島炭鉱が,1997年に三井三池炭鉱が,そして最後まで採炭を続けていた池島炭鉱は2001年に閉山し,九州の石炭産業は幕を閉じた.閉山は多数の失業者を発生させ,炭鉱街の衰退をもたらした.閉山にともない産炭地域では跡地を工業団地として造成し,工場の誘致をはじめテーマパークの開園や新分野の育成など,さまざまな地域振興策を施してきた.しかし,2001年度末までに「産炭地域振興臨時措置法」を含む産炭六法は失効した.産炭地域の活性化が依然として深刻な課題となっている.

経済の高度成長期に入ると,九州から東京大都市圏や大阪大都市圏への大規模な人口移動とともに農村から都市への人口移動が活発となった.しかも,これまでの得意分野であった資源を利用した素材型産業に陰りがみえ始め,地域間格差が拡大しつつあった.図2.6は九州における製造品出荷額の変化を示したものである.製造品を基礎素材型,加工組立型,生活関連型の3つに分類して製造品出荷額の構成比を求めたものである.経済の高度成長期の1965年には化学工業や鉄鋼業といった基礎素材型工業の比率は56.1%に達していた.これらは北九州市や久留米市,延岡市などの工業都市での生産によるものであった.しかし,その後は当該比率は低下傾向をみせ,1990年には38.2%に,2008年には35.5%まで低下している.また,食料品や家具,繊維といった生活関連型工業も微減傾向にある.これらに代わって,加工組立型工業が大きな成長を遂げた.すなわち,IC生産や自動車生産という新しい工業の出現である.加工組立型製品の比率は1965年の12.7%から2008年の41.1%にまで3倍を超える拡大を示している.

基本的には太平洋ベルトの京浜,中京,阪神,北九州の四大工業地帯に重点的に投資を行うことで,第二次世界大戦後の経済復興がなされた.一方で,四大工業地帯では過密問題や生活環境の悪

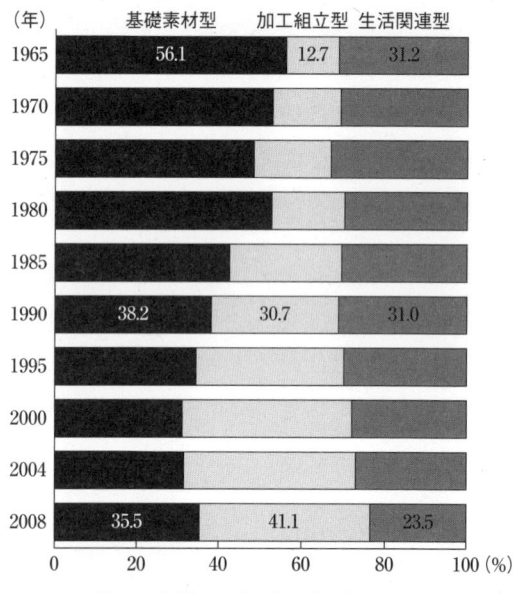

図2.6 九州における製造品出荷額の変化

基礎素材型:木材・木製品製造業(家具を除く),パルプ・紙・紙加工品製造業,化学工業,石油製品・石炭製品製造業,プラスチック製品製造業,ゴム製品製造業,窯業・土石製品製造業,鉄鋼業,非鉄金属製造業.

加工組立型:生産用機械器具製造業,業務用機械器具製造業,電子部品・デバイス・電子回路製造業,電気機械器具製造業,情報通信機械器具製造業,輸送用機械器具製造業.

生活関連型:食料品製造業,飲料・タバコ・飼料製造業,繊維工業,家具・装備品製造業,印刷・同関連業,なめし革・同製品・毛皮製造業,その他の製造業.

資料:九州経済調査協会『九州産業読本』,経済産業省「工業統計表」.

化が進行し，国土の均衡ある発展が阻害され地域間格差が生じてきた．この是正策として重化学工業を新たな地域に分散配置し，大規模な港湾施設や大量の工業用水，道路といった基盤整備を拠点開発方式で行う施策がとられた．これは全国総合開発計画に謳われ，「新産業都市建設促進法」の下で具現化した．九州では大分地域，日向・延岡地域，そして不知火・有明・大牟田地域の3地域が指定された．これら3地域では鉄鋼業，造船業，化学工業を主体とする臨海型重化学コンビナートが造成されたが，日向・延岡地域は高速交通網の整備が遅れ，また既存の集積地から遠く離れているため，その効果は薄いといわれる．

2.4 先端産業「アイランド」の成長

九州は「シリコンアイランド」，および「カーアイランド」というニックネームがついている．これらに加えて，最近では「エコアイランド」，「フードアイランド」とも呼ばれる．これらの根底にはいずれも基礎素材型工業からの脱却と，九州に特化した持続可能な九州の発展の意気込みが見え隠れしている．以下では九州における前二者の特色を記述し，後二者についてはコラム3, 4で取り上げたい．

2.4.1 シリコンアイランド

九州における半導体生産の先駆けは熊本県合志市の三菱電機熊本製作所（現 三菱電機パワーデバイス製作所熊本工場）で，1967年にさかのぼる．その後，NEC九州熊本川尻工場（現 ルネサス セミコンダクタ九州・山口（株），熊本市），東芝大分工場（現 東芝 セミコンダクター&ストレージ社大分工場，大分市），ソニー国分セミコンダクタ（株）（現 ソニーセミコンダクター（株）鹿児島テクノロジーセンター，霧島市），京セラ鹿児島工場（現 鹿児島川内工場，薩摩川内市），ローム（株）（行橋市），（株）SUMCO伊万里事業所（伊万里市）などが相次いで九州各地に半導体製造工場を建設した．現在でも生産ラインの更新が続いており，アジア諸国の低価格のIC（汎用IC）とは異なった高付加価値のIC（システムLSI，パワーデバイス，MOSデバイスなど）の製造を行って競争力を強化している．IC産業の九州での立地の3要因は，きれいで豊富な水，空港への近接性，そして質の高い労働力とされてきたが，IC製造のみならず各種半導体の設計と開発もあわせて行われている．

九州における2008年の半導体の生産量は83億8500万個（全国比21.4%），生産金額は9571億円（全国比25.4%）であった．九州は「1割経済」と称されるが，半導体の生産規模は相当大きいといえる．図2.7は1975年以降の九州におけるICの生産量と生産金額の推移を示したものである．生産量に関しては，1975年以降，順調な伸びを示し，2000年にピークを迎えている．しかし，その後はアジア諸国の追い上げを背景に伸び悩んでいることがわかる．また生産量の全国比をみると，1992年頃までは変動しながら30%台後半を記録し，1987年に43.0%の最高値を迎えている．しかし1993年以降は単調な低下傾向を示し，2008年には21.4%と最高時の半分にまで落ち込んでいる．

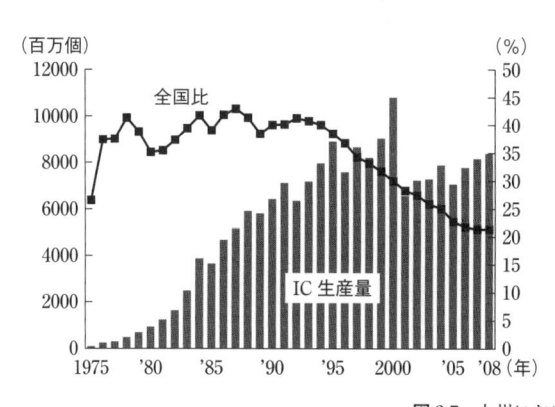

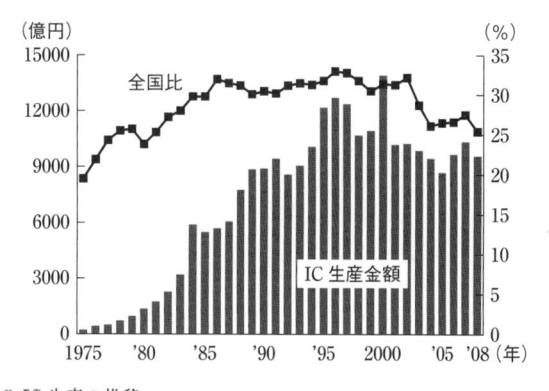

図2.7 九州におけるIC生産の推移
資料：九州半導体イノベーション協議会.

コラム3

環境・新エネルギーのパイオニア九州

　第二次世界大戦後の新しい産業の成長の陰で，九州は看過しがたい出来事を経験した．環境破壊と深刻な公害発生である．前者に関しては，1956年に発生した「公害の原点」とされる水俣病があまりにも深刻な被害をもたらしたことは説明するまでもない．現在においても水俣病問題の解決に向けた補償と救済策が講じられている．また北九州市では，大気汚染が深刻化するとともに，洞海湾には有害物質が蓄積し，そこは「死の海」と呼ばれた．現在では，北九州市は環境を重視したまちづくりを積極的に進めており，後述するように全国をリードする環境ビジネスの集積地となりつつある．

　「エコアイランド」は九州の3つ目のニックネームである．水俣病の被害や公害問題の発生を受けて，環境を重視した取り組みが九州各地で進んでいる．北九州市，大牟田市，水俣市の3市がエコタウンとして国の指定を受け，このうち北九州エコタウンには家電，自動車，建設廃材，ペットボトル，蛍光管などのリサイクルを事業とする20社以上の企業が集積し，資源循環型社会の構築を目指した事業活動が展開されている．この事業は，「あらゆる廃棄物を他の産業分野の原料として活用し，最終的に廃棄物をゼロにすること（ゼロ・エミッション）」を目指し，資源循環型社会の構築を目指す事業で，教育・基礎研究，技術・実証研究，そして事業化の3点がセットになり，基礎研究から技術開発，事業化に至るまでの産官学民が一体となった取り組みである．現在では，有害物などの発生抑制技術，廃棄物などの分別選別技術，リユース・リサイクル技術，廃棄物の適正安全処理技術，長寿命化技術，その他環境配慮製品およびその要素技術といった技術が実用化段階にある．これにより，付加価値の高い環境産業の創出や育成，環境産業活動を通じた地域間，産業間の連携・交流による地域と産業の活性化，企業の環境意識の醸成による地産地消の推進と循環型社会の構築，アジア地域に向けた国際環境産業市場の開拓などが期待されている．

　エコアイランドの実現に向けて九州は以下の特性と素地を有していると考えられる．1つは九州の豊富なバイオエネルギーである．焼酎に代表される醸造・蒸留・発酵関連企業の集積によって，食品加工や畜産，醸造の過程で排出されるバイオマス資源が存在し，これらの有効活用が進んでいる．一つの例として，焼酎粕から液体分はエタノールを抽出して燃料とし，固形分は飼料として再利用がなされている．これまでの海洋投棄に比べ，コストの削減，環境負荷の低減を可能にしている．2つ目に地熱発電といった再生可能なエネルギー源の存在がある．東日本大震災と東京電力福島第一原子力発電所の事故以降，自然エネルギーとしての地熱発電が注目されている．大分県九重町の八丁原発電所は日本最大の地熱発電所であり，八丁原・大岳地熱発電所の出力は12万2500kWである．九州における大規模な地熱発電所としてはこれら以外に滝上発電所（同九重町）と山川発電所（鹿児島県指宿市）がある．地熱発電は循環型のクリーンなエネルギーであるが，発電所の建設場所が限られていることが拡大の妨げとなっている．また太陽光発電や風力発電の導入も盛んである．太陽光発電の場合，九州では住宅用太陽光発電の導入は全国の21％を占め（2007年3月時点），九州はその先進地域である．　　　　　　　　　［山下宗利］

写真1　大分県九重町の八丁原地熱発電所（写真提供：九州電力(株)）

一方，IC生産金額に目を移すと，生産金額は生産量とほぼ同一の軌跡を描き，ピークは2000年の1兆3924億円であった．ところが生産金額の全国比は生産量とは少し異なった様相を示している．生産金額の全国比の最高は33.0%（1996年）であり，1980年代後半から2000年代前半にかけてほぼ一定の比率を維持している．生産金額においても近年では落ち込みがみられ，2008年の比率は25.4%を示す．生産金額の比率の方が2008年では4ポイント高く，付加価値の大きなIC生産に取り組んでいることがわかる．

自動車の電子化の進展にともなって，ICと自動車の2つの産業間に新たな連携が生まれつつある．ルネサス セミコンダクタ九州・山口や東芝セミコンダクター社のように，早くから九州に拠点を置く大手の半導体製造関連企業は，車載用半導体開発に注目し，自動車向けLSIの供給に力を注いでいる．従来は車載用のソフト開発は機密性が高いため東海地域の本社開発部門で行うのが一般的であったが，北部九州における自動車生産が軌道に乗ったことにより，また，優秀な人材確保が可能であることを考慮し，福岡市にソフト開発拠点を開設する企業も現れ始めた．これらはIC産業と自動車産業の新しい連携である．

2.4.2 カーアイランド
a. 四輪自動車メーカー3社の進出

北部九州には，トヨタ自動車九州(株)（福岡県宮若市），日産自動車(株)九州工場（福岡県苅田町），ダイハツ九州(株)（大分県中津市），日産車体(株)の合計7工場が立地している．加えて，熊本県大津町には本田技研工業(株)の二輪車組立工場がある．さらに，これらメーカーに各種部品を納入する自動車関連工場が多数立地している．

九州における自動車生産の先鞭をつけたのは，1975年の日産自動車九州工場である．その後，1992年に福岡県宮田町（現在の宮若市）にトヨタ自動車九州が進出し，当時の約820億円であった単独売上高は2007年3月期には約9516億円に増大し，2001年以降，九州の製造業でトップの地位を築いている．また，2004年にはダイハツ車体が本社機能と工場を群馬県前橋市から現在地の大分県中津工場に移転し，生産を開始した．

九州における四輪自動車の生産は2000年初頭に急速に拡大した（図2.8）．1994年当時の生産台数は約44万台で生産規模は小さく，2000年当時までの生産台数はほぼ横ばいであったが，2002年のトヨタ自動車九州の進出により急速に生産を拡大した．完成車メーカー3社を合わせた生産台数は2006年には101万台に伸展している．世界的な景気後退の影響を受けてここ近年の生産規模は縮小しているが，全国シェアは順調な伸びがみられる．なお生産台数の目標値は年間150万台である．

この生産規模の拡大の背景には，福岡県苅田町におけるトヨタ自動車九州の新エンジン工場の稼働（2005年12月）や同町の日産車体の車両生産ラインの新設（2009年操業），そして福岡県久留米市田主丸町におけるダイハツ九州の軽自動車向けエンジン工場の新設（2008年操業）といった九州での生産を重視した自動車生産能力の増強がある．注目すべきことに，トヨタ自動車九州の新エンジン工場は，愛知県外にトヨタ自動車が初めて造成したエンジン工場である．最新型のエンジンを宮田工場に供給するために造成されたもので，高性能なハイブリッド車種用エンジンもここで生産されている．宮田工場では，2005年9月に北米向けの高級ブランド車「レクサス（ハリアー）」用

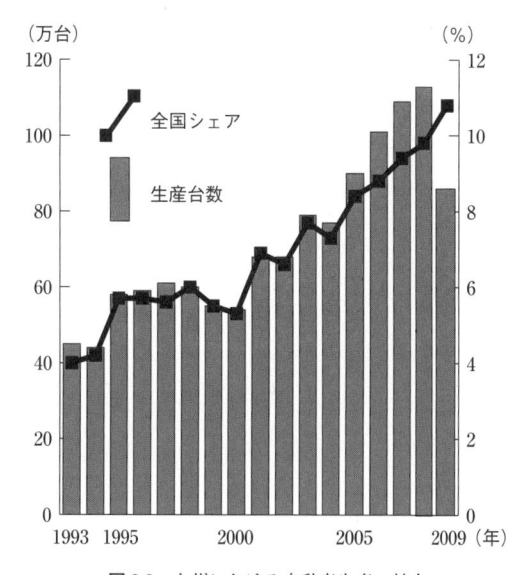

図2.8 九州における自動車生産の拡大
資料：九州経済産業局「九州経済の現状」．

の生産ラインを増設し，一方の日産自動車九州工場でも北米で好調な SUV 車の「ムラーノ」や「エクストレイル」などの 7 車種が生産されている．さらに，トヨタ自動車九州は北九州市と苅田町に新たに小倉工場を新設して（2008 年操業），ハイブリッド車用部品の生産を移管し，より効率的な生産体制を築きつつある．このように，トヨタ自動車は北部九州を愛知県に次ぐ第 2 の国内拠点と位置づけている．北部九州では本州に比べて自動車生産の歴史は浅いが，逆に日本の中でも最新鋭の工場で最高品質の自動車が生産されていることが特記される．北部九州は，豊富な理工系人材の存在と中国や東南アジアの市場に近いという地理的なメリットを背景に，日本の自動車生産拠点としての重要性をさらに増しているといえる．

b. 北部九州における自動車産業の立地展開

図 2.9 は九州における自動車関連産業の展開を示したものである．完成車メーカー各社の工場とともに，これらメーカーに部品を納品する 1 次サプライヤーが，操業開始年別に描かれている．

1989 年までに操業を開始した 1 次サプライヤーは 16 社を数え，これらは福岡県東部と熊本県北部に集中し，九州初の日産自動車九州工場と本田技研工業の各工場に近接して立地した．すなわち，時間の制約が大きく影響し，自動車組立工場へのアクセスが重要であったことがわかる．その後，1990 年代に新たに進出した 1 次サプライヤー 15 社もトヨタ自動車九州への近接性を重視する傾向は変わらないものの，佐賀県にも工場を設け，北部九州を中心に立地展開している（写真 2.9）．これらの 1 次サプライヤーはアイシン九州やトヨタ紡織九州，デンソー北九州製作所といった愛知県に本社を置く子会社が多く，トヨタ自動車との深いつながりがみてとれる．2000～2008 年に進出した 1 次サプライヤーは 33 社と大幅に増加し，北部九州での自動車産業の成熟がうかがえる．ダイハツ九州の大分県中津市での操業や久留米工場でのエンジン生産に合わせるかのように，周防灘に面した地域や福岡県中南部にも工場の新規立地がある．

このように，北部九州における自動車産業は，完成車メーカーの工場を中心に部品を納品する下請け企業が近接して立地しつつある．1 次部品メーカーは，基本的には JIT（ジャストインタイム）生産方式によってその立地場所が支配されている．この典型例はトヨタ自動車九州の「かんばん方式」で，「必要な部品を必要な量だけ必要な時に」という原則に従って部品が届けられるシステムが採用されている．そのためトヨタ自動車九州の工場内には部品倉庫は存在せず，部品メーカ

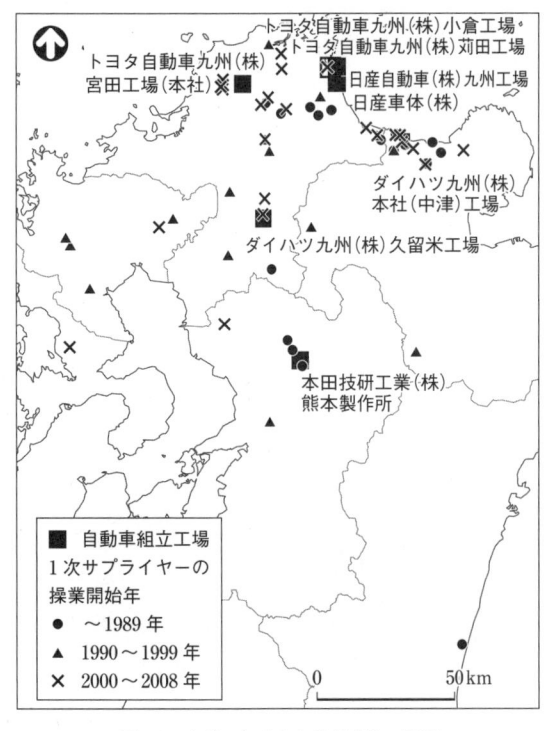

図 2.9 九州における自動車産業の展開
資料：九州経済産業局「九州自動車関連企業データベース」，「平成 20 年度九州の自動車産業等に関する市場動向調査」．

写真 2.9 自動車工業の進出（伊万里市）（2009 年 10 月）
1 次サプライヤーの 1 つで，プレス加工で自動車部品の製造を行う．

ーは当該工場に近接して立地する必要に迫られている．また，自動車用大型プレス部品のように，大きな輸送コストを圧縮するために大手の完成車メーカー工場の近隣に立地する傾向もみられる．

完成車メーカーは，軽量でもかさばる部品，重量のある部品（シート，マフラー，ラジエーター，エアコンなど）は九州域内の部品メーカーから調達し，一方，九州域外の有力部品メーカーからは軽量な機能部品（電装品，エンジン部品，足回り部品など）を調達している．後者の機能部品は主として大量生産に適した部品であり，これら機能部品の生産立地を研究開発機能に近接させることで効率的な生産が可能であることに起因している．

もともと山口県防府市のマツダ防府工場の周辺にはマツダ系列の部品メーカーは存在したが，これらを除けば北部九州には有力な協力部品メーカーはきわめて限られていた．そのため進出した完成車メーカー3社は，当初は重要な高品質の自動車部品を東海や関東地方からの物流に頼らざるを得なかった．現在においても完成車メーカー3社の地場調達率は約50％にすぎず，地場調達率の改善が図られている．

地場調達率の低さは自動車産業の集積の小さいことが根底にあるが，この状況はかえって従来の固定した系列意識の希薄化をもたらしている．それは，マツダ防府工場や三菱自動車工業水島製作所（岡山県倉敷市）向けの有力部品メーカーからも北部九州の完成車メーカー3社に部品調達がなされていること，さらには域外の部品メーカーが北部九州に新工場を建設する動きに反映されている．また近年，新たに進出した有力部品メーカーの九州小会社が防府工場や水島製作所向けに部品を供給する取引事例も生まれている．他の系列社との取引を通して良質な部品を安価に調達する動きも，九州と山陽地域間に生じており，従来のような強固な系列内での部品調達は影が薄まりつつある．

c．九州における自動車の輸出

北部九州の重要な輸出用自動車積出し港として，苅田港や博多港，北九州（門司）港がある．さらに，山口県防府港もマツダ防府工場の輸出拠点となっている．図2.10は門司税関管内の港から輸出された自動車の輸出台数と輸出金額の推移を国別に示したものである．当該地域からの自動車の輸出台数をみると，1980年代前半は自動車の輸出増がみられたが，1987年のアメリカ合衆国における現地生産の開始とともに輸出台数は減少に転じている．その後，1998年に小さなピークを迎え，2000年前後にやや減少したものの，2007

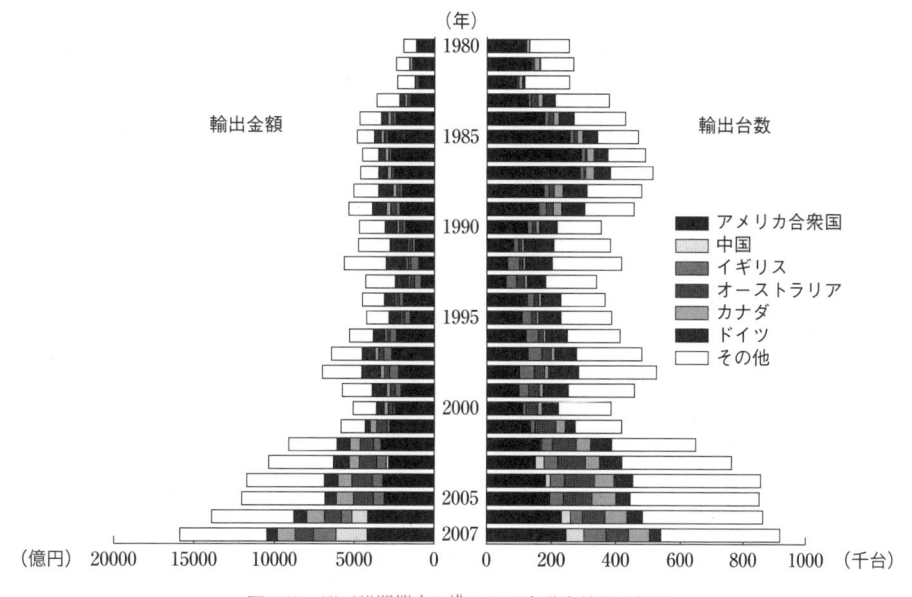

図2.10　門司税関管内の港からの自動車輸出の推移
資料：門司税関資料．

年にかけて輸出台数を大きく拡大させている．2007年における門司税関管内からの自動車輸出総数は約92万台に達している．一方，輸出金額においても同様な傾向が認められ，2007年の輸出金額は1兆5867億円にのぼる．なお，2005年の生産台数約136万台のうち約85万台が輸出に向けられ，その割合は約63％に及んでいる．全国に占める門司税関管内からの自動車輸出台数のシェアは，2007年には台数ベースで11.2％，金額ベースで11.0％であった．また，管内の輸出総額（7兆4634億円）に占める割合は21.3％であった．このように自動車の輸出に関しても全国の約1割を占めるが，北部九州においては自動車産業はきわめて重要な地位を築きつつある．

次に輸出国に目を転じると，アメリカ合衆国が最大の輸出先であり，2007年には24万5000台，4193億円を記録している．これは，管内全体の輸出台数と輸出金額のそれぞれ26.8％，26.4％を占める．輸出台数ではアメリカ合衆国に次いで，ロシア，イギリス，オーストラリア，カナダが続く．一方の輸出金額では中国が第2位であり，ここ近年における中国の重要性が高まっている．1980年代はアメリカ合衆国やオーストラリアといった先進国が主な輸出先であったが，2000年以降，中国をはじめとして新興国が新たな輸出先として台頭していることがわかる（山下，2007）．

2.5 福岡への一極集中と地域間格差の拡大

2.5.1 福岡の一人勝ち

九州の最大都市である福岡市は，札幌，仙台，広島とともに広域中心都市（地方中核都市）の1つにあげられ，地域経済，文化，行政の各分野において高次な中枢管理機能の集積が進んでいる（石丸，1990）．九州全域と山口県西部を含んだ九州・山口経済圏が形成され，福岡市がその中心的な役割を果たしている．東京から距離を置くため，福岡市には九州全域を管轄する企業の九州支店が多数集積し，「支店経済都市」とも揶揄されている．一方で，農林水産省九州農政局や総務省九州総合通信局，林野庁九州森林管理局，旧郵政省九州郵政局のように，熊本市に九州全域を管轄する国の出先機関を設置するものもあり，また，かつての九州最大都市の北九州市に本社機能を残す民間企業もある．

福岡都市圏では，現在でも人口増加が進行している．福岡市とその周辺の自治体（筑紫地域：筑紫野市，春日市，大野城市など4市1町，粕屋地域：古賀市，宇美町など1市7町，宗像地域：宗像市と福津市，糸島地域：前原市，二丈町，志摩町）から構成される福岡都市圏（福岡都市広域圏）でみると，2005年の国勢調査では人口232万3070，世帯数97万9364であり，これは2000年時に比べてそれぞれ4.0％，7.9％の増加を示す．福岡県全体に占める比率も46.0％に達し，依然として増加傾向にある．しかし，福岡県全体の人口はほぼ横ばい状態であり，北九州都市広域圏では逆に減少に転じていることから，福岡県の中でも福岡都市圏への一極集中が継続していると考えられる．なお2010年国勢調査結果では，福岡市の夜間人口は2005年時よりも4.5％増の146万3743であった．また昼間人口（2005年時）は157万1184（同2.6％の増加），昼夜間人口比率は113.4％を示していた．これら福岡市における夜間人口と昼間人口の両者とも増加傾向を示すが，増加率は近年ほど小さくなりつつある．

図2.11は住民基本台帳をもとに福岡市への転入者の移動前の住所地を県別に示したものである．年間平均で約11.2万人が転入しており，福岡市内間での移動を除けば他の市町村からの転入者数は約9.3万人である．最大は地元福岡県の4.3万人であり，長崎県（6106人），熊本県（4636人），鹿児島県（3824人），佐賀県（3300人）といった地元九州各県からの流入が多いことがわかる．また，東京都（4790人），大阪府（2921人），神奈川県（2485人）など，東京大都市圏や大阪大都市圏からの転入もあわせて多く，これら大都市間での人口移動が活発で，福岡市の地方中枢都市（広域中心都市）の1つの側面を垣間みることができる．

九州における市区町村別人口増加率（2005～2010年）の分布をみてみたい（図2.12）．286市区町村のうち人口が増加した自治体は69で，全体

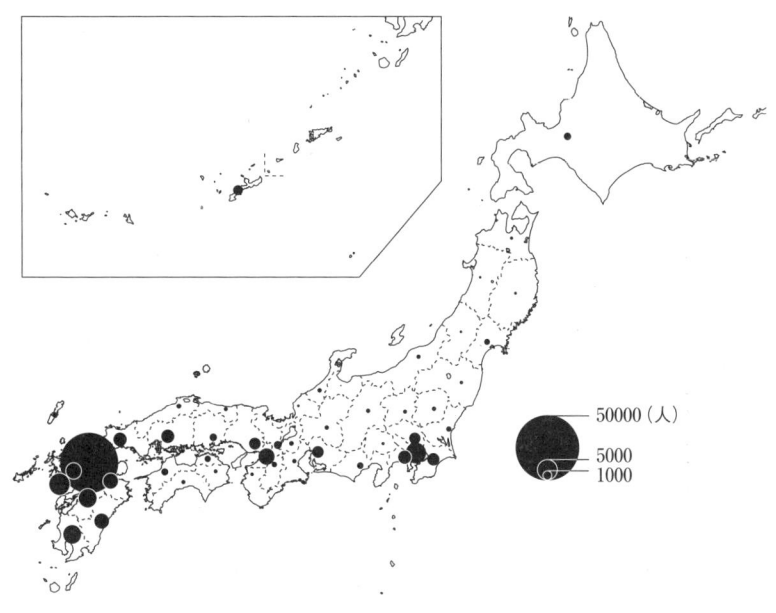

図 2.11 福岡市への県別転入者数の分布
資料：住民基本台帳人口移動報告．1999〜2009 年の平均値．

の 24.1% にあたる．熊本県菊陽町で最も増加した（16.3%，5300 人増．2000〜2005 年は 414 市区町村中 2 番目の 14.4%）．次いで沖縄県の北大東村（13.1%，77 人増），中城村（11.9%，1882 人増）が続く．沖縄県全体では 41 市町村中 23 市町村で増加し，九州 8 県中最大の増加率（2.3%）である（福岡県のみ 0.4% 増加しているが，他の 6 県では減少が進んでいる）．福岡市博多区や西区でも増加がみられ，郊外化の進展する熊本市周辺のベッドタウンの人口増加とともに，都心回帰が認められる．

人口減少率が大きい自治体は離島と中九州・南九州に集中している．最大は沖縄県座間味村の -19.7%（212 人減）である．沖縄県渡名喜村（-14.9%，79 人減）や長崎県小値賀町（-12.8%，419 人減）も減少率が大きい．また長崎県新上五島町（-11.8%，2965 人減）や鹿児島県南大隅町（-10.9%，1082 人減）のような離島・遠隔地では率・実数とも減少が大きい．山深い九州山地の村々（熊本県五木村，宮崎県日之影町など）でも，少子高齢化・転出超過が拡大しており，過疎化が止まらない状態である．一極集中が進展する福岡市と，離島や中九州・南九州との格差が拡大しているといえる．

2.5.2 中心市街地の衰退

博多駅-鹿児島中央駅間の九州新幹線鹿児島ルートの全線開業（2011 年 3 月 12 日）を前に，博多駅周辺や天神地区では新駅ビルの建設やホテルの開業，大規模小売店の新規開店など都市更新が活発に行われた．これに反して福岡市都心の百貨店でも郊外型のショッピングセンターの開業に押されて伸び悩み，福岡市以外の県庁所在都市においてはその中心市街地の衰退が大きな社会問題となっている．ここでは，佐賀市を事例に，中心市街地の衰退の現状を追ってみたい．

佐賀市では戦災を免れたため旧来の伝統的な商店街が旧長崎街道沿いに維持されてきた．しかし，他の中心市街地と同様に空き店舗や空き地が増加し，大規模小売店舗の撤退と郊外型ショッピングセンターの開業，そしてロードサイド型店舗の相次ぐ立地によって中心商店街の衰退が深刻化している．商業施設のみならずオフィスや病院，公共施設の郊外化も進展し，中心市街地の衰退は避けて通れない状況に追い込まれている（写真 2.10）．佐賀市は 1998 年 10 月に全国で 5 番目という早期に中心市街地活性化基本計画を提出し，旧長崎街道を分断するようにして市街地再開発事業を実施した（写真 2.11）．TMO 組織「（株）まちづ

図2.12 九州における市区町村別人口増加率の分布（2005〜2010年）
資料：国勢調査．

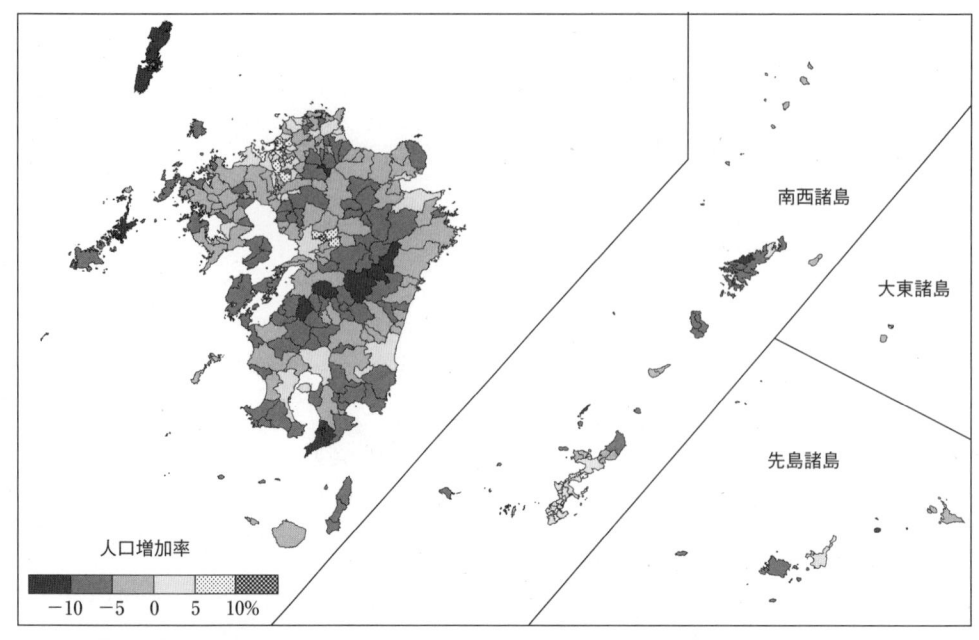

人口増加率上位の自治体
菊陽町（熊本県）：16.3%，5300人増
北大東村（沖縄県）：13.1%，77人増
中城村（沖縄県）：11.9%，1882人増
粕屋町（福岡県）：11.4%，4312人増
豊見城市（沖縄県）：9.0%，4745人増
福岡市博多区（福岡県）：8.6%，16816人増
福岡市西区（福岡県）：7.7%，13893人増
志免町（福岡県）：7.4%，3007人増
大津町（熊本県）：7.3%，2127人増
西原村（熊本県）：6.9%，440人増

人口減少率上位の自治体
座間味村（沖縄県）：−19.7%，212人減
渡名喜村（沖縄県）：−14.9%，79人減
小値賀町（長崎県）：−12.8%，419人減
大和村（鹿児島県）：−12.3%，248人減
新上五島町（長崎県）：−11.8%，2965人減
東峰村（福岡県）：−11.5%，317人減
姫島村（大分県）：−11.3%，280人減
日之影町（宮崎県）：−11.3%，568人減
五木村（熊本県）：−11.3%，153人減
球磨村（熊本県）：−11.2%，537人減

くり佐賀」が主体となり，再開発ビル「エスプラッツ」の運営を行ったが，当初の計画の見込みの甘さにより2001年には破産に追い込まれた．エスプラッツは現在では食料品を主に扱う地域スーパーと佐賀市役所の一部の窓口業務，そしてカルチャーセンターを核に再開し，中心市街地での活性化を図っている．

図2.13は旧佐賀市における大規模小売店の分布を示したものである．佐賀市には，3つの大規模なショッピングセンターが市街地の縁辺部に立地している．これらとともに市街地を取り囲む幹線道路沿いに地域スーパーや家電量販店，ドラッグストアーなど多数のロードサイド型店舗が連担していることが読み取れる．ショッピングセンターは2000年秋以降に順次開業し，店舗面積が約5万m²に達する大規模なものである．駐車台数も約2600台を有している．このような郊外型ショ

写真2.10 佐賀市中心市街地の衰退（2010年6月）

写真 2.11 佐賀市兵庫町北土地区画整理事業（2011年2月）
160の専門店と複数の核店舗からなるショッピングモールの周辺ではマンション建設も進む．

ッピングセンターの立地は，全国のいたるところで進行した．しかし，2007年に改正都市計画法が施行され，これによりショッピングセンターのような新たな大規模集客施設の郊外展開は事実上不可能になり，新規立地は既存市街地内に限定されることになった．九州新幹線長崎ルートも予定されており，佐賀市のみならず沿線の各都市は福岡市の影響を最小限に抑えつつ，地域の核としての中心市街地をいかに活性化させていくかがきわめて大きな課題となっている（山下，2006）．

2.6 九州地方の将来像

九州は，古くから大陸への，また大陸からの玄関口として機能し，その近接性と多様な自然環境，特異な文化に支えられながら発展してきた．近年，アジアの諸都市に近い地の利を活かしながら物流の結節地としてその重要性はますます高まりをみせ，また九州各地に分布する温泉や豊かな自然環境など，アジアから多くの観光客を受け入れる素地が存在し，これらの九州の魅力が重要な戦略資産である．ものづくりの風土や諸外国の技術をいち早く受け入れる進取の気性が「シリコンアイランド」や「カーアイランド」，「フードアイランド」として結実している．さらに「環境のパイオニア九州」として新たな道を模索している．「九州は1つ」のかけ声は薄れつつあり，むしろそれぞれの県が独自の強みを発揮する方向へと進みつつある．

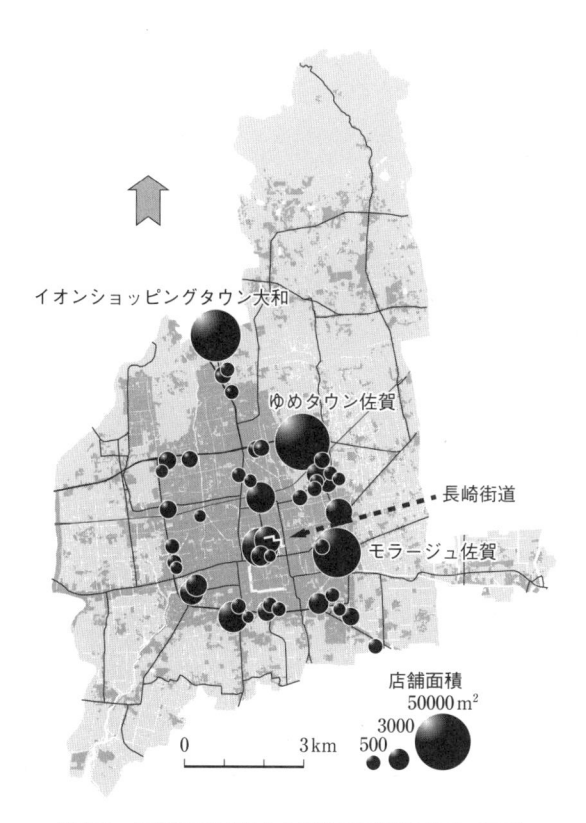

［山下宗利］

図2.13 旧佐賀市における大規模小売店舗の分布（2007）
店舗面積500m²を超えるもののみ表示．イオンショッピングタウン大和は大和町に位置しているが，佐賀市との境界にきわめて近いため便宜的に記載した．資料：佐賀県資料より作成．

引用文献

石丸哲史（1990）：わが国諸都市における事業所サービス業の立地動向．経済地理学年報，**36**：289-303．

関口　武（1959）：日本の気候区分．東京教育大学地理学研究報告，**3**：65-78．

前門　晃（2005）：南西諸島の景観．日本総論I（自然編）（日本の地誌I，中村和郎・新井　正・岩田修二・米倉伸之編），pp.205-211，朝倉書店．

町田　洋・太田陽子・河名俊男・森脇　広・長岡信治（2001）：日本の地形7 九州・南西諸島，東京大学出版会．

山下宗利（2005）：有明海におけるのり養殖協業化の進展．佐賀大学有明海総合研究プロジェクト成果報告集，**1**：41-48．

山下宗利（2006）：中心市街地の活性化と今後の役割．経済地理学年報，**52**：251-263．

山下宗利（2007）：シリコンアイランドからカーアイランドへ．地理，**52**(10)：86-95．

山本正三・田林　明・山下清海（1982）：九州における高冷地の土地利用と集落の発展―九重山北麓飯田高原の場合―．筑波大学地球科学系人文地理学研究，**6**：65-116．

吉野正敏（2003）：生気候による日本の地域区分．地球環境，**8**：121-135．

> コラム4

フードアイランド九州

　九州では，クリーンな環境を活かして食への取り組みも盛んである．先にみたように九州における第1次産業の産出額は全国の約2割を占める．そのことは，九州が「フードアイランド」，あるいは「食料供給基地」と呼ばれる所以にもなっている．とりわけ畜産業と漁業分野において強みがある．また伝統的な醸造・発酵技術を活かした特産品も数多い．近年相次いだ口蹄疫や鳥インフルエンザの発生は宮崎県のみならず，近隣諸県の畜産業に大きな被害をもたらしたことは記憶に新しい．貿易の自由化が進む中で，農業の生産性をいかに高めるかが重要な鍵となっている．競争力を有した「フードアイランド」への変身のためには「シリコンアイランド」や「カーアイランド」がたどったような研究開発と生産・流通・販売面における高度化戦略が必要とされる．

　長崎は，西洋技術や文化が流入し，また逆に日本の物資などが西洋に流出していった歴史をもち，そのような歴史に基づいて，食文化に関しても多彩なメニューが存在する．長崎市の新地中華街の中華料理は特に有名であるが，本場の中華料理とともに庶民的な郷土料理も数多くある．肉や魚介類，野菜を煮立て，太麺で食する「ちゃんぽん」，油で揚げた細麺（太麺を供する店もある）にとろみをつけた具をのせた「皿うどん」など，空腹を満たす料理が多い．また，長崎では「卓袱料理」といった和・蘭・唐の食文化がミックスした宴席（大皿）料理が名物である．ちゃんぽんと同様に豚骨スープを用いたラーメンも九州ではよく食され，久留米ラーメン，熊本ラーメン，鹿児島ラーメンなど九州各地にご当地ラーメンが存在する（写真1）．

　鎖国時代に長崎は海外に開かれた窓口であり，日本の文化を西洋に送り出し，また西洋の文化を日本にいち早く取り入れる役目を果たした．砂糖や菓子もそれら輸入品の1つであり，長崎街道を通して日本の各地に広まった．ポルトガルやスペイン，中国から南蛮菓子や砂糖が長崎に上陸し，当時の佐賀藩が長崎の警固役を務めていたこともあり，貴重な砂糖を用いた南蛮菓子文化が長崎街道沿いに開花したとされる．この長崎から小倉に至る25宿，57里の長崎街道は近年，「シュガーロード」と呼ばれ，沿道の地域活性化のテーマになりつつある．

　ポルトガル生まれのカステラは，長崎カステラが全国的に有名であるが，シュガーロード各地で広く製造・販売されている．沿道各地でさまざまな南蛮銘菓が珍重され，またカステラから派生した菓子や和菓子も数多くある．例えば佐賀県は，森永太一郎（森永製菓創業者）や江崎利一（江崎グリコ創業者）を輩出した菓子王国であり，小京都小城(おぎ)の羊羹や佐賀の丸ぼうろ，逸口香(いっこっこう)などの菓子が根づいている．羊羹はもともと軍隊の保存食として供された歴史をもち，佐世保や久留米のほぼ中間に位置する小城において明治30年代以降に製造が盛んになった．現在の小城市内には22件の羊羹製造業者が軒を連ねている．写真2の「まるぼうろ」は卵，蜂蜜，小麦粉，砂糖を使った佐賀の素朴な焼菓子である．その他福岡県飯塚の「ひよ子」も愛されている．

［山下宗利］

写真1　ご当地ラーメン（鹿児島ラーメン）
（2010年11月）

写真2　丸ぼうろ
ポルトガル伝来の素朴な手づくりの焼き菓子．小麦と鶏卵が主原材料．

3 中国・四国：三海に囲まれた多様な特性をもつ地域

出雲大社（2004 年 8 月）

中国・四国地方は，古代から国家の中心地であった関西地方と，アジア諸国との結びつきが強い九州地方に挟まれた地域である．そのため，中国・四国地方全体でまとまった地域的特徴がさほどみられない一方で，地域内の多様性がみられる．具体的には，中国・四国地方は日本海，瀬戸内海，太平洋の三海に囲まれ，山陰地方，瀬戸内地方，太平洋岸地方で気候や文化が大きく異なっている．

3.1 多様性に富む自然環境

3.1.1 三海に囲まれた地域

中国・四国地方は日本海，瀬戸内海，太平洋と三海に囲まれた地域であり，それらに挟まれる形で中国山地と四国山地が東西に延びている．そのため，「山あり，海あり」の多様な地域景観を有している．また，これらの山の影響により，山陰地方では降雪がみられるのに対し，瀬戸内地方は温暖であり，全国で最も降水量の少ない地域となっている．さらに，四国山地の南斜面は黒潮の影響もあり，湿潤多雨な地域である．

このように，中国・四国地方は自然的・文化的側面から山陰地方，瀬戸内地方，太平洋岸地方に三区分されることが多い．このことは，山陰道，山陽道，南海道が整備された古代から根づいている．また，近世期の海運は大坂を中心とした西回り航路が発達したが，その影響で人や物資の移動，さらに文化交流などは東西の移動が基軸となっている．このことは近代に入って鉄道が敷設されてからも続き，今日の山陰本線，山陽本線，予讃本線・土讃本線など鉄道本線は東西を基軸に進められた．

図 3.1 は中国・四国地方の地形区分を示したものである．中国地方と四国地方のいずれも南北幅が狭いため，河川は一般的に短小で大河川が少ない．その結果，沖積平野が十分に発達しておらず，広大な平野に乏しい．都市はこれら狭小な平野や，三次盆地や津山盆地といった小盆地に立地しているにすぎない．しかし，中国山地や四国山地においては，集落が無数に分布しており，この地方の特色となっている．

3.1.2 準平原化した中国山地

中国地方は東西に中国山地が横たわり，平野も少ないため，全体的に中山間地域が多くを占めている．この中国山地には氷ノ山 (1510 m)，後山 (1345 m)，道後山 (1271 m) など標高 1200〜1500 m に達する山々もあるが，一般的には標高 1000 m 前後の山が多い．日本の脊梁山地としては低い方に属するため，中国山地の奥深くまで人々が住みついている（写真 3.1）．このことは，地形条件のみならず，中国山地の広い範囲でみられたたたら製鉄と，それに必要な砂鉄を採取するためのかんな流しが広く行われていることにも起因している．また，中国山地の北側には大山火山と三瓶火山がある．特に，大山は標高 1709 m と中国地方最高峰であり，裾野も広大である．

中国山地を取り囲むように高原が発達しており，日本海側は石見高原，瀬戸内側は吉備高原と呼ばれている．そして，脊梁山地と吉備高原との

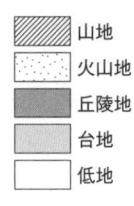

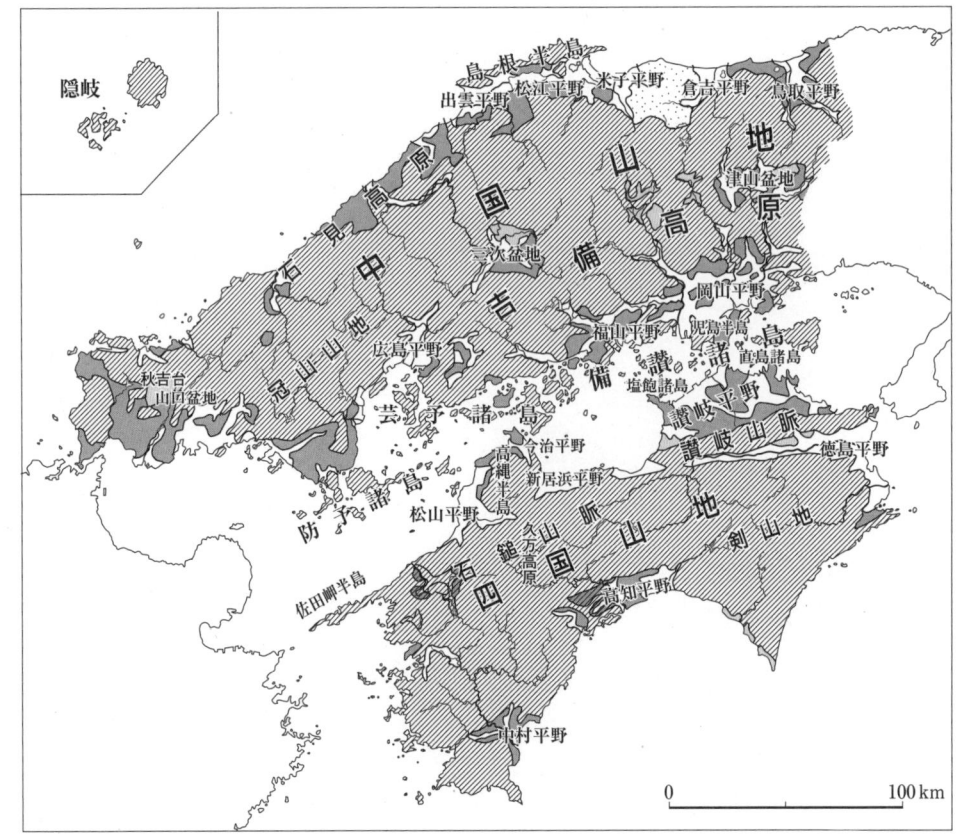

図3.1 中国・四国地方の地形区分（森川ほか編，2005）

境界付近には津山盆地や三次盆地など盆地が分布する．さらに，瀬戸内海に近い地域には300 m以下の低い丘陵状の台地が広く分布する．

そのため，このような地形面は3面に区分されることが多い．すなわち，標高1000 m以上の脊梁山地面，海抜400〜700 mの吉備高原面，海抜300 m以下の瀬戸内面である．これらの地形面は長期間の侵食によってなだらかになった土地が，その後の地盤運動によって隆起し，現在の高さにまで持ち上げられたとされている．その結果，形成されたなだらかな平原面は，隆起準平原ないしは侵食小起伏面と呼ばれている．こうした一連の地形形成については諸説あり，明快な結論が得られたわけではない．ちなみに，藤原（1996）は中国山地の侵食小起伏面を中国山地，中国高原，沿岸丘陵の3つに大分類をしながらも，中国山地を脊梁山地面と高野面に，中国高原を吉備高原面と世羅台地面にそれぞれ区分し，沿岸丘陵である瀬戸内面とあわせて5つに分類している．

3.1.3 海岸に特徴がある山陰地方の地形

山陰地方は南の中国山地と北の日本海に挟まれた地域を指し，中国山地に源流を置く河川が北流し，日本海に注ぎ込んでいる．これらの河川は上流域で盆地を，中流域で谷底平野を，河口部で沖積平野を形成しており，これらに農地や集落が集積している．山陰地方の中央部には島根半島が北

写真3.1 中国山地の山間集落（2009年8月仁平尊明撮影）島根県江津市の石州瓦の家並み．

へ突き出ており、これを中心に東部と西部に大きく分けることができる。

山陰地方東部は鳥取県に属し、西から日野川、天神川、千代川が北流し、河口部には米子平野、倉吉平野、鳥取平野が形成されている。これらの平野の間には砂丘が卓越し、河口をふさがれた中小河川の流水によって潟湖も多数みられる。とりわけ、東郷湖と湖山池は規模も大きい。その他、日光池、水尻池など小規模な潟湖もみられる。これらはいずれも農業利水の関係から淡水湖となっているが、かつては日本海と通じた汽水湖であった。

また、鳥取県側は砂丘が著しく発達している。東部の千代川河口に広がる鳥取砂丘は国の特別天然記念物に指定され、日本一の高低差を有する砂丘として全国的にも有名である（写真3.2）。中部の北条砂丘も東西12 kmに及ぶ細長い砂丘である。これらの砂丘は、河川を通じて上流から運搬された土砂が季節風によって堆積して形成されている。また、弓ヶ浜半島は巨大な砂州であるが、縄文時代から発達した砂州の上に、歴史時代においてかんな流しにより供給される大量の土砂が堆積して形成されたものである。

さて、山陰地方中央部には島根半島が横たわっているが、かつて本土との間は海水が通過する水道であったとされ、その後の沖積作用で出雲平野や松江平野が形成された。残された部分は内海と化し、松江市を東西に分断する大橋川を境に、西側は宍道湖、東側は中海と称されている。いずれも海水と淡水が入り交じる汽水湖であるが、中海の塩分濃度は海水の約2分の1であるのに対し、宍道湖は約10分の1である。両地域はラムサール条約に基づく登録湿地にも指定されている。

島根半島から西は海岸線が南西に傾斜している。海岸はおおむね砂浜であるが、ところどころ岩石海岸となっている。この付近は小規模な河川が多く、平野がみられるのは島根県西端の益田市付近において高津川が形成した益田平野があるのみである。なお、島根県江津市に河口をもつ江の川は広島県に源流をもち、中国太郎との別名をもつ全長194 kmの大河であるが、河口部にほとんど平野を形成していない。

3.1.4 多島海としての瀬戸内海

瀬戸内地方の地形的特色としては、石灰岩台地と多島海である瀬戸内海があげられる。石灰岩台地は、山口県の秋吉台、広島県の帝釈台、岡山県の阿哲台、上房台、成羽台などである。このほかにも大崎上島、呉市、三原市などにも点在する。これらの地域ではカルスト地形が発達し、ドリーネやウバーレといった窪地が卓越する。とりわけ、秋吉台は日本一のカルスト地形であり、石灰岩体が一面に露出している（写真3.3）。また、広島県帝釈台では「ノロ」と呼ばれる標高500 m前後の石灰岩台地が広がっている。このほか、カルスト台地の地下では鍾乳洞も発達しており、秋吉台には日本最長といわれている安家洞（全長8000 m）など多数の鍾乳洞がみられる。

さて、瀬戸内海は中国地方と四国地方に挟まれ

写真3.2 鳥取砂丘（2009年2月根田克彦撮影）

写真3.3 秋吉台のカルスト地形（写真提供：美称市）

た日本最大の内海である．今日では都市化，工業化の結果，埋め立てや道路・架橋整備が進み，人工的景観が卓越している．地形的には瀬戸内海の形成過程とその結果生じる多島海となっているところに特色があるといえる．

約2万年前の最終氷期において，日本列島の海水面は現在よりも100m以上低かった．瀬戸内海に相当する地域は広大な平野であり，備讃海峡付近を分水界に東西に河川が流出していた．このうち，西側は現在の高梁川が西流し，広島湾沖を南西に向けて流れ，豊後水道を南下して太平洋に流れていた．一方，東側は小豆島付近から鳴門海峡，紀伊水道を経由して太平洋に流入していた．その後，海進とともに現在の瀬戸内海が形成されたため，全域にわたり水深50m未満の浅い海域が多いことが特徴である．

今日，瀬戸内海には多数の島が存在しているが，日本離島センターの調べによればその数は838とされ，有人島は150余である．これらの島々の中には能美島，倉橋島，大三島，因島，小豆島など比較的大規模な島も存在している．それぞれの島には相当数の人々が居住しているため，平成の大合併を経て市となった島もある．一方で，中小の島にも集落が分布している．かつては瀬戸内海の漁業とミカン栽培などにより半農半漁の自給自足的な生活が続けられていたが，今日では一様に過疎化，高齢化が進んでいる．

3.1.5 急峻な四国山地と四国地方の地形

四国地方は2つのひし形を横にずらして重ねたような形状をしている．すなわち，高縄半島から幡多半島に挟まれた西側部分と，讃岐山脈と室戸半島に挟まれた東側部分である．両者の間には燧灘と土佐湾というくびれが存在している．

一方，地形・地質構造的には東西に貫く中央構造線によって北側の内帯と，南側の外帯に大きく区分されている．中央構造線より南側の地域は，ユーラシアプレートにフィリピン海プレートが滑り込む境界である．プレートに堆積した堆積岩がぶつかり合った際に褶曲して押し上げられた山地が外帯山地であり，四国山地がそれにあたる．四国地方は中国地方よりも南北幅が狭いにもかかわらず，中国山地より標高が高いのはそのためである．

ところで，四国地方では燧灘～土佐湾・豊後水道を沈降させ，紀伊山地・讃岐半島～室戸半島・高縄半島～足摺半島を隆起させている南北方向の隆起軸・沈降軸と，中国山地・四国山地を隆起させ，瀬戸内海を沈降させている東西方向の隆起軸・沈降軸がある．これらの営力は西進する太平洋プレートと北進するフィリピン海プレートがユーラシアプレート東端である日本列島の下へもぐり込むことによって生じる圧力によって形成されている．このため，四国地方での山は険しく，海は急激に深くなっている．その結果，山地には渓谷が彫り込まれる一方で，河岸段丘や谷底平野の発達が貧弱で，台地や低地の規模も小さい．室戸半島と足摺半島には海岸段丘がみられるが，その他の地域では沈降海岸地形が卓越している．特に，豊後水道に臨む西海岸は出入りが多く，深い湾入を利用して真珠，ハマチなどの養殖が盛んである．

四国山地の脊梁部には東に剣山，西に石鎚山などの高峻な山頂があり，河系はこれらの山頂から放射状に流れ出ている．四国三郎と称される吉野川は石鎚山付近に水源をもち東流するが，祖谷付近で四国山地に横谷である大歩危・小歩危の渓谷を彫り込み，阿讃山地の南麓を流れて紀伊水道に流入する．また，四万十川は足摺半島に穿入蛇行して，この地域の緩慢な隆起を示している．

瀬戸内海に面している内帯は阿讃山地や愛媛丘陵があるものの，おおむね平坦で，松山平野，香川平野など比較的広大な平野が形成されている．中央構造線の北側には白亜紀末に堆積した左岸を主体とする和泉層群が分布している．中央構造活断層系の活動によって隆起した阿讃山地は和泉層群からなり，ここでは大規模な地滑りが起こっている．

3.1.6 山陰・瀬戸内・南四国で大きく異なる気候

中国・四国地方には中国山地と四国山地という東西方向に平行して2つの脊梁山地が走っている．この2つの脊梁山地の存在により，中国・四

国地方の気候帯は山陰地方，瀬戸内地方，南四国地方に分類されるといってよい（図3.2）．

山陰地方の気候的特色は冬に顕著にみられる．冬期間は天候が荒れ，常にどんよりと曇り，積雪もある．これに対して，瀬戸内地方の冬はとりわけ晴天であり，年間を通しても降水量がきわめて少ないことに特徴がある．

一方，四国山地から南の大洋側は，冬の降水はわずかであるが，前線が南岸に接近する4月頃から雨が多くなり，梅雨と台風の季節には大量の降水がある．

山陰地方の特色は雨が降る日が多いことにあり，地域住民は「弁当忘れても傘忘れるな」を合い言葉にしている．事実，年間降水日は230日前後を数えており，中国・四国地方の他地域が180日前後と比較して多い．ただし，1回当たりの雨の量は少なく，冬期は降ったりやんだりの天気が続く．このような山陰地方特有の天候は「しぐれ」と呼ばれ，近畿地方北部から山陰地方にかけてみられる．この「しぐれ」が発生する要因は，冬期における冬型の気圧配置により，北西の季節風が山陰地方に強く吹くためである．これによって，気温の逆転層が生じ，地表面に近い付近で積雲が発生し，山陰地方に上陸して断続的に雨を降らせるのである．

また，山陰地方ではしぐれるだけでなく，降雪もある．これは，寒冷で乾燥したシベリア気団が対馬海流の流れる日本海で不安定化するとともに，多量の水蒸気が供給されることによる．ただし，日本海側で一様に降雪があるかというと必ずしもそうではない．山陰地方では東の鳥取市が最も多く，降雪量（降雪の深さの合計値）は183 cmに達する．しかし，山陰地方を西へ行くにつれて降雪は次第に少なくなり，松江市で85 cmだが，浜田市では30 cmときわめて少なくなる．浜田市以西の降雪量は広島市の降雪量とほぼ同じであり，降雪量の面からいえば，山陰西部は太平洋側地域と類似した特徴を示す．

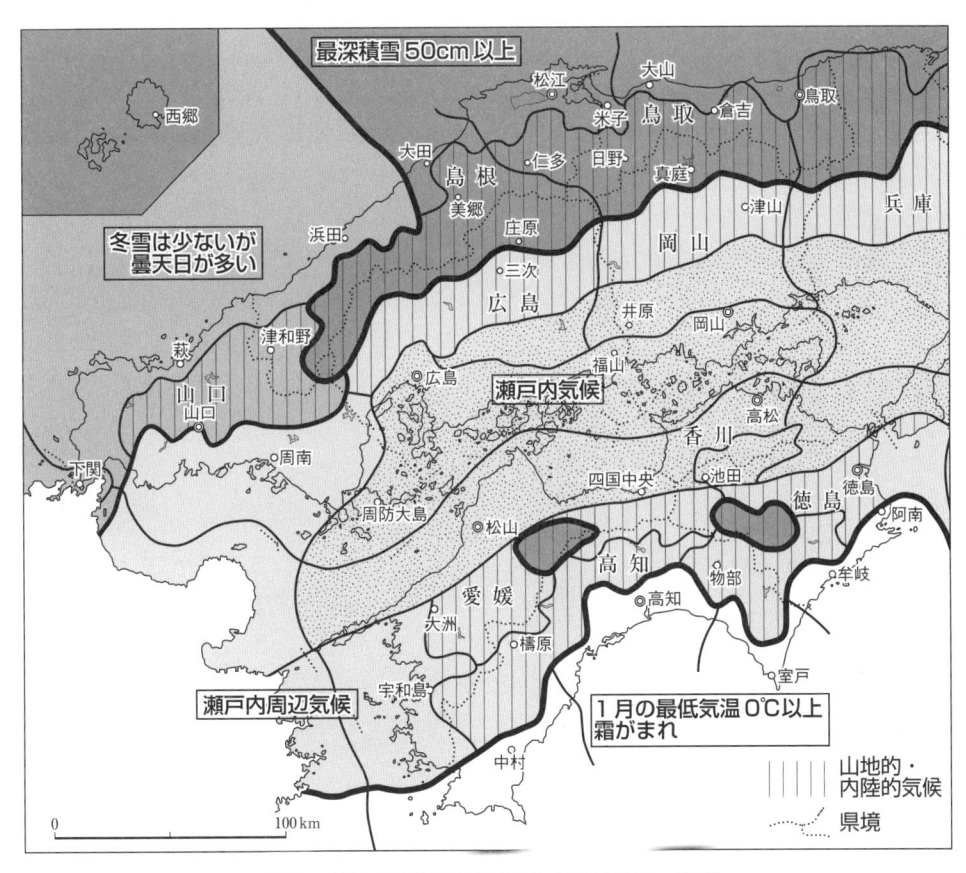

図3.2　中国・四国地方の気候区分（森川ほか編，2004）

山地では地形性の上昇気流が発生しやすいため，一般的に降水量が多くなる．中国地方においては鳥取県の氷ノ山，鷲望山，大山など標高が高い山の周辺は降水量2000 mm以上の多雨地域が広がる．同様に，島根県南西部から山口県北東部にかけての西中国山地の付近も降水量が多い．これらの山地はいずれも日本海側斜面に位置しており，冬季の北西季節風時における影響が強いため，降水量増大の効果が強い（田坂，2005）（写真3.4）．

中国山地と四国山地に挟まれた瀬戸内地方は季節風の風下に位置し，晴天日が多い．また，年間を通して降水量が少ないことも特徴としてあげられる．とりわけ，瀬戸内地方東部の岡山県平野部では年降水量が1200 mm以下であり，牛窓では1000 mmを切るほど降水が少ない．しかし，瀬戸内地方が一様に降水量が少ないわけではなく，広島県から山口県に向かって，順次，降水量が多くなる．これは，西の対馬海峡と南の豊後水道があるため湿潤な風が流入しやすく，夏季の降水量が多いためである．

四国地方も同様で，東部の香川県では降水量が少なく，愛媛県の西部に向けて徐々に降水量が多くなる．香川県は岡山県南部と同様，全国でも有数の小雨地域である．岡山県では中国山地に源流を有する比較的規模の大きい河川があるため，用水には恵まれている．これに対して，香川県は讃岐山地と瀬戸内海との距離がきわめて短く，河川の流水量は少ない．このため，中世から近世にかけて多くのため池がつくられ，農業用水として利用されている（写真3.5）．しかし，水道用水や工業用水はため池では賄えない．香川県内には利水ダムがあるものの，水の絶対量は不足している．このため，吉野川水系の高知県に早明浦ダムと池田ダムを建設し，香川用水として讃岐平野に導水している．現在，香川用水を経た水は香川県全土に配水されており，水道用水，工業用水とともに，農業用水にも利用されている．

四国山地から南の太平洋側も，冬の降水は少ない．しかし，梅雨期と台風期には前線が南岸に接するため降水が多い．特に，四国でも南東側の徳島県から高知県にかけての雨量が多い．これは，南東の季節風が四国山地に当たって降水があるためであり，紀伊半島で大量の雨が降るものと同じメカニズムである．雨量は地域によって差があるが，2000 mmから多いところでは4000 mmに達する．

一方，四国地方には広い山地が分布しているため，低地とは異なる気候環境を呈している．特に，標高の高い石鎚山や剣山周辺には高原や高地がかなり広く分布しており，降雪をもたらす．また，冬季は北西の季節風が響灘，周防灘，伊予灘を通過する間に大量の水蒸気を吸収した風が愛媛県の肱川流域に流れ込み，降雪をもたらす．このため，肱川流域にはスキー場が立地するほどである．

3.1.7 自然環境と向き合った人々の暮らし

中国・四国地方は一般的に大規模な災害に見舞われることが少なく，気候も温暖で住みやすい地

写真3.4 中国山地における豪雪（写真提供：島根県）38豪雪時．

写真3.5 讃岐平野と讃岐富士（2008年9月）

域とされている．しかし，地域内の自然環境は多様であり，住民はそれらと向き合って暮らしてきた．

例えば，山陰地方の海岸部には鳥取砂丘に代表されるように砂丘が連続している．これらの地域では灌漑がままならないため農業が困難であるばかりか，最盛期には一軒の家が一晩で飲み込まれるほど激しい砂の移動に悩まされてきた．その後，植林の努力やスプリンクラーの開発により農地としての利用が可能となり，今日ではラッキョウ，ナガイモ，サツマイモ，葉タバコ，ブドウなどの生産が可能となっている．

また，瀬戸内海では長い日照時間を活かして塩田が開発され，入り浜式から流下式など技術革新されながら高度経済成長期に入るまで製塩業が盛んであった．その後，塩田が廃止されると，その用地を工業団地として整備し，工場が立地していった．時代の変化とともに，土地利用が変化していく好例である．

高知平野はかつて，米の二期作が盛んであった．温暖な気候を活かした営農方法であったが，高度経済成長期には米の生産調整が行われ，1970年代になると二期作は急速に行われなくなった．これに対して，ハウスを用いた野菜の促成栽培が始められた．今日では，ナス，ピーマン，キュウリ，トマトなどは全国でも有数の産地とされている．

このように，自然環境と向き合った暮らしは，過去から現在へと連綿と続いており，それぞれの時代に応じたやり方で継承されている．

3.2 ギャップが著しい産業

3.2.1 重工業の集積が進む瀬戸内地方

瀬戸内地方は日本でも有数の工業地域である．歴史的には，岡山県の繊維工業や広島県では木製家具などが発達していた．その後，広島市や呉市は第二次世界大戦前から軍事施設が多く集積した結果，これらに関連した軍需工業が集積していた．

1960年代以降の高度経済成長は，西アジア，オーストラリア，アメリカなどからの原油，鉄鉱石，石炭などの輸入原料に依存した重化学工業が牽引した．このため，鉄鋼，石油化学などの工場は輸入に便利で市場に近い東京湾，伊勢湾，大阪湾，瀬戸内海周辺に立地し，これらがつながって太平洋ベルトが形成された．

また，こうした動きは政策的にも誘導された．その1つとして，「工業の立地条件がすぐれており，かつ，工業が比較的開発され，投資効果も高いと認められる地域」として，工業整備特別地域が全国に6カ所指定された．このうち，中国・四国地方には備後地区（広島県）と周南地区（山口県）が指定されたが，このほかにも同じ瀬戸内海には播磨地区（兵庫県）も指定されており，瀬戸内がいかに工業集積地として期待されていたのかがうかがえる．さらに，全国に15カ所指定された新産業都市のうち，瀬戸内では岡山県南地域（岡山県）と東予地域（愛媛県）が含まれ，隣接して徳島地域（徳島県）も指定されるなど，工業地帯の形成に政策的な投資も行われた．

その結果，岡山県には倉敷市水島地区に製油所，石油化学工場，製鉄所，火力発電所などが集積する水島コンビナートが形成された（写真3.6）．また，京阪神にも近接しているため岡山県では多くの工業団地が建設され，機械，化学，金属などの生産が多い．これらの工業団地は瀬戸内海沿岸のみならず，岡山市，倉敷市の北に隣接する地域や津山市，新見市などの内陸盆地にも立地している．これらは中国自動車道，山陽自動車道をはじめとする高速道路の整備により輸送条件が適していることと，農村地域の労働力を求めて工場が立地した結果である．

写真3.6 水島コンビナート（写真提供：倉敷市）

広島県では，自動車，造船，鉄鋼などの工業が発達している．特に，広島市には自動車メーカーであるマツダが立地しており，3つの組立工場があるほか，多くの部品供給メーカーが立地するなど工業集積が進んでいる．また，広島市，呉市，因島市，福山市などをはじめとする瀬戸内沿岸各地では造船業が盛んであり，需要の変動で多角化を余儀なくされているものの，今日でも地域の主要産業として地域経済に果たす役割は大きい．また，福山市には工業整備特別地域に指定されたことにより，1965年に日本鋼管福山製鉄所（当時）が立地した．同製鉄所は「世界一の生産量」を誇る製鉄所として日本の製鉄業をリードしてきた経緯がある．その後，2003年に日本鋼管と川崎製鉄が合併したことにより，倉敷市にある川崎製鉄水島製鉄所と一体の製鉄所として西日本製鉄所となっている．そのほか，呉市の日新製鋼においても製鉄が行われている．

さらに，山口県では岩国市，周南市，宇部市，山陽小野田市などに石油化学コンビナートが立地している．これらは，戦前期において炭鉱や軍の燃料施設・工場施設が立地していたことがきっかけとなっている．また，防府市にはマツダ自動車の組立工場があり，下関市では造船などが盛んである．ただ，全体的には石油化学や鉄鋼などの素材型工業の割合が高い．さらに，美祢市を中心として石灰石の掘り出しも盛んで，これを利用したセメント工場が美祢市や宇部市，山陽小野田市などに集積している（図3.3）．

3.2.2 伝統産業中心の山陰地方・四国地方の工業

瀬戸内と異なり，山陰地方においては工業が盛んとはいえない．これは，太平洋ベルト地帯からはずれていることにより，海外からの原料輸入に不利であることや，道路，鉄道，港湾など交通インフラの整備も不十分であることがあげられる．

もっとも，重工業が全く立地していないわけではない．安来市にはたたら製鉄に起源があるヤスギ鋼を製造する日立金属や関連工場が集積している．また，米子市や江津市には用水立地型のパル

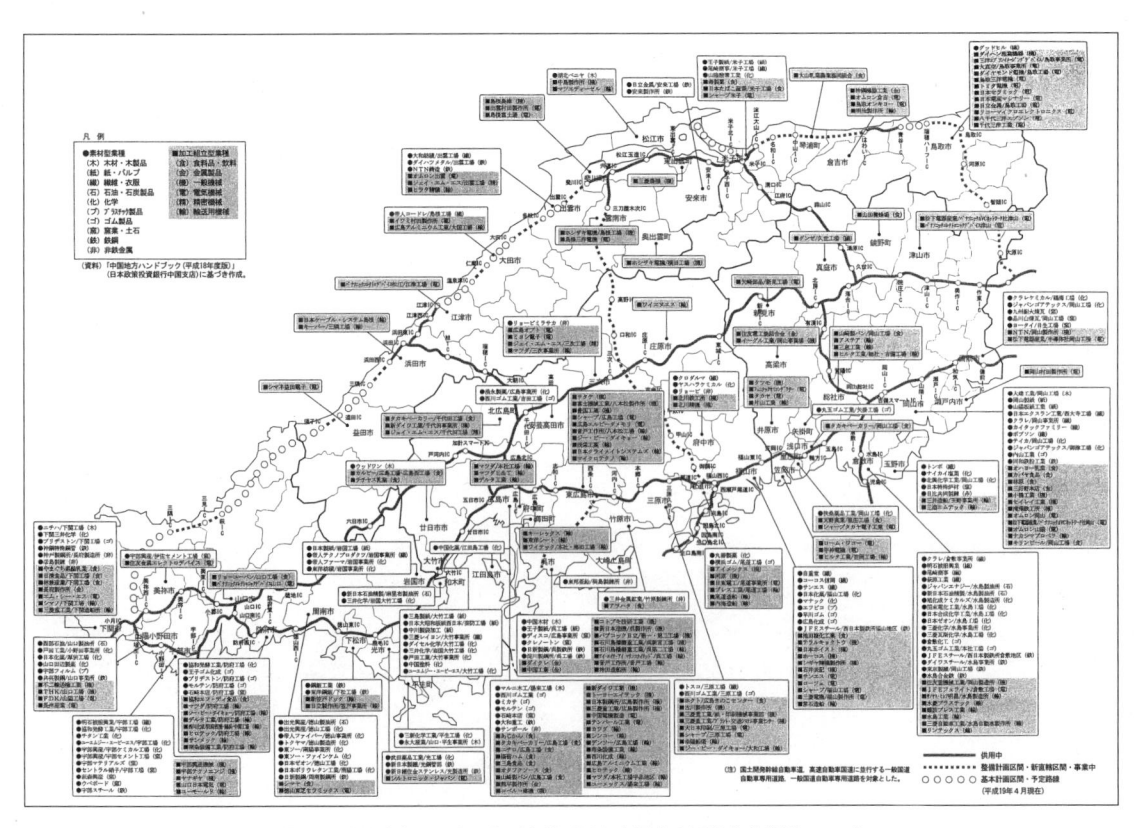

図3.3 中国地方における主要企業（国土交通省中国地方整備局，2008）

プ工場が立地しており，鳥取市には高度経済成長期に電気機械工業が誘致された．そのほか，弱電や縫製といった労働集約型の小規模工場が山陰地方全般に立地していたが，グローバル化の進展とともにこれらの大多数が撤退していた．

一方で，伝統工業や地場産業は脈々と続いている．主なものとして和紙（鳥取市，浜田市），石州瓦（大田市，江津市，浜田市），雲州そろばん（奥出雲町），出雲石灯籠（境港市，松江市）などがあげられる．

伝統産業は山陽側にもみられ，広島市の仏壇，呉市や熊野町の筆，東広島市のヤスリ，福山市のたたみ表，げた，琴などの生産があげられる．これらはいずれも歴史的な経緯から産業に発展したものであり，国の伝統的工芸品に指定されている．しかし，これらの伝統産業は収益性が低く，後継者が育ちにくいなど，その存続が危ぶまれるものもある．

四国地方では瀬戸内側にある香川県や愛媛県では比較的早くから工業が発達してきたが，高度経済成長期までは繊維や食品のほか，伝統的な産業が中心であった．香川県では小豆島の醬油，高松の漆器，丸亀のうちわ，愛媛県では今治のタオルなどである．また，対岸の岡山県とともに，塩田による製塩業も盛んであった．

その後，高度経済成長期には瀬戸内海を埋め立てて機械，金属，化学などの重化学工業が立地した．特に，香川県では番の州など塩田跡地を埋め立て，広大な工業用地が造成され，三菱化学，川崎造船，YKKAPなどの大手企業の誘致に成功している（写真3.7）．また，愛媛県では川之江や伊予三島のパルプ工業，今治の造船業など重工業もみられる．

このほか，徳島県では対岸の阪神工業地帯の外延地域として，1980年以降に機械や化学などの工業が立地するようになってきた．これは，神戸淡路鳴門自動車道の完成により，徳島県と阪神地域において陸上輸送が可能になったことが大きな要因となっている．

なお，高知県は大規模な工業集積がみられず，ユズの栽培が盛んな馬路村など，自然を活かした

写真 3.7 塩田跡地を埋め立てて造成された番の州臨海工業団地

特産物の生産が盛んである．このほか，土佐清水市や土佐市などではかつお節など，観光と結びついた食品産業も盛んである（図3.4）．

3.2.3 地域特性を活かした農林水産業

日本海側の鳥取県や島根県は冬期に積雪がみられるため，水田単作地帯である．このため，稲作は出雲平野，米子平野，倉吉平野，鳥取平野など河川下流部の平野で行われるほか，河川沿いの小規模な平野や盆地で盛んに行われてきた．

しかし，1960年代後半から米余り現象がみられるようになり，農業生産の多角化が行われるようになった．このため，山陰地方ではナシやブドウといった果樹栽培が広まったほか，花卉，野菜など米以外の作物との複合経営が推奨された．海岸部の砂地ではスイカ，メロン，ネギ，ナガイモ，ラッキョウなど砂地を活かした農産物の生産が盛んである．このほか，山間地ではシイタケ，ワサビ，カキ，イチジクなどのブランド化にも熱心である．

また，中国山地の山あいや大山のふもとでは，和牛の飼育や酪農，養鶏といった畜産が盛んである．和牛については中山間地域において相当数の農家が繁殖牛を飼育していたが，牛肉の輸入自由化が進み，子牛の販売価格が下落したことや，農家の高齢化などの理由で次々とやめていった．今日では小規模兼業農家による和牛飼育はほぼ淘汰され，大規模専業化が進むとともに，付加価値の高い肥育にも乗り出している．

ところで，鳥取県境港は日本でも有数の漁港であるが，日本海側には網代港，鳥取港，浜田港な

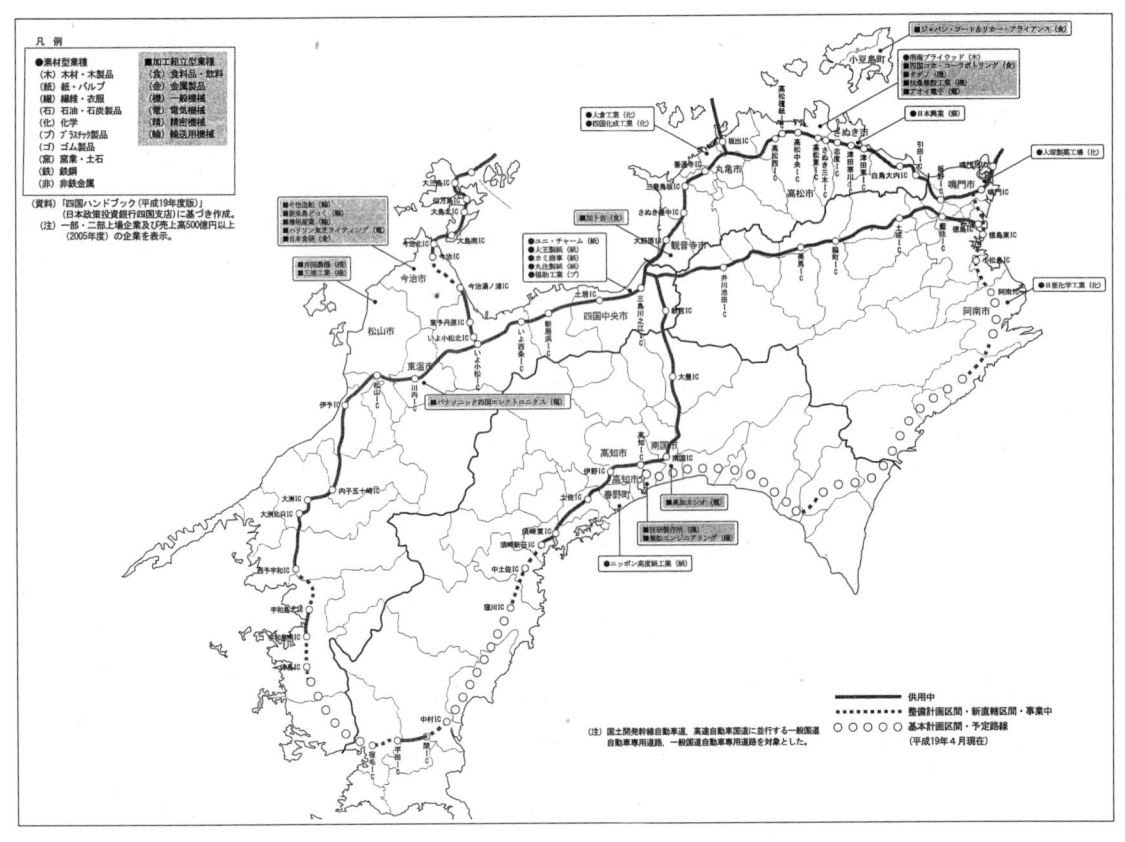

図 3.4 四国地方における主要企業（国土交通省中国地方整備局，2008）

どの漁港があり水産業が盛んである．主な水産物はイワシ，アジ，トビウオ，マグロ，カニなどである．特に，特産物となっている松葉ガニ（ズワイガニ）は有名であるほか，近年はマグロの水揚げにも注目が集まっている．一方，境港は1990年代に，5年連続日本一の水揚げを記録した時期があったが，当時の総水揚げ量の4分の1を占めていたイワシは，近年激減している．

このほか，内水面漁業も盛んである．とりわけ，宍道湖ではシジミをはじめとする宍道湖七珍が特産物となっており，大和シジミの生産量は日本一である．このほか，高津川，江の川，斐伊川，日野川，千代川ではアユ，ヤマメ，イワナなどが釣れ，漁業とともに観光にも一役買っている（図3.5）．

瀬戸内地方は年間を通じて降水量が少なく温暖であるため畑作や果樹栽培が盛んに行われてきた．特に，瀬戸内海に浮かぶ島々では温暖な冬と雨の少ない夏の気候を利用して，ミカンなどの柑橘類の栽培が盛んである．かつて，広島県や愛媛県では温州ミカンの栽培が盛んであったが，オレンジの輸入自由化と，消費者の嗜好多様化により，さまざまな種類の柑橘類栽培が行われている．今日でもミカンの栽培において愛媛県は日本全国の生産量で県別第1位であり（全国の17.0%を占める），イヨカンに至っては全国の79.7%を愛媛県で生産している．一方，山陽側では台地や丘陵が広がっていることから岡山県ではブドウやモモなどの果樹が，広島県ではマツタケの栽培が盛んである．とりわけ，岡山県の温室ブドウの生産は盛んで，マスカットの生産は全国の約93%を占めている（表3.1）．

かつて，岡山県では児島湾を中心にい草の栽培が盛んであったが，工業化や都市化が進み生産量は激減した．一方で，露地やビニールハウスを利用した野菜や花卉の栽培が盛んになってきた．

また，瀬戸内地方は降水量が少ないため農業を行うためのため池が非常に多い．とりわけ，香川

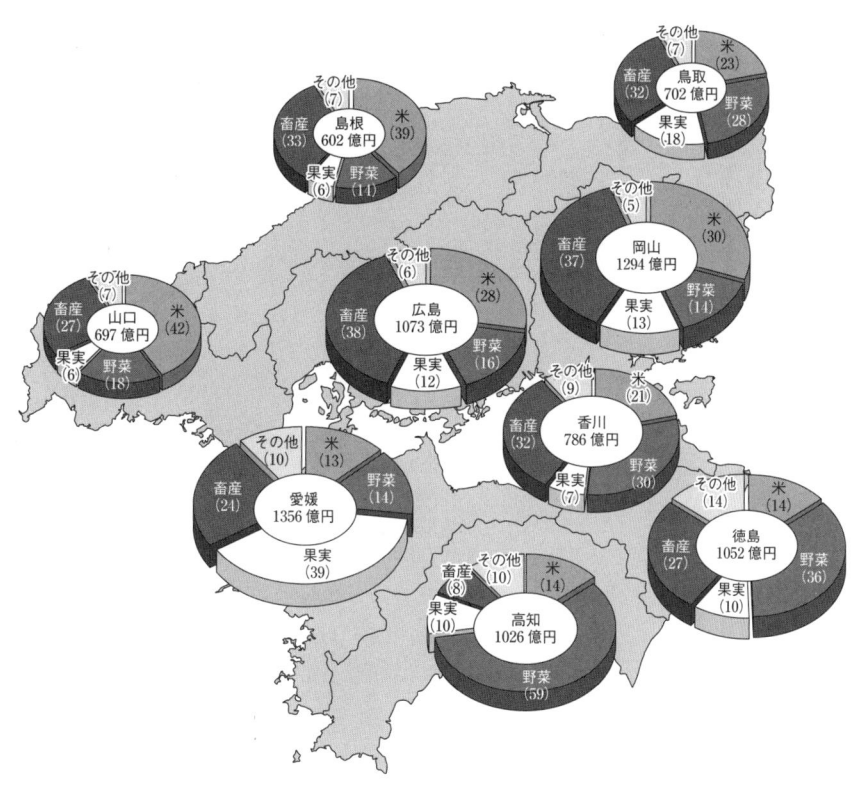

図 3.5 中国・四国地方における県別農業算出額と部門別割合（％）（農林水産省「生産農業所得統計」2008 年より作成）

県の讃岐平野では古くから数多くのため池が築かれたほか，吉野川を水源とする香川用水事業も行われ，徳島県の早明浦ダムで貯水され，池田ダムを経由して導水され，農業用水が安定的に確保されている．

さて，瀬戸内地方は瀬戸内海を利用した水産業が盛んである．まず，広島県沿岸では水深が浅いため，カキ，ノリ，タイなどの海面養殖が盛んである．特に，カキの生産量は全国第 1 位である．同様に山口県ではフグやヒラメの養殖が盛んであるが，工業化や都市化により内海の汚染はひどくなり，瀬戸内海の漁業にとっては環境問題の影響を強く受けている．このほか，広島県東部沿岸部ではタイやタコの水揚げが盛んなほか，山口県ではエビの養殖も盛んである．

さらに，愛媛県南部ではタイ，ブリ，ヒラメ，真珠などの養殖が盛んである．そのため，愛媛県は魚類の養殖業生産額が日本一であるが，真珠は 1990 年以降，急激に減少する傾向にある．

太平洋側は暖流の黒潮（日本海流）が流れているため中国・四国地方の中ではとりわけ温暖である．温暖な気候を反映して，稲作はもちろんのこと，畑作も盛んである．特に，高知県ではビニールハウスを使って野菜の促成栽培や花をつくる園芸農業が盛んである．そのため，高知県ではナスの生産量が全国第 1 位（全国出荷量の 10.9％），ニラが第 2 位（同 21.3％），ピーマンは第 3 位（同 10.5％），キュウリは第 7 位（同 3.3％）を誇っている．これらの野菜は高知県土佐市から安芸市にかけての平野部で生産されている（写真 3.8）．

徳島県や高知県はまた，四国山地の南斜面に位置し，高温で多雨であるため，両県では林業が盛んであった．しかし，過疎化の進行による人手不足や，木材価格の低迷により，林業は衰退している．これに代わり道路や公共施設の建設，砂防工事などの公共事業が行われ，建設業が卓越したが，国や地方の財政難でこれらも低迷気味である．こうした状況でも事態を打開するためにいくつか方策がとられている．例えば徳島県三好市旧山城町では，全国から林業の働き手を募集し，森

3.2 ギャップが著しい産業

表 3.1　中国・四国地方における農産物の産出額が多い品目（県別）

〈鳥取県〉

品目	算出額(億円)	全国順位(位)
米	160	38
生乳	58	26
日本ナシ	54	5
ブロイラー	53	11
豚	53	26
ネギ	51	7
スイカ	36	6
肉用牛	29	34
鶏卵	22	37
ブロッコリー	17	6

〈島根県〉

品目	算出額(億円)	全国順位(位)
米	233	31
肉用牛	63	23
生乳	59	25
鶏卵	36	34
ブドウ	27	8
豚	26	33
トマト	9	41
ネギ	8	36
ブロイラー	7	37
ホウレンソウ	6	36

〈岡山県〉

品目	算出額(億円)	全国順位(位)
米	393	18
鶏卵	217	5
ブドウ	107	3
生乳	104	12
肉用牛	63	22
ブロイラー	54	10
モモ	49	3
ナス	25	9
豚	23	34
トマト	15	33

〈広島県〉

品目	算出額(億円)	全国順位(位)
米	297	26
鶏卵	213	7
生乳	63	24
肉用牛	58	26
豚	43	30
ミカン	40	10
ブドウ	25	9
ネギ	23	19
トマト	21	27
ホウレンソウ	16	20

〈山口県〉

品目	算出額(億円)	全国順位(位)
米	295	27
鶏卵	67	25
肉用牛	37	31
ブロイラー	31	22
生乳	21	41
ミカン	19	18
イチゴ	14	25
ネギ	12	31
豚	12	40
レンコン	10	4

〈徳島県〉

品目	算出額(億円)	全国順位(位)
米	144	39
ブロイラー	97	6
かんしょ	83	4
ニンジン	80	3
肉用牛	59	24
生乳	41	31
レンコン	38	2
豚	33	31
イチゴ	27	14
ミカン	27	14

〈香川県〉

品目	算出額(億円)	全国順位(位)
米	165	36
鶏卵	108	18
レタス	41	4
ブロイラー	37	16
イチゴ	35	13
生乳	34	34
肉用牛	28	35
豚	27	32
ブロッコリー	24	4
ネギ	21	23

〈愛媛県〉

品目	算出額(億円)	全国順位(位)
ミカン	264	1
米	176	35
豚	131	14
イヨカン	83	1
鶏卵	80	22
生乳	44	30
肉用牛	35	32
デコポン	30	2
キウイフルーツ	25	1
ブロイラー	24	25

〈高知県〉

品目	算出額(億円)	全国順位(位)
米	139	40
ナス	99	1
しょうが	83	1
みょうが	65	1
キュウリ	60	7
ニラ	57	1
ピーマン	50	3
ししとう	40	1
生乳	28	37
ミカン	27	13

農林水産省「生産農業所得統計」2008年より作成．

写真 3.8　高知平野のビニールハウス

林整備の仕事に従事する受け皿として第三セクター「モクモク」が設立されている．また，同じく徳島県上勝町では刺身や会席料理の「つま」として山の植物を集めて出荷する「葉っぱビジネス」が展開され，全国から注目されている．

さらに，太平洋側では漁業も盛んである．高知県の沖には暖流の黒潮が流れているため，黒潮に乗ってくるカツオやマグロをとる漁業が盛んである．とりわけ，カツオの一本釣りは有名である．しかし，遠洋漁業，近海漁業ともに漁獲量は減少しており，原油の高騰なども相まって，漁業を中止する漁家が増え，近年の漁業を取り巻く環境は

3.2.4 中国・四国地方の産業構造と地域構造

以上のようにみてくると，中国・四国地方は瀬戸内地方に工業が集積する一方で，山陰地方や南四国地方などでは農林水産業が主たる産業であり，地域内における産業構造に大きく違いがあることが特徴である．しかし，これらの産業構造も今日では混沌とした状況を呈している．

図3.6は中国・四国地方の産業別就業構成を示したものである．これによれば，1970年まで最大の就業者数であった農業は，2000年には全体の7％を占めるにすぎなくなった．瀬戸内地方も含め，中国・四国地方で普遍的に農地はみられるものの，農業で収入を得ている人はきわめて少ないことがこの地域の特徴としてあげられる．次に，製造業についてであるが，1975年には農業を抜いて最大の就業者数を有する産業となったものの，1990年を境に急減している．これに対して，1970年以降サービス業は一貫して伸び続け，2000年には25％を超えるに至っている．また，卸売・小売業・飲食店の構成比も製造業を超えており，1990年代以降の脱工業化とサービス経済化の進展を明白に読み取ることができる．

このように，中国・四国地方は伝統的な農林水産業と瀬戸内地方を中心とする製造業を基幹産業としながらも，就業機会においては第3次産業にウェイトが置かれている．そのため，中国・四国地方全域にわたって都市圏の相対的発展と周辺地域の衰退がみられる．一方で，都市圏からはずれた地域では，第1次産業において付加価値の高い産品づくりや，地域資源を活かした新たな産業づくりがみられる．たとえば，徳島県上勝町では「葉っぱビジネス」と称される，地域資源と情報ツールを結びつけたユニークな取り組みが全国から注目を集めている．

今後は都市を中心としたサービス経済化が進む一方で，農山漁村においては地域づくりと結びつけた新たな産業づくりへの取り組みが進んでいくと思われる．

3.3 東西移動を中心とした結びつき

3.3.1 中国地方の多様な交通機関

中国・四国地方には鉄道，自動車，船舶，飛行機などさまざまな交通機関により地域内外が結びつけられている（図3.7）．

このうち，鉄道は明治中期から山陽本線（当時は山陽鉄道）の建設が始まり，その後も大正期にかけて本線，支線が建設されていった．中国地方では瀬戸内側の各都市を結ぶ山陽本線と，山陰側の山陰本線が東西の基軸となり，この両本線を結ぶ支線が南北を横断している．1960年代に山陰と山陽を結ぶ国道において舗装などの整備が行われるまでは，これらの陰陽連絡線が主要な移動手段であった．

また，1964年に東京-新大阪間で開通した新幹線は，山陽新幹線として西側に延長され，1973年に岡山駅まで開通し，1975年に博多駅まで全線開通した．山陽新幹線開通後，長距離移動は新幹線が一手に担い，平行する在来線の山陽本線は寝台特急などを除いて長距離列車は全廃された．今日では，寝台特急も廃止され，貨物列車を除いては山陽本線を全通する列車は走っていない．また，他の路線では特急列車による都市間移動の需要はあるものの，通勤・通学や買い物など，地域交通としての役割が強い．

これに対して，中国地方においては自動車交通の需要が大きい．都市間を結ぶ国道や主要な県道

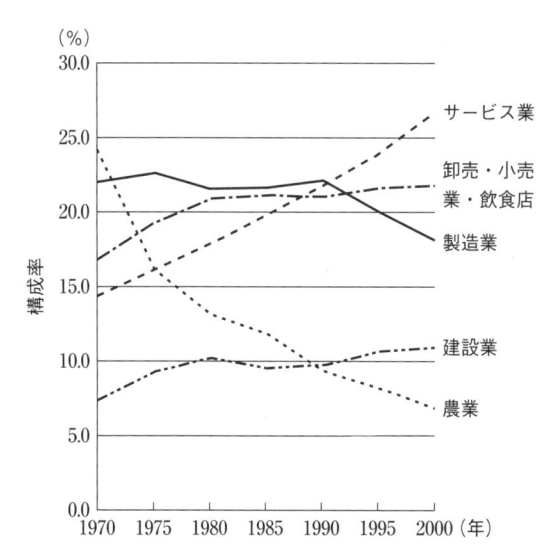

図3.6 中国・四国地方の産業別就業構成の変化（国勢調査各年より作成）

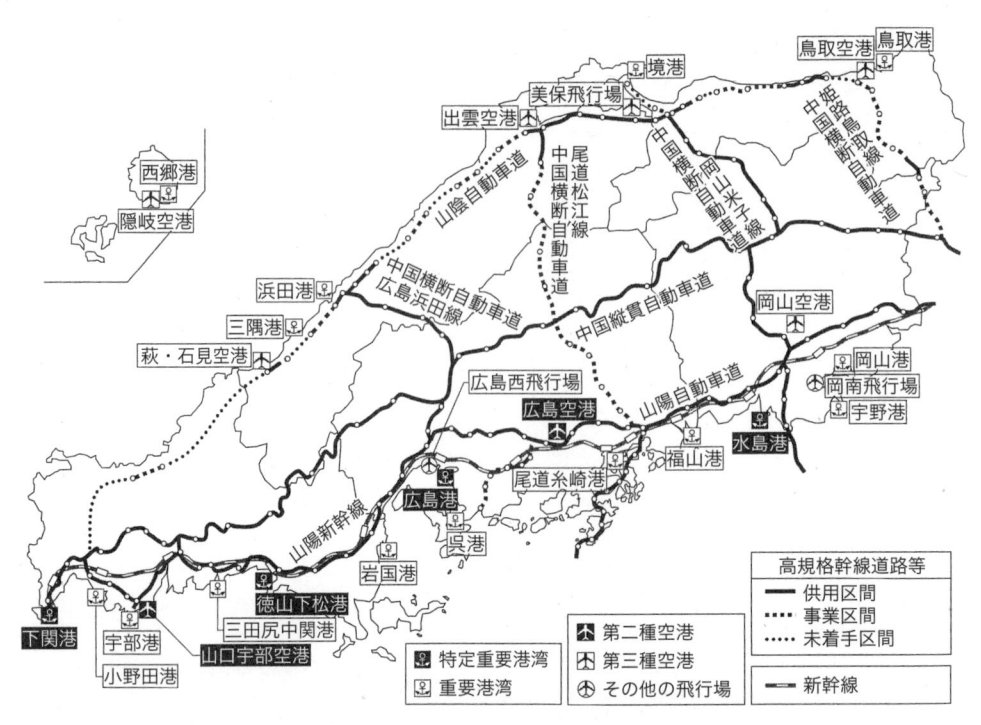

図 3.7 中国地方における高速道路，空港，港湾の分布（国土交通省中国地方整備局，2008 をもとに作成）

は1960年代から整備が始まり，モータリゼーションとともに道路網を拡大していった．また，1974年には中国地方で初めての高速道路である中国縦貫自動車道が開通した．中国縦貫自動車道は国土の骨格を形づくる国土開発幹線自動車道として着工されたが，本来ならば需要の多い山陽自動車道の整備が先行されるべきであろう．しかし，当時は自動車騒音に対する批判や用地買収の困難さなどが懸念され，中国地方のほぼ中央部を通過する中国縦貫自動車道が先に開通した．ちなみに，山陽自動車道の全線開通は1990年代中頃にまでずれ込んだ．また，1980年代に入ると山陰側と山陽側とを結ぶ中国横断自動車道も建設され，1991年には広島浜田線（浜田道）が，1992年には岡山米子線（米子道）が相次いで開通した．今日では，中国横断自動車道尾道松江線（松江道），姫路鳥取線（鳥取道）などが工事中であり，数年後には完成する予定である．これに対して，山陰を東西に結ぶ山陰自動車道の整備は遅く，島根県出雲市以西では事業着手すらされていない区間も存在している．

次に，中国地方の航路であるが，瀬戸内海を中心に多数の航路が設定されている．それらは，広島–呉–松山間，柳井–松山間，宇野–高松間など中国地方と四国地方を結ぶものが多い．また，中国四国地方には寄港しないものの，大阪・神戸と北九州を結ぶフェリーも運行されている．しかし，本四連絡橋が架けられたり，高速道路が整備されたりした結果，相当数の航路が廃止されている．それでも，瀬戸内海には本土と橋でつながっていない島が数多くあるため，航路は地域住民にとってなくてはならない存在である．なお，島根県の隠岐と本土との間にもフェリーと高速船が就航している．

ところで，中国地方の各県には10の飛行場があり，このうち広島空港と山口宇部空港は主要な国内航空路線に必要な飛行場として定められている第2種空港である．このほか，第3種空港として鳥取空港，出雲空港，石見空港，隠岐空港，岡山空港があり，米子（美保）空港は自衛隊が管理する空港に民間機が就航している．これらの空港からは東京（羽田）への路線が多く，その他の都市とも少ない便数ながらも結ばれている．また，国際便も米子，岡山，広島，山口宇部の各空港から

就航しており，中国，韓国，台湾，グアムの各国・地域と中国地方を結んでいる．

なお，広島県の広島西飛行場は旧広島空港を利用したコミューター航空の拠点として整備され，一時は長崎，宮崎，鹿児島，松山，小松など中・近距離の移動に利用されてきた．しかし，2010年よりすべての定期航路が廃止された．また，旧岡山空港を利用した岡南飛行場は小型航空機の基地として利用されている．

3.3.2 本四架橋の開通で大きく変化した四国地方の交通網

本州の中国地方と四国地方は近接しており，両者の結びつきは歴史的に深い．それは物流や人口移動などからも理解できるほか，岡山県と香川県ではテレビ放送を相互に乗り入れるなどしているため，経済や文化の面でも結びつきが深い．一方で，中国地方と四国地方は陸続きでないため，本四架橋が開通するまで，移動は航路が中心であった．しかし，濃霧や強風で欠航したり，海難事故が発生したりするなど，両地方の移動には支障をきたしていた．

本州と四国を結ぶ3つの架橋ルートのうち，最初に開通したのは瀬戸大橋（1988年；写真3.9）である．瀬戸大橋は1978年の着工から約10年をかけて1988年に完成したが，総事業費はおよそ1兆1338億円にも達する国家プロジェクトであった．瀬戸大橋は上部に4車線の瀬戸中央自動車道が走り，下部にJR本四備讃線（愛称：瀬戸大橋線）が通る2階建ての構造である．瀬戸大橋の完成により船と鉄道を乗り継いで2時間以上かかっていた岡山市と高松市の間は，鉄道で1時間と大幅に短縮された．その結果，香川県と岡山県を行き来する通勤・通学者が増加し，岡山市，倉敷市，高松市，坂出市などにより，都市圏連合ともいえる一体的な地域が創出された．また，瀬戸大橋のたもとの広大な塩田跡地には工業団地，流通団地，住宅団地などが建設され，とりわけ四国地方で大きな変貌をみせた．

続いて，1998年には世界最長の吊り橋である明石海峡大橋が開通した．これによって，1985年に開通していた大鳴門橋も含め，徳島県と本州を直接結ぶ神戸淡路鳴門自動車道が全線開通した．その結果，徳島市から大阪市，神戸市，京都市などが3時間の移動圏内となり，香川県東部や徳島県は物流や観光の面で大きく変化した．徳島県は旧来より近畿地方，とりわけ大阪府との結びつきが強かったが，明石海峡大橋の開通により両地域はいっそう強く結ばれていった．また，徳島市から大阪市へ直通の高速バス路線が設置されるなどしたため，買い物客が大阪へ流出する一方で，徳島県の観光客は増加するなど，地域への影響は大きい．また，徳島空港と大阪空港を結んでいた航空路も2002年に廃止された．

本四連絡橋で最も遅く開通したのは尾道今治ルートである．このルートは来島海峡大橋などをはじめとする10本の橋梁で本州と四国を結んでおり，すべての橋梁が完成したのは1999年である．ただし，この時点では島嶼部での自動車専用道路が一部未整備で，既存の生活道路を利用する区間があり，最終的には2006年に西瀬戸自動車道（通称：しまなみ海道）として全線が自動車専用道路で結ばれた．それでも，四国地方の今治側で愛媛自動車道と結ばれていないため，本来の高速ネットワーク機能が発揮されていない．また，他の2ルートとは異なり，両端都市やその背後地の経済規模が小さいため，橋梁の完成による地域の変化は劇的ではない．それでも，本州と四国が自動車で移動できるため，松山-広島間に高速バスが運行されたり，観光客が増加したりするなどの効果も現れている．なお，尾道今治ルートは多くの有

写真3.9 瀬戸内海を横断する瀬戸大橋

人島を結んでいるため，これまで本土と結んでいた航路の多くが廃止や縮小を余儀なくされた．

このほか，四国地方の高速交通網の整備については，香川自動車道，徳島自動車道は完成し，高知自動車道，松山自動車道などの建設が着実に進んでいる．

また，鉄道については四国の県庁所在地である高松市，松山市，徳島市，高知市が鉄道本線で結ばれている．各都市間には特急列車が設定されているほか，瀬戸大橋を通過して岡山市と四国地方の各県庁所在地が結ばれている．なお，瀬戸大橋線の全線と予讃本線の高松駅-伊予市駅間が電化されているが，他の区間は非電化である．

3.3.3　観光地の動向と他地域との結びつき

中国・四国地方には多数の観光地がある（図3.8）．このうち，自然環境を重視した観光地は国立公園に指定されている地域に含まれている．まず，鳥取県に一部範囲がかかっている山陰海岸国立公園には鳥取砂丘があり，年間150〜200万人の観光客を集めている．続いて，鳥取県と島根県にまたがる大山隠岐国立公園には大山，隠岐，三瓶山などが含まれている．瀬戸内側では日本で初めて指定された国立公園の1つである瀬戸内海国立公園があり，小豆島をはじめとした瀬戸内海の島々や，広島県の宮島など有名な観光地も含まれている．さらに，四国地方には足摺宇和海国立公園があり，太平洋側に多くの海中公園などを設置している．このほか，国立公園に指定されていない自然景観を柱とする観光地としては広島県の三段峡，山口県の秋吉台・秋芳洞，徳島県を中心とする剣山，大歩危，小歩危，祖谷渓，高知県の室戸岬，愛媛県の石鎚山などがあるが，いずれも国定公園に指定されている．

歴史的・文化的遺産としては島根県松江市（松江城など），出雲大社，石見銀山，広島県厳島神社，山口県萩市，山口市などがある．このほか，

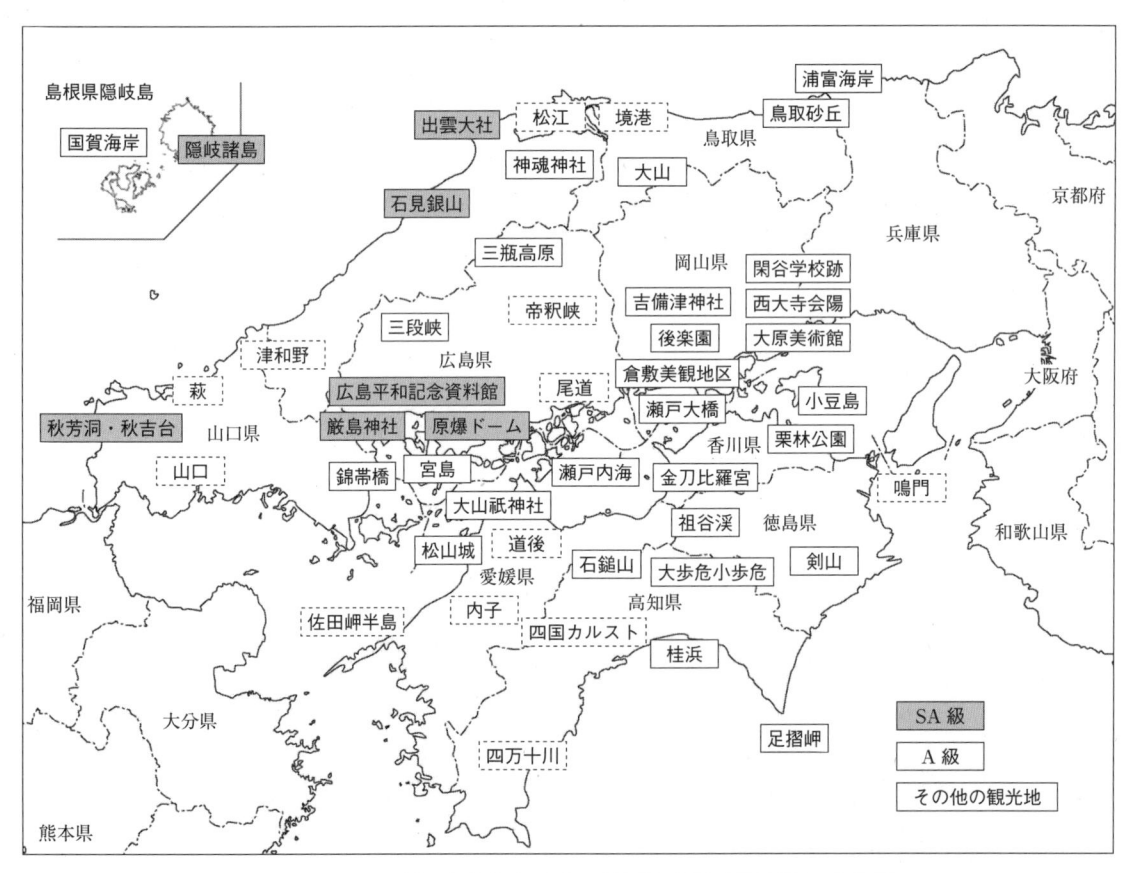

図3.8　中国・四国地方の観光地（日本交通公社「観光資源評価台帳」より作成）
SA級：日本を代表し，世界的にも通じる観光資源，A級：SA級に準じ，全国的な誘致力をもつ観光資源．

コラム5

世界遺産への登録と観光地化

現在，日本では世界遺産リストに 11 の文化遺産と 3 つの自然遺産が登録されており，中国・四国地方には 3 つの文化遺産がある．広島市の「原爆ドーム」は日本で 5 番目に登録された文化遺産である．「原爆ドーム」は「二度と同じような悲劇が起こらないように」との戒めや願いが込められており，「負の世界遺産」とも呼ばれている．広島市と隣接する廿日市市にある「厳島神社」は，平安時代末期に造営された海面に浮かぶ社殿や大鳥居などの特徴的な建造物をはじめ，数多くの国宝や重要文化財を有する文化遺産となっている．これに対して，「石見銀山遺跡とその文化的景観」は中世から近世にかけての世界的な銀の産地に関する産業遺産としての性格を有するとともに，環境や景観と調和した遺跡やまちなみが高く評価され，日本で 14 件目の世界遺産に登録された（写真 1）．

これらの世界遺産のうち，「原爆ドーム」と「厳島神社」はいずれも広島県東部に位置する国内でも代表的な観光地である．「原爆ドーム」については世界初の被爆地として，隣接する平和記念公園とともに海外からの来訪者も多い．また，「厳島神社」は広島市から日帰り圏内にあり，個人旅行や団体旅行で 2 つの世界遺産を巡る観光客も多い．

しかし，2 つの世界遺産を訪問する観光客数は増加傾向にあるとは言い難く，長期的にみれば横ばい傾向にある．図 1 からも読み取れるように，「原爆ドーム」と「厳島神社」は世界遺産に登録されて以降，むしろ観光客は減少傾向にある．その理由の 1 つとして，修学旅行生の減少が考えられる．修学旅行の目的地が多様化した結果，定番化していた「原爆ドーム」や「厳島神社」が避けられる傾向にある．また，一般の観光客のニーズも多様化し，必ずしも有名な観光地に客足が集中するとは限らなくなった．そのため，「厳島神社」を有する宮島では 2007 年から「宮島ルネサンス事業」を行うなど，観光地としての魅力づくりに力を注いでいる．一方，「石見銀山」（登録遺産名「石見銀山遺跡とその文化的景観」）はこれまで観光地としての知名度は低かったが，2007 年の登録により観光客は急増している．世界遺産への登録が，いかに来訪者数を増やすきっかけとなっているのかを物語っている．

ところで，世界遺産とは人類が共有すべき「顕著な普遍的価値」を保護することが目的であり，登録されたからといって観光地としての認知度が高まることを期待すべきではない．だが，「石見銀山」の例が示すように，世界遺産への登録により，国内外にその存在を知らしめることには絶大な効果があるといえる．そのような意味では，世界遺産を単体の観光地としてとらえるのではなく，周辺地域を含めた一体的な地域づくりを行う中で世界遺産を位置づけていく必要があろう．

［作野広和］

写真 1　島根県大田市大森町（石見銀山）のまちなみ（写真提供：大田市）

図 1　原爆ドーム，厳島神社，石見銀山における観光客数の推移（広島県・島根県資料より作成）

世界で初めて原子爆弾が投下された広島市には平和記念公園や原爆ドームなどがあり，多くの外国人観光客が訪れている．

なお，中国地方には宮島と原爆ドーム，および石見銀山の3つの世界遺産を有している（コラム5参照）．

3.3.4 製造業を中心とした物流

図3.9は中国・四国地方における県別物流量（入荷量＋出荷量）を示したものである．これによると，岡山県，広島県，山口県が突出していることがわかる．また，香川県，愛媛県も一定量の物流があり，それは瀬戸内地方の産業集積がもたらした結果である．その内訳をみると，入荷量では鉱産品が多く，出荷量では金属機械工業品，化学工業品が多い．

これらを細かくみていくと，物流量の大きい岡山県，山口県は化学工業品のウェイトが高く，広島県は金属機械工業品のウェイトが高い．これは，岡山県には水島コンビナート，山口県には岩国大竹コンビナートおよび周南コンビナートの立地により石油化学工業が盛んであり，広島県にはマツダ自動車が立地していることから鉄鋼・輸送用機械産業が盛んであるなど，産業構造を反映した結果である．

一方，鳥取県，島根県は物流量が小さく，農水産品，林産品など一次産品の物流量も比較的小さくなっている．また，四国では香川県が鉱産品，愛媛県は化学工業品のウェイトが高い．製造品出荷額当たりの物流量が全国第1位であった高知県は鉱産物のウェイトが高いが，その内容は石灰石や非金属物（石膏など）が多いためである．

地域間の貨物流動をみると，岡山-広島間，広島-山口間の相互物流が多く，いずれも広島県に対して入超となっている（図3.10）．輸送機関別にみると，山口県から広島県へ，広島県から愛媛県への物流の多くは海運によるものである．また，愛媛県から岡山県・広島県・山口県への貨物も海運のウェイトが大きい．このように，瀬戸内海を挟んだ物流では量的には海運が多くを担っていることがわかる．

一方，陸上輸送ではトラックの利用が多く，瀬戸内側の隣接県間でも利用されている．瀬戸内海を挟んでの物流は海運の役割が大きいが，岡山県から愛媛県への物流はトラック輸送が大きい．また，岡山県から鳥取県へ，岡山県から島根県へなど山陰と山陽との物流においてはトラック輸送がほぼすべてを担っている．

鉄道は山口県内における石灰石輸送で利用されていたが，2009年10月に廃止された．このため，中国・四国間の物流において鉄道はほとんど利用されておらず，他地域との間においてコンテナを中心として利用されているにすぎない．

輸出量と輸入量を合わせた海外物流量は山口県（全国第4位），岡山県（第8位），広島県（第12位）と山陽側の各県は全国的にも上位を占めている．これに対して，四国では香川県が全国第14位，愛媛県が第15位と中位を占めているが，山陰側は鳥取県が第31位，島根県が第47位と全国最

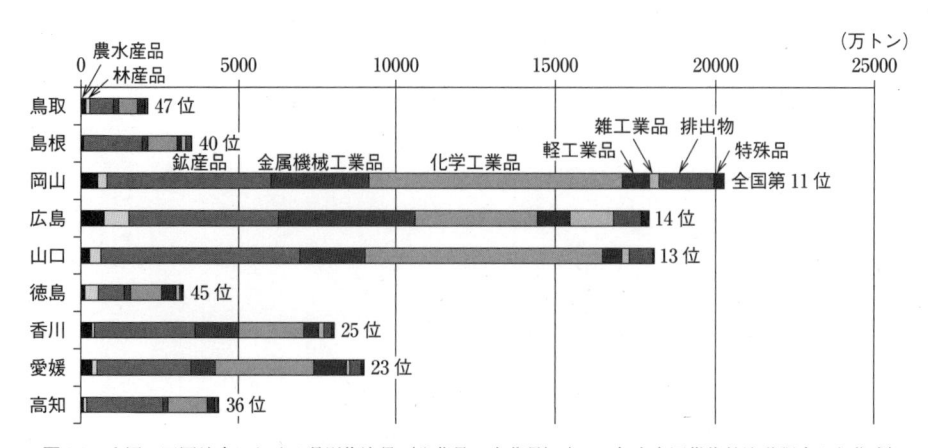

図3.9 中国・四国地方における県別物流量（入荷量＋出荷量）（2005年度全国貨物純流動調査より作成）

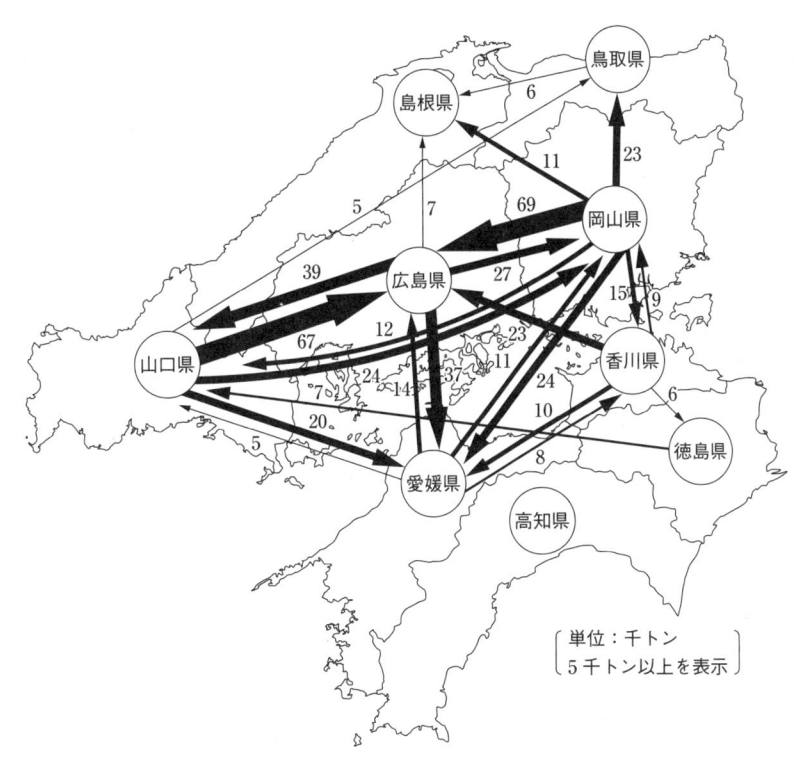

図 3.10 中国・四国地方における総貨物流動（2005 年度全国貨物純流動調査をもとに作成）
中四国内の県間相互物流を表示．

下位であり，低迷している．

中国・四国地方からの輸出品目については金属機械工業品と化学工業品が多いことに特色がある．このうち，金属機械工業品は岡山県，広島県，山口県のいずれにも自動車組立工場があるほか，鉄鋼業も立地している．また，化学工業品についても岡山県，広島県，山口県に立地しているが，これらは石油化学コンビナートで製造される合成樹脂などが多く占めていると思われる．

一方，輸入品は瀬戸内各県とも石炭，原油，鉄鉱石などの鉱産物が主体である．これらのことから，中国・四国地方の海外物流の中心は工業が集積する瀬戸内各県であり，工業原料を輸入し，加工した製品を出荷する素材加工型の産業が中心であることが理解できる．

ところで，これらの輸出入については港湾が利用されるが，主要なものとして水島港（輸出金額全国第17位），広島港（第18位），三田尻中関港（第19位），下関港（第22位），福山港（第26位），徳山下松港（第27位）が利用されている．また，中国・四国地方においては国際コンテナ貨物の利用が増加傾向にある．これは従来，大阪湾の港などに陸揚げされトラック輸送されていたものが，港湾の整備により中国地方に直接陸揚げされるようになった結果である．

瀬戸内海側の特定重要港湾・重要港湾12港を合わせてみると，輸出は 29.9 万 TEU（国際海上コンテナで用いられる単位で，1 TEU は 20 フィートコンテナ1個分として換算する）で，中国が 13.0 万 TEU，韓国が 9.4 万 TEU，台湾が 7.0 万 TEU，東南アジアが 0.5 万 TEU である．これに対して，兵庫県にある神戸港では中国，韓国，台湾への輸出があるものの，北米 14.0 万 TEU，欧州 7.6 万 TEU などを占めている．このことから，瀬戸内海の港湾は中国，韓国，台湾については直接輸送しているが，北米，欧州，東南アジアについては神戸港を利用し間接的に輸送していることが考えられる．その要因としては港湾機能の格差や，入港できる船の規模の違いが考えられる（図 3.11）．

3.3.5 一体性に乏しい中国・四国地方

中国・四国地方は一体的な地域として取り扱わ

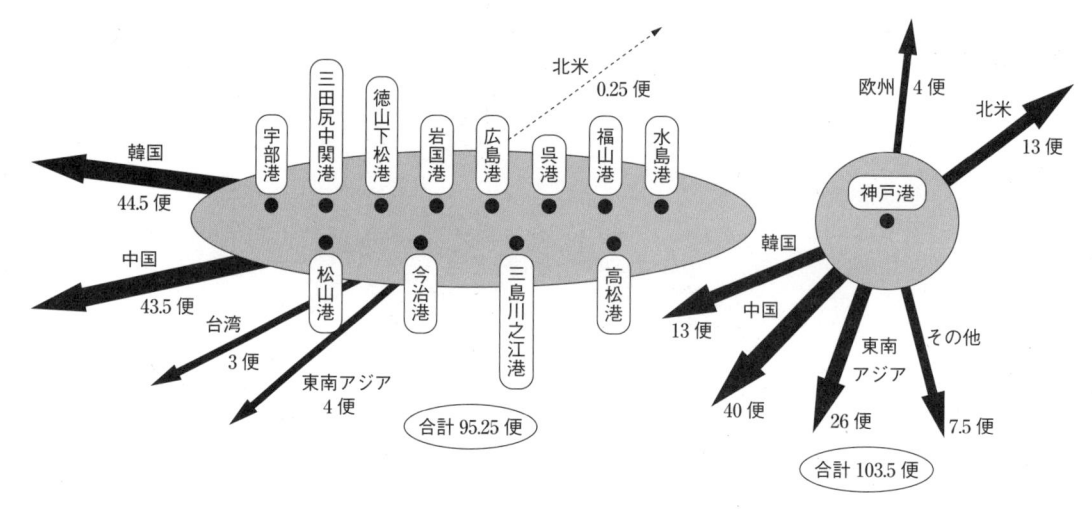

図 3.11　国際定期コンテナ航路の比較：瀬戸内海の港湾と神戸港（2007 年 12 月時点の各港などのウェブサイトより作成）
数字は 1 週間の便数．瀬戸内海の対象は特定重要港湾・重要港湾の 12 港．

れることが多いが，地域的なまとまりは乏しいといわざるを得ない．例えば，国の出先機関は農林水産省農政局を除いて，すべて中国地方と四国地方は異なる管轄域を有している．一方，社会・文化的には山陰地方，瀬戸内地方，南四国地方といったように東西に結びつきが強い．

しかし，高度経済成長期以降は交通網の発達とともに大都市圏と地方との経済的な結びつきが強くなり，中国・四国地方の一体性はますます薄れていっている．山口県の西部はすでに福岡・北九州の経済圏に含まれている．また，鳥取県東部や岡山県東部などは関西との結びつきが強く，鳥取県は 2010 年に設立された関西広域連合に加わっている．同様に，四国地方東部の香川県や徳島県は以前から関西との結びつきが強い．

このように，中国・四国地方は多様な地域性を有している反面，地域的な結びつきに乏しく，一体性に欠けているといわざるを得ない．

3.4　中国・四国地方の将来像

中国・四国地方の将来は決して明るいものとはいえない．瀬戸内地方では製造業が卓越しているものの，素材型工業や加工組立型工業が中心であるため，グローバル経済化が定着する中では今後も再編成が避けられないであろう．IT 関連や高度なテクノロジーを用いた先端技術産業の立地は，中国・四国地方全域においてはきわめてわずかしか立地していない．

卸売業やサービス業については域内の人口集積が低いため内需が見込めず，逆に中国・四国地方が他地域の市場に組み込まれる傾向にある．その要因として，中国地方における都市の分布があげられる．中国・四国地方の首位都市である広島市は札幌，仙台，福岡と並ぶ広域中心都市であるが，広島市自体の成長にはかげりがみられる．これは，西側で福岡都市圏と競合することや，東側では岡山市や倉敷市といった大都市があるとともに，関西圏にも近いため，広島都市圏の勢力範囲が限られるからである．また，四国地方では香川，松山，徳島，高知の各県庁所在都市が発達する一極集中型の都市システムを形成しており，それらの周辺地域の衰退は著しい．これらの都市は，中国・四国地方の中心都市である広島市を経由せず，直接東京大都市圏や大阪大都市圏と結びついている．この傾向は，中小都市が集積する山陰地方にもみられる．以上のように，中国・四国地方の地域構造は良好な状態とはいえず，この地方で一体的に発展していく要素も機運にも乏しい．

また，中国・四国地方は過疎地域を多く含むため，過疎・高齢化が大きな問題となっている．こうした問題を少しでも打破しようと，2000 年代後半における「平成の大合併」では多数の市町村が

合併した．中国・四国地方全体では1999年に481市町村あったものが，2010年には170市町村にまで減少している．このうち，広島県の市町村数は86から23へ73％も減少しているのをはじめ，愛媛県は70から20へと71％も減少している．多くの県において，県庁所在地とその周辺地域は都市化が進んでいるものの，各都市圏の後背地は中山間地域が卓越している．そのため，過疎・高齢化が進展し，各町村とも合併が避けられない状況であった．

この結果，各県とも市町村数は30未満となっており，最多の岡山県でも27，最小の香川県では17のみとなっている．このように市町村数が激減してくると，都道府県の存在意義が問われてきており，現在，道州制の議論も進みつつある．実際に道州制が導入されるか否かは不透明であるが，さらなる地域の再編は逃れられないであろう．中国・四国地方においては市の数が81に対して，町村数は89である．道州制を前提として考えた場合，小規模の市と町村が大規模の市と合併する可能性もある．そうなった場合，小都市や過疎地域ではいっそうの衰退が予想される．

[作野広和]

引用文献

国土交通省中国地方整備局(2008)：瀬戸内海地域の交流連携のあり方調査報告書，306p，国土交通省中国地方整備局．

高桑 紀 (1984)：四国．日本の地域像―新しい日本地誌（岩本政教ほか編），pp.187-198，森北出版．

田坂郁夫 (2005)：気候．四国・中国（日本の地誌9，森川 洋・篠原重則・奥野隆史編）pp.47-49，朝倉書店．

藤原健蔵 (1996)：中国地方の侵食平坦面，その多元的発達．地形学のフロンティア（藤原健蔵編著），pp.47-70，大明堂．

森川 洋・篠原重則・奥野隆史編 (2005)：中国・四国（日本の地誌9），朝倉書店．

コラム6

宮本常一による「和牛」と「和鉄」の文化

　山口県大島郡周防大島に生まれた宮本常一は小中学校の教師として教鞭をとるかたわら，日本各地の歴史，文化，風習，生活などの調査を続けてきた，いわゆる在野の民俗学者であった．その後，渋沢敬三が主宰する「アチック・ミューゼアム」（現在の日本常民文化研究所）の研究員となり，全国各地で多岐にわたる研究を続けた．なかでも離島研究に力を入れ，離島振興法の制定に尽力するなど離島に対して強い思い入れをもっている．とりわけ，自身の出身地域でもある瀬戸内海の島々には，東京の住まいから足しげく通っていた．宮本によるフィールドワークの結果は『忘れられた日本人』『日本民衆史』などをはじめとする膨大な著書や報告書にまとめられている．

　宮本が行う調査は，「語られてきた日本」あるいは「記憶の中の日本」を地域の中から聞き取りなどによってあぶり出そうとする手法を用いる．宮本いわく，日本は「無字社会」なのだそうだ．宮本がこのような考えに至ったのは，調査対象としての文化には「記録の文化」と「記憶の文化」という2種類の異なる文化像を意識しているからだ．「記録の文化」は文字となったり構造物となったりして，目に見える形として歴史の中に位置づけられ，解読可能な文化だという．一方，「記憶の文化」というものは語り継がれ，人々の記憶の中で継承されてきたので漠然としているし，1つの記憶だけですべてを再生することはできない．したがって，いくつもの語りをつなげ，そこから文化としての潮流を発掘する必要があるという．

　このような考え方をもとに，中国・四国地方の調査を行った宮本は，文化の奥深さを高く評価している．とりわけ，かつて中国山地で多く生産された「和鉄」と「和牛」で形づくられた文化は，今日でいう「地域力」の源となっていると説く．

　「和鉄」とは「たたら製鉄」のことであり，中世から中国山地の各地で行われてきた（写真1）．「和鉄」に必要な砂鉄を採取する「かんな流し」が中国山地の随所で行われた．この結果，開析した土地を田畑として使用し，人々が山地の奥深くまで住み着いていった．また，「和鉄」には大量の炭が必要である．そのため，中国山地の随所で炭焼きが行われた．「たたら製鉄」そのものは大正期に終焉を迎えるが，炭焼きは脈々と続き，昭和30年代のエネルギー革命が起こるまで中国山地の主要産業であった．

　ところで，中国山地において「和鉄」とともに生産が盛んであったのは「和牛」である．かつて，「和牛」が役肉牛であった時代には，中国山地が日本最大の産地であった．そして，農業の機械化などにともなって和牛が肉用牛として純化した後も，各農家は繁殖牛として牛を飼い，現金収入の足しにしていた．しかし，農家の高齢化や後継者不足，和牛価格の低迷，畜産の大規模化・専門化などが要因で，1980年代以降，各農家は相次いで牛を飼うことをやめてしまった．現在では，畜産を専業とする篤農家を除いては，「和牛」を生産する農家はほとんどなくなってしまった．

　このように，中国山地では「和鉄」と「和牛」の生産により，自然と調和した独自の産業が展開していたといえる．しかし，高度経済成長期以降，中国山地といえば「過疎地域」の代表例としてあげられ，とかくマイナスイメージでとらえられがちである．事実，長年にわたって過疎地域の代表例として中国山地が取り上げられることが多く，学校教育において「過疎」の典型例として教科書にも必ず登場している．いずれの記述も「問題地域」として扱われている．その結果，地域住民はいつの間にか地域に対する誇りを失い，人口流出に拍車をかける要因となっている．宮本常一の著作は地域課題の解決を探るための重要なヒントが隠されており，今日でもまったく色あせていない．

[作野広和]

写真1　島根県雲南市の菅谷たたら（2004年8月）

4 近畿：古代から近代までの展示場

大阪城と大阪ビジネスパーク（2010年6月）

近畿地方は南北を日本海と太平洋，西に瀬戸内海，東に中部地方の山岳地帯と面することから，非常に多彩な自然的特徴を有する．また，日本で唯一，古代から近世まで都があり，日本史の展示場のように各時代の遺構や建物が残っている．現在，近畿地方の多くは大阪市，京都市，神戸市の三大都市圏に含まれる．一方，人口が減少している非大都市圏の中小都市や，過疎に悩まされる山村もある．また，伝統工業から近代的工業地帯やオフィス街，伝統的な林業地域から近郊農業まで多彩な経済的・社会的景観が認められる．

4.1 多種多様な自然環境

4.1.1 南北で異なる地形環境

近畿地方は地帯構造的にはフォッサマグナに区切られた西南日本に位置しており，紀ノ川・櫛田川に沿って，ほぼ東西に走る中央構造線を境にして，北側の花崗岩を主とする西南日本内帯と，南側の古生層・中世層からなる西南日本外帯に区分される（前田・武内，1986）．

近畿地方の地形の概略を示したのが図4.1であり，この図では近畿地方の西南日本内帯を，日本海沿岸，北部山地，中央低地帯に区分している（植村，2006a）．西南日本内帯の山地・高地では，一般になだらかな小起伏面地形が広がっている

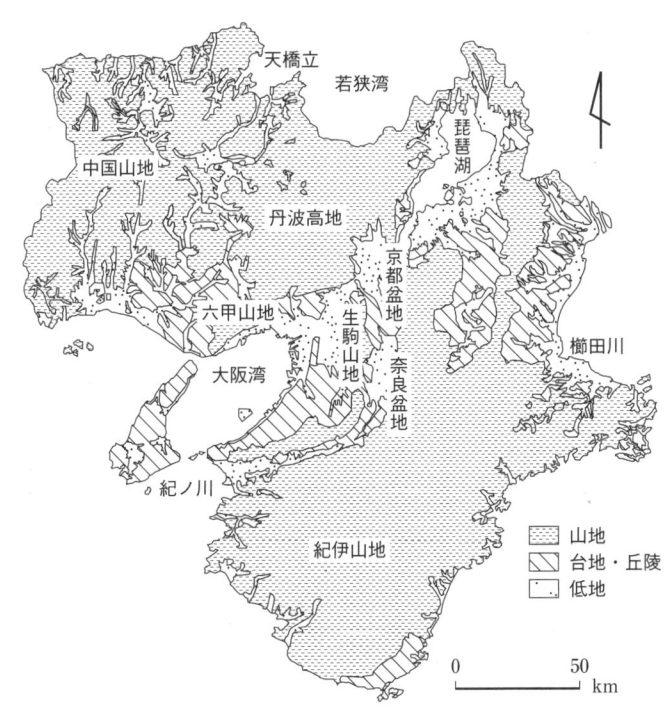

図4.1 近畿地方における地形概観（水山ほか，1976）

(水山ほか，1976)．一方，西南日本外帯は，中央構造線に沿う紀ノ川の低地を除くと，八経ヶ岳（標高 1915 m）を最高峰とする急峻な山岳地域で平野が乏しい．

　近畿地方の北部にあたる日本海沿岸では景観美にすぐれた岩石海岸が連続し，その大部分が山陰海岸国立公園，丹後天橋立大江山国定公園，若狭湾国定公園に指定されている（植村，2006b）．また，北西季節風により形成された網野・久美浜の砂丘帯や，天橋立，小天橋のみごとな砂州が発達する．特に，天橋立は約 3.2 km の全長に比べると幅が約 20〜170 m ときわめて狭く，標高も最高で 2 m 程度と高度が低いにもかかわらず砂州のほぼ全体にクロマツなどの巨木が繁茂して海中に浮かぶグリーンベルトのような景観を示し，宮城県の松島，広島県の宮島と並ぶ日本三景の 1 つと称されてきた（植村，1995；武田，2007）．現在，砂州の東側の部分が侵食されつつあり，それを防止するために防波堤が設置されている．侵食の原因は，この砂州を形成した河川の上流部に多数の砂防ダムを建設したことにより，下流への土砂供給が減少したためと考えられている．そのため，近年ではさまざまな工事が施され，その 1 つとして砂浜を守るために突堤を築いて砂を補足することが試みられているが，それにより砂浜がのこぎり状になったので，それを食い止めるために突堤先端の水面下に扇状の「潜堤」を設けることにより，不自然な砂浜の姿を連続性のある滑らかなものにする試みがなされている（図 4.2）．最後に，日本海沿岸の東側には若狭湾特有のリアス式海岸があり，舞鶴湾，宮津湾の深い湾入部は貿易港や軍港に利用されてきた．

　北部山地は中国山地の東端から丹波高地にかけての一帯であり，中国山地では標高 1000 m を超える山があるが，一般に広大な高原状山地をなす隆起準平原地形である（水山ほか，1976）．この山地は新生代を通じて侵食を受けたため，著しい定高性を示す．

　中央低地帯は，中央構造線を底辺として，福井県の敦賀湾を頂点とする三角形の中にあり，それは近畿トライアングルと呼称される（Hujita, 1962）．近畿トライアングルでは南北に延びる山地や高原があり，それらは西から六甲山地と淡路島，比良山地と生駒山地，および伊吹山地と鈴鹿山脈などである．それらの間には大阪平野，京都盆地と奈良盆地のような小規模な盆地が分布する（石田，1995）．平野・盆地と山地との間は，南北方向に延びる直線状の急崖で限られており，そこには多くの断層崖が存在する．生駒山地の場合，奈良盆地側は緩やかな傾斜であるが，大阪平野側には急な断層崖があり，このような非対称な山地斜面は傾動地塊と呼ばれる．

　六甲山地は現在も隆起しており，その東側では断層活動で形成された平坦面と急崖の組み合わされた階段状の地形が発達する（前田，1995）．断層崖の下には扇状地と平野が細く東西方向に延び，市街地がそこに発達した．六甲山からみると神戸市の市街地は崖の眼下に広がることになり，これが函館，長崎と並び日本三大夜景と呼称される夜景を形成することになった（写真 4.1）．しかし，これらの階段状の地形は過去の大地震によって生

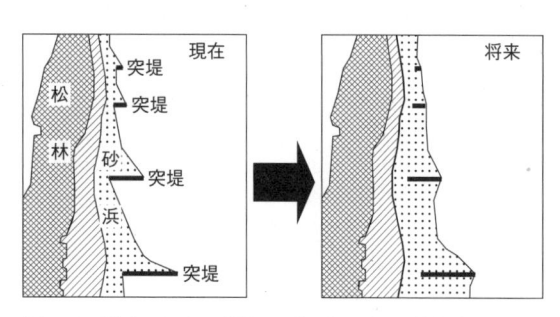

図 4.2　天橋立における砂浜の原形回復の試み（京都府丹後広域振興局，2008 より作成）

写真 4.1　六甲山地からみた神戸市街地（2010 年 10 月）

写真 4.2 奈良県川上村の山麓斜面の集落とスギ・ヒノキの人工林（2005年11月）

じたものである．1995年1月17日午前5時46分に生じた阪神・淡路大震災は死者6434人，建物被害では損壊・焼損計で住家約52万棟の被害を出した（内閣府ウェブサイトより）．

紀伊半島の中央構造線より南の西南日本外帯では急峻な山岳が卓越する．それらは1500 mを超える壮年期の山地であり，河川は深い渓谷を刻み穿入蛇行（せんにゅう）が発達する（藤田，1998）．このような蛇行するV字谷は，地盤の隆起に対応して蛇行する河川が下刻作用を強めた結果であるといわれる．流路沿いに谷底平野はほとんど発達せず，特に奈良県の川上村では谷底に平坦地が少ないため水田はほとんど分布しない．この地域では元来，集落は急峻な山地の中腹に散在する緩傾斜面上に立地していた（写真 4.2）．最後に，紀伊半島の海岸では岩石海岸が卓越し，熊野川などの河口部に小規模な海岸平野が発達するにすぎない．

4.1.2 多様な気候的特徴

近畿地方は北に日本海，南に太平洋と面するだけでなく，西に瀬戸内海と面している．太平洋に接する中央構造線より南側の西南日本外帯は，前述のように壮年期の山岳地帯である．また，大阪湾と東の中部地方との間には山地に囲まれた京都盆地と奈良盆地があり，内陸性の気候を示している．このような近畿地方の位置と地形的条件により，近畿地方における気候の地域内格差は著しい．

水越（1976）は，気温と降水量に着目して，近畿地方を6つの気候区に区分した．各気候帯の代表的な地点の雨温図を示したのが図4.3である（気象庁ウェブサイトより）．

紀伊半島気候地域は，紀伊半島の中央部から南部にかけてである．この地域は降水量が多く，冬季の気温が温暖である．しかし，内陸部の紀伊山地西部地域では，海抜高度が大であるため，冬季に寒さが厳しく雪もよく降る．奈良県には，洞川（どろがわ）などにスキー場がある．

紀伊山地南東部気候地域は，紀伊山地の南東斜面にあたる奈良県の大台ケ原（おおだいがはら）から和歌山県の熊野山地に至る地域である．ここは日本で屈指の多雨地域で，台風の影響もあり，年間降水量が3000～5000 mある．しかも，大台ケ原では年間降水量の半分ほどが6～9月の4カ月に集中し，「背降り」といわれる集中豪雨が現れやすい（奈良地方気象台ウェブサイトより）．また，この時期には雷雨などにより天候・気温が急変することが多く，登山の際には注意が必要である．

瀬戸内海気候地域は，兵庫県から和歌山県に至る瀬戸内海沿岸の地域と，京都盆地と奈良盆地が含まれる．瀬戸内海沿岸と内陸にある京都・奈良盆地とでは気候が違うように感じられるが，瀬戸内海沿岸は晴天日が多く，冬にしばしば放射冷却により低温になり気温の年較差が大きいことから，海洋性気候というより内陸性気候の特徴を有するのである（石田，1995）．しかし，内陸盆地に比べると瀬戸内海沿岸の冬は温暖であり，夏は暑く海陸風がよく発達する．この地域は日本の少雨地域の1つである．一方，京都・奈良盆地では，いっそう内陸的な気候特性を有し，夏の暑さが厳しく冬はかなり冷え込む．また，比較的降水量が少ないことから，奈良盆地では渇水の対策として，ため池の築造が行われてきた．奈良盆地では農業用水の確保が悲願であり，1956年から吉野川分水工事が順次完成して，吉野川の水を利用できるようになった．

内陸気候地域は，兵庫県の丹波山地から琵琶湖と三重県の上野盆地を経て，奈良県の笠置山地（かさぎ）に至る帯状の地域である．この地域の特徴は，降水量がやや少なく冬季の冷え込みが厳しいことであ

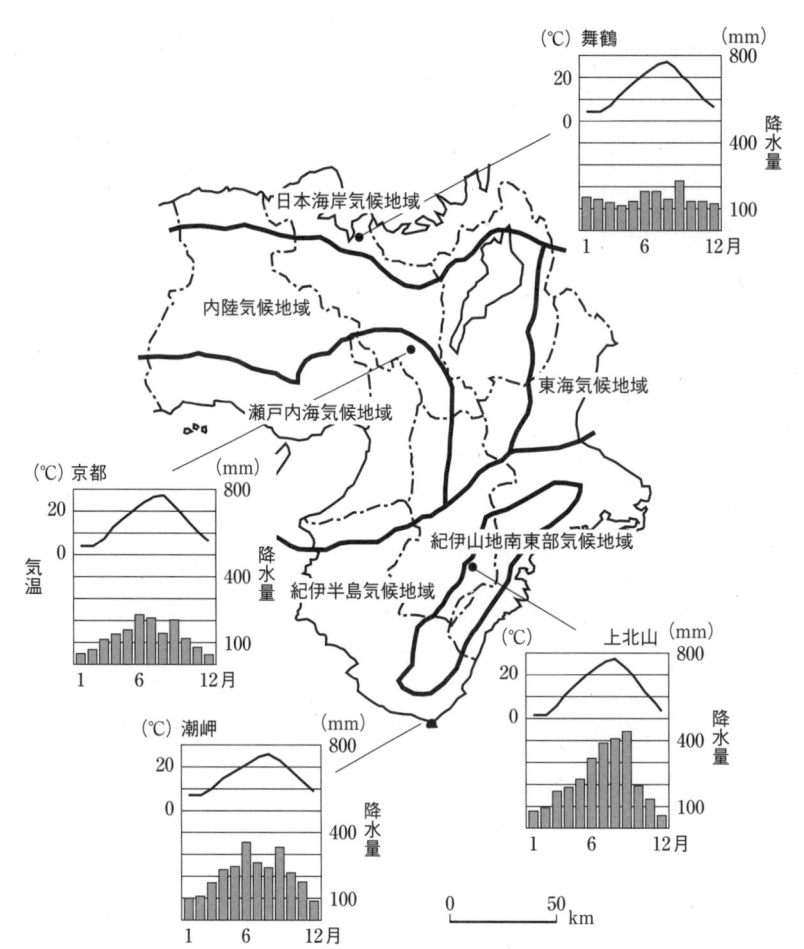

図4.3 近畿地方の気候区分（水越，1976より作成）

る．琵琶湖の影響で寒暑の差は比較的小さい琵琶湖沿岸部を除くと，この地域は一般に気温の日較差が大きく，福知山盆地と上野盆地など山間の低地では霧がよく発生する．三重県亀山市と奈良県天理市を結ぶ名阪道路（全長 73.3 km の自動車専用道路，一般国道 25 号）は，急勾配で急カーブが連続する道路であり，一般道路にもかかわらず走行速度が速いことと，霧がよく発生するため，全国の高速道路・自動車専用道路の中で，1 km 当たりの死亡事故発生件数が 0.12 件で全国一高い（ちなみに第 2 位は名神高速道路 0.09 件）（奈良県警察ウェブサイトより）．

日本海岸気候地域は，冬季に低温となり，積雪があるためにかなりの降水量になる．特に兵庫県北部の日本海沿岸は典型的な日本海岸気候地域である．春季に発達した低気圧が沿岸を通過する際には，南方から高温のフェーンが吹き出し，大火災がしばしば発生する（植村，2006b）．

東海気温地域は，近畿地方では滋賀県の一部のみである．この地域の中で，伊吹山地と関ヶ原狭隘地域は，冬に若狭湾から伊勢湾へ吹きぬける風の影響で降雪量が多い．東海道新幹線は，関ヶ原付近で冬季に雪のために徐行運転を行うことが多い．

4.1.3 植生景観の変容

近畿地方の森林，なかでも平地から丘陵地にかけての暖温帯の森林は，強い人為的干渉を受けてきた（石田，1995）．このような干渉がなければ，紀伊半島では海抜 800〜1000 m 以下，日本海側では 400〜600 m 以下の地域は，冬も落葉しない常緑広葉樹（照葉樹）に一面覆われていたはずである．すなわち，近畿地方の平地では，照葉樹林が極相林とみなされる．しかし，人間が定住して農耕を営むために，森林を田畑に変えていった．照

写真 4.3 若草山（左）と春日山（右）（2010 年 10 月）

葉樹林は伐採され，コナラやクリなどの落葉広葉樹林とアカマツなどの針葉樹林からなる二次林に変わった．落葉広葉樹林では晩秋に落葉や枯枝をまとめて集めることができ，それらを肥料や燃料に利用することができるので，照葉樹林よりもはるかに利用価値があったのである．写真 4.3 は，近畿地方の原景観であり世界遺産にも指定されている春日山原始林と，毎年 1 月に山焼きが行われる若草山の景観の違いを示したものである．

落葉広葉樹林が晩秋に紅葉することにより，嵐山や大文字山のような紅葉の景観が形成された．しかし，これら落葉広葉樹林は落葉をかき，冬に火入れをしなければ，森林が栄養化されて極相林である照葉樹林に遷移する．1950 年代以降，農村でも石油やプロパンガスが普及することにより，落葉や枯枝は燃料として不要なものとなった．さらに，化学肥料の導入により，農業において里山を利用する必要性が完璧に失われた．こうして里山が放置されることにより，照葉樹が落葉広葉樹を駆逐することになる．紅葉の名所として知られる京都市の嵐山の渡月橋に近い国有林で，サクラやカエデの生育が悪化し景観が変わってきていることが報告されている（林業ニュース 2009 年 11 月 29 日）．さらに，近年では，竹林が里山を中心に拡大している．これは，竹材の利用が低下し，タケノコの輸入の増加のために，竹林が定期的に伐採されることがなくなり放置されることにより，竹林が拡大しているためである（鳥居，2003）．

一方，紀伊半島では，標高 700～1000 m あたりで照葉樹林も途切れるようになり，落葉広葉樹林や針葉樹林に変わる．そのような地域は，近世以降にはスギやヒノキが植えられ，林業が盛んな地域となった．現在では，紀伊半島の山間部でスギ・ヒノキの人工林が一般的な景観となっている．

4.1.4 自然景観の特徴

近畿地方は地帯構造的にはフォッサマグナに区切られた西南日本に位置しており，紀ノ川・櫛田川に沿って，ほぼ東西に走る中央構造線を境にして，北側の西南日本内帯と，南側の西南日本外帯に区分される．西南日本内帯の山地・高地は，一般になだらかな小起伏面地形が広がり，西南日本外帯は急峻な山岳地域で平野が乏しい．また，気候的には，台風期に降水量が多い紀伊半島，年間を通して降水が少ない瀬戸内海沿岸と内陸盆地，冬季に積雪をともなう降水が多い日本海側に大別される（吉越，2006）．このように，近畿地方は比較的狭い面積にもかかわらず，多彩な自然環境に恵まれている．最後に，植生に関しては，もともと冬でも落葉しない照葉樹林が主体であったが，人間の干渉により有用な落葉広葉樹林やスギ・ヒノキなどの針葉樹林に変化していった．しかし，近年は人間が森林を利用しないことから植生が変化している．

4.2 近代工業と産業構造の変化

4.2.1 近畿地方の工業概観

近畿地方では，近世より伝統工業を有した京都，経済の中心であった大阪をはじめとして，伝統工業が発展していた（藤井，1986）．近畿地方の近代工業は，兵庫県神戸市川崎浜の加州製鉄所（1870 年）の設立に始まる（加藤，2006）．その後，姫路紡績所（1878 年），尼崎紡績（現在のユニチカ，1889 年）など，日本の工業化のさきがけとなった企業群が瀬戸内海沿岸に次々に立地した．こうした明治末期に始まる近代工業の勃興により，神戸から大阪に至る阪神工業地帯が形成された．

近畿地方における主たる工業地域は阪神工業地帯であるが，三重県の北部は中京工業地帯に含まれる．阪神工業地帯の範囲は一概に画定できず，例えば，国勢社発行の『日本国勢図会』では，阪

神工業地帯の製造品出荷額は大阪府と兵庫県の合計であり，中京工業地帯は愛知県と三重県の合計としている．この考えは多くの教科書でも採用されている．表4.1は，近畿地方全体の府県別製造品出荷額等とそれが全国に占める割合を示したものである．それによると，中京工業地帯の一部である三重県と内陸部の工業地域である滋賀県の製造品出荷額が全国に占める割合は着実に増加している．三重県と滋賀県の製造業に関する人口1人当たり出荷額は，2008年現在で近畿圏最大である．一方，阪神工業地帯の主核である大阪府と兵庫県の製造品出荷額の全国に占める割合は，減少の一途をたどっている．特に，大阪府の衰退が著しい．なお，内陸部の京都府と奈良県，臨海部の和歌山県の製造品出荷額が全国に占める割合はもともと少ないにもかかわらず減少している．

次に，2008年における府県ごとに製造品出荷額の上位業種を示したのが，表4.2である．中京工業地帯の一部である三重県は，かつて石油化学コンビナートを中心とした重化学工業のうち特に化学工業が主体であったが，現在は重工業に特化しており，輸送用機械器具製造業と電子部品・デバイス・電子回路製造業の2業種で全体の45%以上を占めている．一方，大阪府，兵庫県および

表4.1 近畿地方における製造品出荷額等の変化（全事業所）

	1980年	1990年	2000年	2008年	人口1人当たり出荷額（100万円）
三重県	45037	75441	81431	117808	6.35
	2.10	2.31	2.68	3.49	
滋賀県	29390	60336	64245	74909	5.44
	1.37	1.84	2.12	2.22	
京都府	39025	64156	59716	57152	2.23
	1.82	1.96	1.97	1.69	
大阪府	190520	250098	183690	184033	2.12
	8.87	7.65	6.05	5.45	
兵庫県	112106	155627	141828	165947	2.97
	5.22	4.76	4.67	4.91	
奈良県	14000	25373	24557	24550	1.73
	0.65	0.78	0.81	0.73	
和歌山県	26198	25304	22892	32825	3.14
	1.22	0.77	0.75	0.97	

上段：製造品出荷額（億円），下段：全国に占める割合（%）．
工業統計表「産業編」より作成．

表4.2 近畿地方府県の主要産業（製造品出荷額等による）（全事業所）（2008年）

都道府県名	1位		2位		3位	
	産業	構成比（%）	産業	構成比（%）	産業	構成比（%）
三重県	輸送	25.4	電子	20.1	化学	10.4
滋賀県	輸送	14.2	電気	10.4	化学	10.3
京都府	飲料	14.4	輸送	9.8	食料	7.9
大阪府	化学	12.3	鉄鋼	10.6	金属	9.1
兵庫県	鉄鋼	14.7	化学	9.4	電気	8.7
奈良県	電子	19.0	業務	11.3	食料	9.5
和歌山県	鉄鋼	34.5	石油	23.4	化学	8.8

工業統計表「産業編」より作成．

和歌山県は臨海部重化学工業が主体である．内陸部にある滋賀県は，1960年代までは繊維工業と化学工業が主体であったが，現在は重工業，特に加工・組立型工業が主体となっている．同じ内陸部である京都府と奈良県は，重工業と軽工業が主体である．このように，近畿地方では，重化学工業を主体とする臨海工業の比重はまだ大きいとはいえ，重工業のうち加工・組立型工業を主体とする内陸部型の工業の比重が高まっている．

図4.4は，2008年の近畿地方における市町村別の製造品出荷額等である．製造品出荷額が高い市町村は偏在しており，次の3つに区分ができる．第1の工場集積地は，中京工業地帯の一部である東近江市と桑名市から，このエリアで最大の製造品出荷額を示す四日市市を経て，伊勢市に至る一帯である．特に，津市までの三重県北部の市町村別出荷額は，それぞれ1兆円を超える．四日市市は化学工業と石油製品・石炭製品製造業の集積が著しい．それ以外の三重県北部では輸送用機械器具製造業，電子部品・デバイス・電子回路製造業などの重工業の集積が顕著である．しかし2000年以降，三重県北部の地区のすべての市町村で製品出荷額は減少している．

次いで，琵琶湖東岸の東近江市から京都市と宇治市に至る内陸部であり，製造品出荷額が比較的高い市町村が大阪府にまで連なっている．この一帯では，製造品出荷額2兆円を超える京都市を除くと，最大の甲賀市でも8000億円程度であり，個々の市町村の出荷額は大きくはない．しかし，上述したように，滋賀県の人口1人当たり出荷額は近畿圏で三重県に次ぐ高さである．滋賀県には琵琶湖の豊富な水を利用した工場が，名神高速道路と主要国道などの整備により急速に集積した．現在，滋賀県の主体は電気機器などの加工・組立型工業であり，特に湖南地域には大企業の分工場が進出した（松田，2006）．しかし，2000年以降ほとんどの市町村の製造品出荷額は減少している．

最後に，兵庫県の姫路市から大阪市までの瀬戸内海沿岸と，八尾市に至る大阪府一帯である．阪神工業地帯の範囲に入れられることもある和歌山市から有田市に至る一帯は，上記の工業地帯から少し離れて孤立して立地している．これらの一帯が，阪神工業地帯の中心となる範囲である．これらの一帯でも多くの市町村で2000年以降，製造品出荷額が減少している．しかし，大阪府の北部一帯の高槻市から豊中市に至る市部の出荷額は増加している．

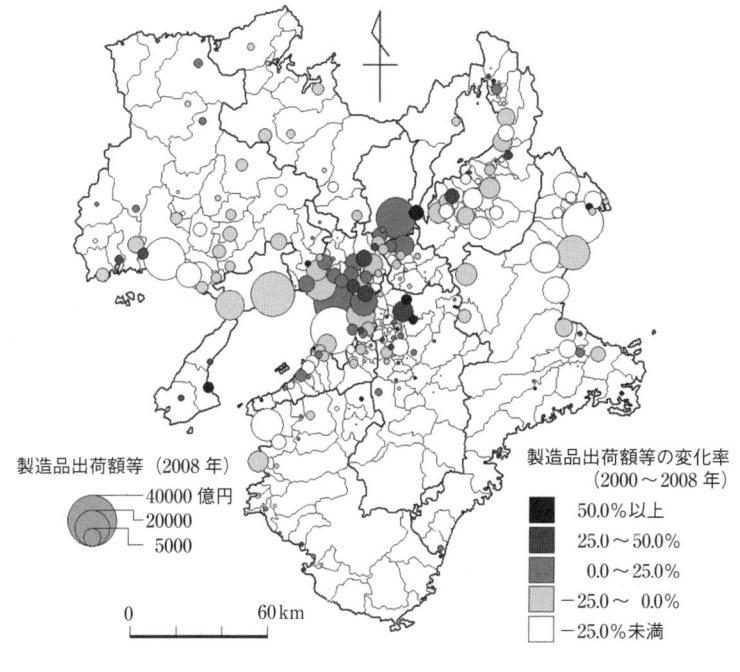

図4.4 近畿地方における製造品出荷額等の分布とその変化（2000〜2008年）工業統計表「市区町村編」より作成（従業員4人以上の事業所のみ）．

図4.5は，大阪府と兵庫県，および和歌山県北部に至る，製造品出荷額1000億円以上の市町の範囲を示したものであり，この範囲が阪神工業地帯の中心であろう．また，この図では市町別に，従業者数が4人以上の製造業事業所に占める従業者30人以上の事業所が占める割合を示した．大阪市と東大阪市，八尾市は従業者数30人以上の工業事業所の割合が10％未満である．工業統計の市区町村編では従業者数4人以下の事業所は集計されていないので，この数字には零細規模の工業事業所は含まれていないが，それでもこの一帯が中小工業の集積地であることがわかる．

図4.5を全体的にみると，石油・化学工業が製品出荷額第1位ないし第2位を示している市は大阪市から大阪湾沿いに南下する一帯に分布する．特に，大阪市から堺市を経て高石市と泉大津市に至る大阪湾沿岸では，1957年以降，大規模な埋立工事により，素材供給型重化学工業が誘致され，火力発電所，製鉄所，石油精製・石油化学工場が集積する堺泉北コンビナートが建設された（野尻，2006）．次に，金属・機械工業が盛んな地域は大阪府の内陸部から兵庫県の神戸市を囲む一帯である（写真4.4）．特に，大阪市の北東部から南東部にかけて金属・機械工業が集中している．大阪市の北東部にある守口市と門真市は，機械工業の

写真4.4　大阪市北東部の工場地帯（2006年10月）

製造品出荷額が第1位であり，それはそれぞれの市の製造品出荷額の50％以上を占める．2008年に社名をパナソニックとした松下電器産業の創業者松下幸之助は，1933年に門真市に本社と工場を建設し，さらに1947年には松下幸之助の義弟が守口市に三洋電気製作所を創業した．それらを中心として，守口市と門真市には電気機械器具製造業が集積している．一方，東大阪市と八尾市では金属・機械工業の中小工場が集積するが，それらの間で有機的な分業システムと地域ネットワークが発展して，小規模ながら独自の技術や他企業と差別化できる特色をもつ企業が育っている（樋口，2006）．

なお，和歌山県北部では，第二次世界大戦以前に軍と警察の協力による用地買収・軍需産業立地が進められ，戦後も港湾を中心とする産業インフラ整備が行われ，重化学工業の集積が進んだ（水野，2006）．しかし，その反面，現在でも内陸型組立加工工場の立地が進んでいない．なお，有田市には巨大な東燃ゼネラル石油和歌山工場（1941年創業）があるが，図4.5において有田市の石油製品の販売額は秘匿値となっているのでその値は示されていない．

4.2.2　臨海部工業地域の再生と産業構造の変化

1957年に経済企画庁は「新長期経済計画」において，鉄鋼，石油などの基幹産業のために，全国で広大な工業用地が必要であるとの見通しを示した．阪神工業地帯の臨海部，岸和田から神戸市須磨区に至る約60 kmに及ぶ海岸沿いは，芦屋・西

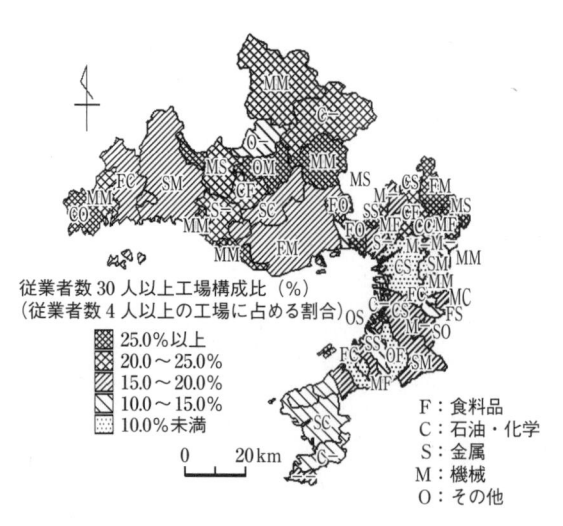

図4.5　阪神工業地帯における大中企業構成比と主要製造品出荷額
出荷額第1，2位のうち，構成が10％以上のもののみ記号を記載．平成20年工業統計表「市区町村編」より作成．

従業者数30人以上工場構成比（％）
（従業者数4人以上の工場に占める割合）
- 25.0％以上
- 20.0～25.0％
- 15.0～20.0％
- 10.0～15.0％
- 10.0％未満

F：食料品
C：石油・化学
S：金属
M：機械
O：その他

宮の一部を除けば工場と港湾の連担する区域であり，埋立造成された工業用地だけで3000 haに及ぶ（加藤，2006）．大阪市では1958年から臨海工業用地の造成を目的として埋立事業が着手され（大阪みなと観光交流促進協議会，2007），南港（咲洲）地区，北港北（舞洲）地区，舞浜地区が建設され，さらに現在は，夢洲地区と新島地区が建設されている．しかし上述のように，湾岸部で工場が閉鎖されるなど，一部の地域で衰退の傾向にあった．工業が衰退した臨海部は，大阪市の西部に広がる在来臨海部（築港・天保山，此花地区）と，その沖合に新たに形成された埋立地である新臨海部である．この地域は関西国際空港や，神戸を含む大阪湾ベイエリアの中心に位置しており，国際的・広域的な拠点として有利である．そこで大阪市では，これら一帯を国際交流・交通，集客・観光などの拠点として整備する計画を示している（大阪市，2005）．

図4.6は，大阪湾の埋立地とその周辺部における観光施設の分布を示したものである．この一帯で最大の観光施設は，此花西部臨海地区に2001年に開業したユニバーサル・スタジオ・ジャパン（USJ）である．USJを建設するために，1993年に地元地権者と大阪市がUSJ此花研究会を設立し，土地区画整理事業を行うことが検討された（東條，2008）．さらに，1995年には大阪市を施行者として大阪都市計画事業此花西部臨海地区土地区画整理事業が始められた．施工地区面積は156.2 ha，総事業費は969億円である（大阪市ウェブサイトより）．USJの敷地予定地は，都市計画法の用途地域における準工業地域，周辺部は工業専用地域であった．事業区域はUSJゾーン（約54 ha）を中心として業務ゾーン（50 ha），交流拠点ゾーン（30 ha），複合ゾーン（20 ha）に区分され，テーマパークのみではなく，住宅，職場などの集積が計画された．そのため，事業区域からは約440棟の工場などの建物が移転された．また，JR桜島線はUSJ予定地のほぼ中央を東西に横断していたので，USJの南側へ移転された．当初，鉄道は地下化する予定であったが，工事費が高額なために高架となった．USJ周辺では道路・公園，上下水道など都市基盤施設が整備され，緑あふれ

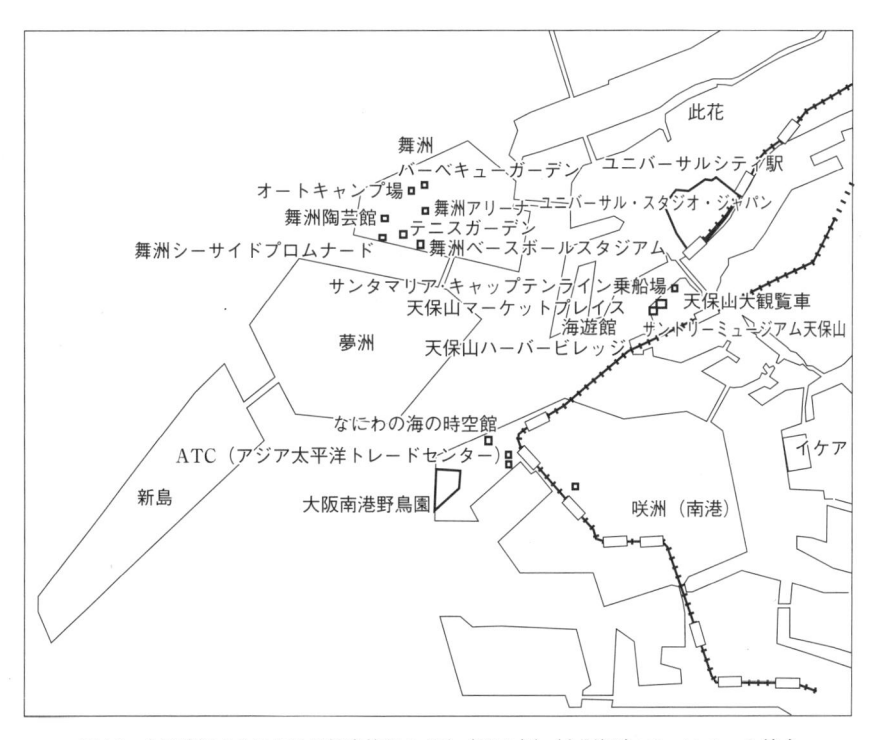

図4.6 大阪湾埋立地における観光施設の立地（2010年）（大阪観光コンベンション協会ウェブサイトより）

コラム 7

近畿圏の空港と海外からの観光客

近畿地方には，6 カ所の空港がある．そのうち，空港法において国際的・国内的航空輸送の拠点となる拠点空港として定められているものは，関西国際空港と大阪国際空港のみである．神戸空港と南紀白浜空港は地方管理空港であり，但馬飛行場と八尾空港はその他の空港となる．

近畿圏の最初の国際空港は，1959 年に国際路線を開設した大阪国際空港であった．しかし，昭和 40 年代になり航空輸送の需要が増加すると，市街地の真上を離着陸コースとする大阪国際空港の騒音公害が深刻となった．1994 年に関西国際空港が，大阪府の南部の泉佐野市の沖合 5km の海上に建設され，さらに 2007 年には第 2 滑走路が営業を開始した．それにより，大阪国際空港の国際線はすべて廃止され，国際空港との名称は残ったが，現在は国内線のみである．

表 1 は，近畿地方の 4 空港と，その他の地方の代表的な国際空港とを比較したものである（国土交通省航空局ウェブサイトより）．国内線しかない大阪国際空港の国内線乗降客数は，2008 年には関西国際空港の 3 倍近い値を示す．この点で，関西国際空港と大阪国際空港は，役割分担ができているようである．

次に，関東地方の空港と近畿地方の空港とを比較する．1999 年で関西国際空港の乗降客数は成田国際空港の半分程度であったが，成田国際空港は 2008 年までに乗降客数を急増させ，関西国際空港の乗降客数が減少したため，2008 年では，成田国際空港は関西国際空港の 3 倍近い国際線の乗降客数を有する．関西国際空港の国内線乗降客数は，中部国際空港より少ない状態である．一方，大阪国際空港の国内線乗降客数は 1999 年から 2008 年にかけて微減しただけであるが，関東地方で国内線を主体とする東京国際空港の乗降客数は 1999 年以降急増した．そのため，2008 年の東京国際空港の国内線乗降客数は，大阪国際空港の 4 倍以上の値を示す．乗降客数に関して，近畿地方の空港は関東地方の空港と比較にならないほど小さく，しかも，その格差が拡大しているのである．

最後に，神戸空港の国内線乗降客数は関西国際空港の半分近くである．互いに近接する神戸空港と大阪国際空港は国内線の乗降客を競合しあうようである．また，関西国際空港と大阪国際空港の役割分担も関東地方の成田国際空港と東京国際空港ほど明瞭ではない．なお，神戸空港と関西国際空港はベイ・シャトルで結ばれており，ベイ・シャトルの乗船時間 30 分に連絡バス・徒歩を加えて約 45 分で連絡している．この空港間の近接性の高さをうまく活かすことができれば近畿地方の空港は，互いに連動することができるかもしれない．

[根田克彦]

表 1　近畿地方の主要空港と日本の主要空港の乗降客数

	国際線		国内線	
	1999 年	2008 年	1999 年	2008 年
成田国際空港	24905482	29288206	762152	1142921
東京国際空港	871987	2356019	53466225	64379508
中部国際空港	―	4955172	―	6039577
関西国際空港	11776915	10191641	8113435	5563950
大阪国際空港	0	0	15936768	15632777
神戸空港	―	874	―	2705523
南紀白浜空港	270	0	130653	148905

中部国際空港は 2005 年に開業し，神戸空港は 2003 年に開業した．
国土交通省航空局ウェブサイトより作成．

参考資料

国土交通省航空局ウェブサイト http://www.mlit.go.jp/koku/15_bf_000185.html（最終閲覧日 2010 年 7 月 21 日）

写真 4.5　ユニバーサル・スタジオ・ジャパン周辺の景観（2010 年 10 月）

る快適な空間が創出されたのである．現在はマンションも建設されて，この一帯はかつての工場地帯の面影はない（写真 4.5）．

また，USJ の南に位置する港地区の天保山には，市の第三セクター（大阪ウォーターフロント開発）が運営する天保山ハーバービレッジが 1990 年に開業した．それは水族館（海遊館）と商業施設からなり，さらに，京阪グループの大阪水上バスが運営する，大阪湾を遊覧する観光船サンタマリア号も同年に就航した．さらに，大阪ウォーターフロント開発は 1997 年に天保山大観覧車を開業し，1994 年には民間企業の経営によるサントリーミュージアム天保山も開業して，天保山ハーバービレッジは現在 USJ と並ぶウォーターフロントの観光地である（写真 4.6）．しかし，サントリーミュージアム天保山は赤字がかさみ，大阪市が建物を無償譲渡されて大阪ウォーターフロント開発が美術館として運営する方向で調整していたが（朝日新聞 2010 年 6 月 29 日），2010 年末に閉館した．

北港（舞洲）地区（225 ha）は，廃棄物処分地として都市環境の保全，公害の防止などに資するため，1971 年から工事が始められた．その後，この地区の 110 ha ほどで，スポーツアイランド計画に基づき，アリーナ，ベースボールスタジアム，野外活動センターなどが整備されている．残りの部分は，技術開発・研修教育・物流ゾーンであり，大阪ガスなどの物流企業を含める民間企業 11 社と環境事業局舞洲工場などの公共施設が立地する．

鶴浜地区（40.3 ha）は，1985 年から土地造成事業が進められ，埠頭用地と緑地などの災害発生時の拠点となる用地や，港湾関連用地と交流拠点用地などの整備が想定された．この地区は大阪湾に面する埠頭・緑地ゾーン，その南側の商業・業務ゾーン，住宅・業務ゾーンに区分されている．

さらに，現在も造成工事が行われているのが，夢洲（391 ha）と新島（300 ha）である．夢洲ではコンテナターミナルが建設され，新島は港湾施設や緑地などが計画されている．これらの人工島では，大阪市内で発生した一般廃棄物が受け入れられている．

しかし，上記の埋立地ではバブル経済崩壊後に土地売却が思うように進まず，埋立事業の収支状況は悪化している．また，観光客の 50％ ほどが 1 カ所しか訪問しておらず，エリア間・施設間の観光客の回遊性が低いのが問題である．

最後に，大阪市の南港（咲洲）地区は，当初臨海工業用地造成を目的として，1958 年から本格的埋立工事が開始された（大阪市港湾事業経営改善委員会，2005）．開発面積は 1048 ha であり，都市の過密化，公害問題や社会情勢の変化に対応して，1967 年にコンテナ埠頭をはじめとする埠頭用地，流通関係用地，住宅用地および都市機能用地などを主とする新たな土地利用計画が策定され，以降は土地利用計画の一部修正などを経て造成が進められてきた．この地区は咲洲コスモスクエア地

写真 4.6　天保山周辺の景観（2010 年 10 月）

写真 4.7 大阪南港（咲洲）地区のコンテナ埠頭（2010年10月）

区，南港ポートタウン，埠頭用地・物流用地・都市再開発用地に区分される．咲洲コスモスクエア地区（154 ha）では，情報通信や研究開発，国際公益機能の集積を図るなど，新たな都心としての開発を進めている．ここには，ATC（アジア太平洋トレードセンター）とWTC（大阪ワールドトレードセンタービルディング），インデックス大阪などの国際交流施設や，なにわの海の時空館，南港野鳥園などの集客施設，ホテルなどが集積している．2005年現在，約1万6000人が働き，年間1000万人以上が訪れる観光地となっている．一

方，南港ポートタウン（100 ha）は約1万戸の住宅地と業務商業施設を一体として開発された（大阪市港湾事業経営改善委員会，2005）．2005年現在，人口は2万8000人である．最後の埠頭用地・物流用地・都市再開発用地（750 ha）は，コンテナ埠頭やフェリー埠頭をはじめ，海陸空の物流関連施設が立地し，大阪港の貨物の60%以上を取り扱う（写真4.7）．

4.3 京阪神大都市圏の多核心化

4.3.1 京阪神大都市圏における多核心化の動向

近畿地方で最大の人口をもつ都市は260万（2005年国勢調査人口）を超える大阪市であり，人口100万を超える都市は京都市と神戸市のみである．それに，人口83万を超える堺市を加えた計4市が，近畿地方における政令指定都市である．国勢調査では，政令指定都市を大都市圏の中心市として設定し，その中心市への15歳以上の通勤・通学者の割合が当該市町村人口の1.5%以上ある市町村の範囲を大都市圏と定義している．堺市が政令指定都市になったのは2006年であるので，ここでは2005年国勢調査実施時に政令指定都市であった大阪市，京都市，神戸市の3市に，

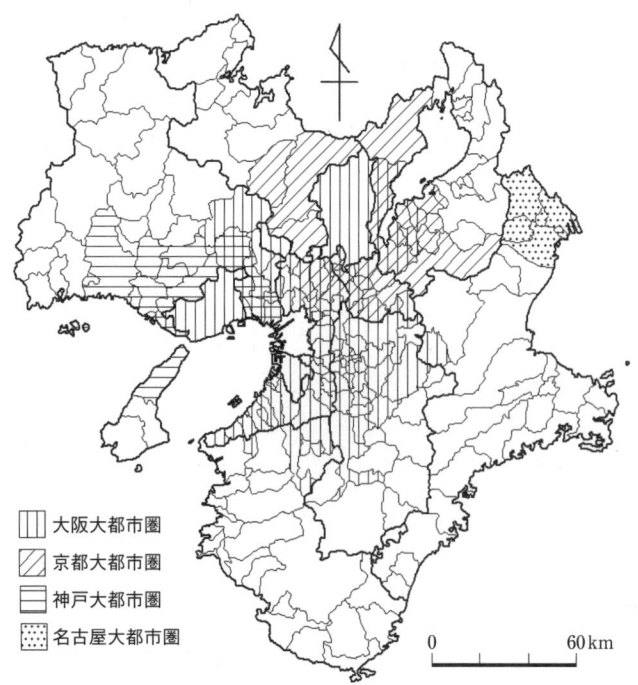

図 4.7 近畿地方における大都市圏の分布（2005年）国勢調査より作成．

名古屋市を加えた4市を中心市として，それらの都市の大都市圏を示した（図4.7）．なお，2005年の国勢調査報告で設定されている京阪神大都市圏の範囲は，図4.7の範囲より若干広い範囲である．

名古屋大都市圏の範囲に含まれるのは，三重県の北部のみである．大阪市の大都市圏は最も広大で，北は京都府の京都市，東は三重県の名張市，南は和歌山県の北部，西は兵庫県の神戸市までを範囲とする．京都市，神戸市の大都市圏は，それぞれ大阪市の大都市圏より北東方向と西方向に広がる．このように，近畿地方では大阪大都市圏が最も支配的であるが，大阪市と京都市，神戸市の3市の大都市圏が複合的に重層している．

滋賀県の県庁所在地である大津市から京都市を経て，大阪市から神戸市と明石市に至る西日本旅客鉄道の路線沿いの市部は近代以降，住宅地が開発されて，人口が最も集中する．大阪市と神戸市の間である阪神間では，宝塚市や芦屋市に大阪の実業家や会社員の住宅が昭和初期以降に建設され，高級住宅地としての評価を得ている．

図4.8は近畿地方における2005年人口分布と1995〜2005年の人口変化率を示したものである．人口が多い都市はほとんど京阪神大都市圏内にあり，非大都市圏の人口は非常に小さい．さらに，大都市圏の市町村人口は10年間で一般に増加しているのに対し，非大都市圏の市町村人口は少なくかつ減少する傾向にある．なお，大都市圏内でも，大阪市周辺の大阪府の市部の人口は，−10％を超えてはいないが減少している．この一帯は大阪市と郊外に挟まれたインナーシティに相当する部分といえよう．また，大都市圏郊外でも人口規模の小さい市町村では人口が減少している．

図4.9は，2005年における夜間人口に対する昼間人口の比（昼夜間人口比率）の分布を示したものである．この図で1.0以上の市町村が，昼間人口が夜間人口より多い，すなわち，通勤・通学者が常住人口を上回ることを意味している．昼夜間人口比率が1.2以上であるのは大阪市（1.38）と京都府久御山町（1.74）のみであり，京都市と神戸市は中心市ではあるが，1.0を若干超えるのみである．それら大都市を囲む京阪神大都市圏の市町村の昼夜間人口比率は1.0未満である．特に，昼夜間人口比率0.8未満で昼間の流出が多い市町村は，京都市，大阪市，神戸市に挟まれた一帯と，大阪市の東部のインナーシティである．

京阪神大都市圏内で昼夜間人口比率が1.0以上

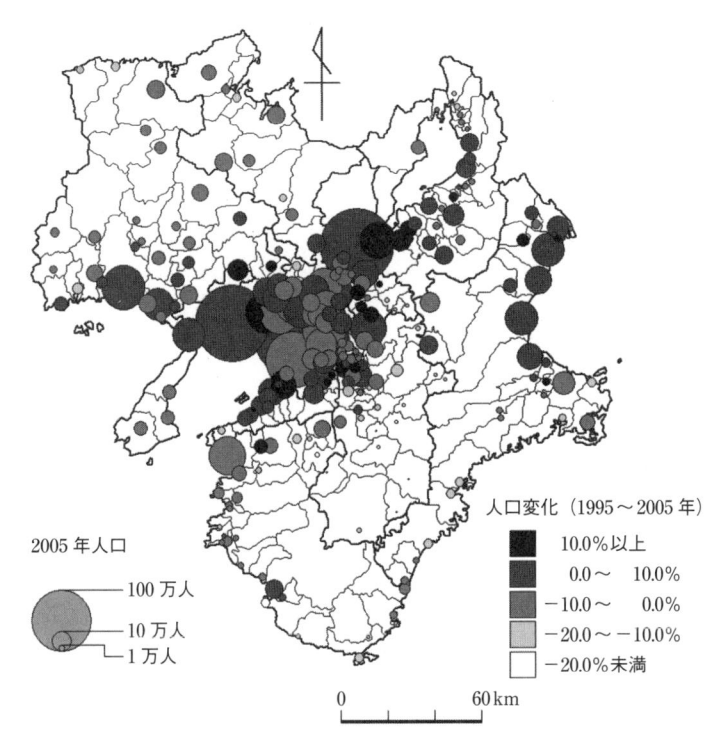

図4.8 2005年人口と人口変化率（1995〜2005年）の分布
国勢調査より作成．

4.3 京阪神大都市圏の多核心化

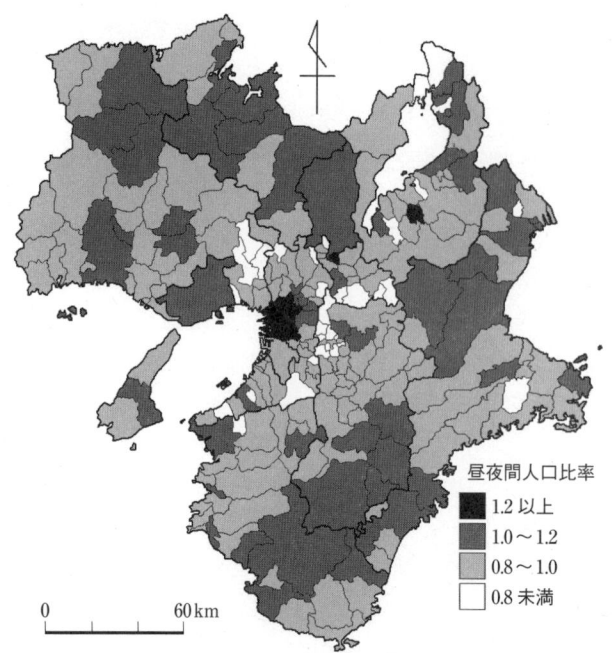

図4.9 昼夜間人口比率の分布（2005年）
国勢調査より作成．

の市町は，大阪市の大都市圏に含まれる京都市と神戸市を含めて22市町あるが，そのうち8市町が昼夜間人口比率を減少させた．一方，京阪神大都市圏内で昼夜間人口比率が1.0未満の113市町村のうち，昼夜間人口比率が減少したのは17市町のみである．これらのことから，京阪神大都市圏では昼夜間人口比率が1.0未満の市町でその値が高まる傾向にある．そして，全体的に昼夜間人口比率が増加傾向にあり，これは郊外が自立化していることを意味しよう．

近畿地方における人口の郊外化にともない，買物機能も郊外化した．表4.3は，近畿地方における府県別年間商品販売額と人口の構成比の変化を示したものである．年間商品販売額が顕著に低下したのは大阪府であり，増加したのは三重県，滋賀県，奈良県である．このことから，買物機能も中心都市を有する大阪府から相対的に郊外化したことがわかる．

奈良県の橿原市は，1999年に近鉄八木駅の南部一帯を中心市街地として設定し，中心市街地活性化基本計画を提出した．その範囲には，当時，近鉄百貨店（店舗面積2万3900 m^2）と八木ラブリー（店舗面積1万1820 m^2）が立地していた．しかし，2004年にダイヤモンドシティ・イオンモール橿原アルルが，橿原市の大和高田市との境界付近に開業した（写真4.8）．その店舗面積は3万9000 m^2 であり，それに映画館とアミューズメント施設を含めると，総商業床面積は6万4000 m^2

表4.3 近畿地方における府県別年間商品販売額と人口構成比の変化

	年間商品販売額構成比（％）			人口構成比（％）		
	1985年	1994年	2007年	1985年	1994年	2007年
三重県	7.66	7.94	8.18	8.10	8.26	8.25
滋賀県	4.88	5.18	5.76	5.31	5.69	6.09
京都府	12.25	12.83	12.79	11.91	11.48	11.38
大阪府	43.45	41.63	40.83	39.27	38.58	38.48
兵庫県	23.16	23.46	23.21	24.30	24.65	24.78
奈良県	4.19	4.88	5.29	6.00	6.39	6.33
和歌山県	4.41	4.08	3.95	5.10	4.94	4.68

商業統計表と住民基本台帳人口より作成．

写真4.8　橿原市の郊外ショッピングセンター（2003年12月）

写真4.9　大和高田市商店街の風景（2007年3月）

であった．この敷地は都市計画法における用途地域では準工業地域に指定されている．ダイヤモンドシティ・イオンモール橿原アルルは2008年に店舗面積を8万4000 m²に拡大した．イオンモール橿原アルルの影響は大きく，2005年には大和高田市のダイエー，2009年には橿原市の八木ラブリーの主店舗が閉店し，2010年には大和高田市の高田サティが閉店した．大和高田市の中心商店街では空き店舗が生じている（写真4.9）．

4.3.2　郊外における大規模開発―関西文化学術研究都市―

上述したように，京阪神大都市圏の郊外では就業施設や買物施設の郊外化により，郊外市町村の昼夜間人口比率は上昇している．計画的に郊外に就業施設も配置された．その1つとして，国際的・学術的・業務的な文化・学術・研究の新たな展開の拠点づくりを目指して建設されているのが，関西文化学術研究都市（関西学研都市，愛称は「けいはんな学研都市」）である．関西学研都市は，大阪府，京都府，奈良県の3府県7市1町にまたがり，木津川左岸の京阪奈丘陵に位置する日本最大級のリサーチパークである．

1986年に関西文化学術研究都市建設基本方針が策定され，翌1987年に関西文化学術研究都市建設促進法が制定された（佐藤，2000）．関西学研都市の総面積は1万5410 ha，想定人口は41万であった（酒井，2008）．関西学研都市の都市計画では，研究学園地区の主要な区域が集中配置された茨城県の筑波研究学園都市の一団集約型開発と対比される方式が採用された．それはクラスター型開発と呼称され，小都市群を有機的にネットワーク化するものである．クラスター型開発パターンでは，関西学研都市が文化学術研究地区とそれ以外の地域である周辺地区に区分される．文化学術研究地区は，自然環境と共生し周辺地区との調和に配慮しつつ，文化学術研究施設もしくは文化学術研究交流施設と公共施設，公益施設，住宅施設，その他の施設の一体的整備を推進する地区である．一方，周辺地区は，現在の土地利用を尊重して文化学術研究地区との調和を図ることと，文化学術研究地区の整備に関連して必要ない施設の整備，良好な生活環境の形成などを図るための事業を推進するとともに，農林業の振興と自然環境の保全と活用を図る地区である．

図4.10は，関西学研都市の全体像である．文化学術研究地区のうち，関西学研都市の中央部に位置する精華・西木津地区は本都市の中心地区として位置づけられ，けいはんなプラザと関西文化学術研究都市推進機構，国立国会図書館関西館，私のしごと館が立地し，関西学研都市の中核的クラスターと位置づけられる．しかし，2007年にけいはんなプラザを運営する第三セクターのけいはんな（株）が経営破綻し，2008年には雇用・能力開発機構の職業体験施設である私のしごと館が赤字のために民間委託に移行し，2010年には閉鎖された（写真4.10）．このように，関西学研都市の中核的施設も難局にかかっている．

その他の文化学術研究地区はいずれも文化，研

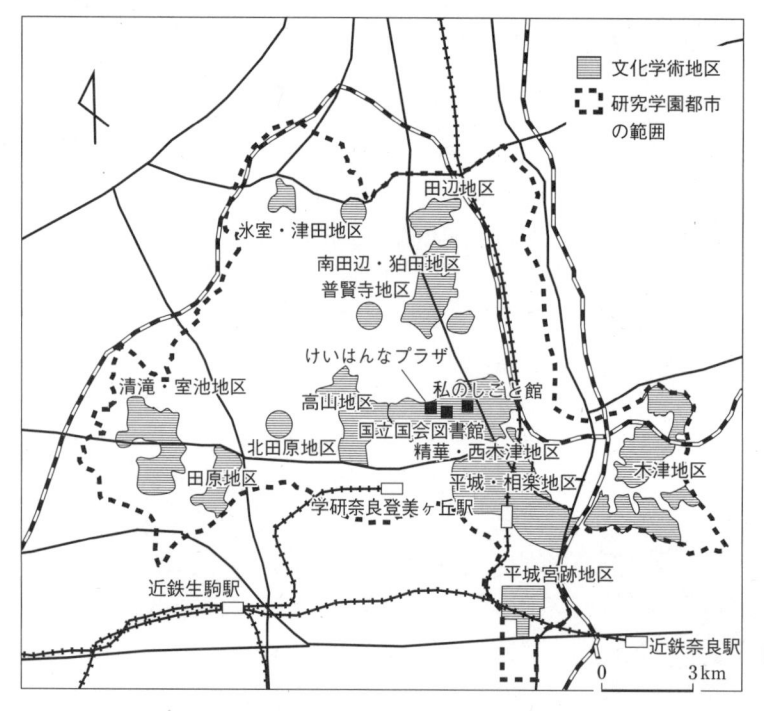

図 4.10 関西学研都市の概観
国土交通省ウェブサイトの地図より作成.

究，産業施設の整備を推進することが目標とされているが，そのうち，木津地区と平城・相楽地区が大規模な住宅地の整備を重視している．平城ニュータウンの建設は日本住宅公団により行われていたが，それと相楽ニュータウンとが関西学研都市構想に組み込まれることになった．また，文化学術研究地区内のショッピングセンターが近鉄高の原駅前に建設された．表 4.4 は，文化学術研究地区ごとの計画人口と 2010 年における人口を示したものである．関西学研都市におけるクラスターの想定人口に対する居住人口の割合は，2010 年現在 58％ほどである（関西文化学術研究都市推進機構，2010）．けいはんなプラザをはじめとする重要施設が集中する精華・西木津地区と，ニュータウンの建設が進められていた平城・相楽地区で最も人口集積が大きく，計画の達成度も高いが，それ以外の地区では人口の定着は進展していない．2010 年のクラスター内人口は 8 万 4021，周辺地区人口は 15 万 2540，合計の人口は 23 万 6561（そのうち研究者は 6565 人）である．

関西学研都市では，鉄道として京都府の木津駅（JR 関西本線と JR 奈良線と連結）と大阪府の京橋駅を結ぶ JR 片町線があったが，公共交通の充実が課題であった．そこで，近畿日本鉄道奈良線生駒駅から近畿日本鉄道京都線高の原駅方面に向かう，けいはんな線が計画され，2005 年に生駒駅から学研奈良登美ヶ丘駅まで開業し，2010 年現在，高の原駅までの延伸が検討されている．

なお，高山地区の第 2 工区では，2004 年にオオタカの営巣が確認され，自然環境に対する影響が問題となった．しかし，一方では計画を見越して，放棄水田や竹林が増えており，さらに，計画地の一部では廃棄物が不法投棄されている（奈良県ウェブサイトより）．高山第 2 工区では，計画が進

写真 4.10 閉鎖された私のしごと館（2010 年 10 月）

表 4.4 関西学研都市における文化学術研究地区の面積と人口（関西文化学術研究都市推進機構, 2010 より作成）

文化学術研究地区	面積 (ha)	計画人口	居住人口 (2010 年)	達成率
田辺地区	100	—	126	—
南田辺・狛田地区	344	19000	719	3.78
精華・西木津地区	506	25000	20536	82.14
木津地区（南）	284	18600	10523	56.58
木津地区（中央）	246	13900	—	—
木津地区（東・北）	210	7500	—	—
平城・相楽地区（京都府域）	264	30000	17612	58.71
平城・相楽地区（奈良県域）	362	38000	25368	66.76
平城宮地区	142	1000	543	54.30
高山地区	333	24000	572	2.38
氷室・津田地区（津田）	74	3000	2061	68.70
清滝・室池地区	340	3000	59	1.97
田原地区	127	10000	6696	66.96

外国人を含む.

展しなくても環境が悪化することが危惧されており，環境を改変しない自然環境保全のゾーンなどを新たに導入することにより，自然環境に配慮した開発が提唱されている．

4.3.3 大阪市都心の人口回帰と山村の過疎問題

一般に大都市の都心部では業務・商業機能が卓越して，住宅は少ない．大阪市の都心部では高層建築が集中し，百貨店や高級ファッション専門店などの買回り品を販売する店舗と，アメリカ村のような若者が集まる特殊な商業地も発達した．しかし近年，大阪市の都心部では人口が増加していることが報告されている．図 4.11 は，大阪市の都心 3 区（北区，中央区，天王寺区）と奈良県川上村の年齢 3 区分別人口数の変化を示したものである．なお，1989 年に大阪市の東区と南区が合併して中央区となり，北区と大淀区が合併して北区となったので，この数字は，合併後の区の範囲の人口変化を示したものである．

大阪市の都心では 1980 年から 1985 年まで人口が増加していたが，それ以降 1995 年まで人口が減少し，その後は増加して，2005 年人口は 1985 年人口を 2 万上回った．1990 年代後半から大阪市の都心部では高層マンションが建築され，人口の都心回帰が顕著である．しかし，15 歳未満の年少人口の割合は急速に低下しており，2005 年には 10% を下回った．逆に 65 歳以上の老年人口の

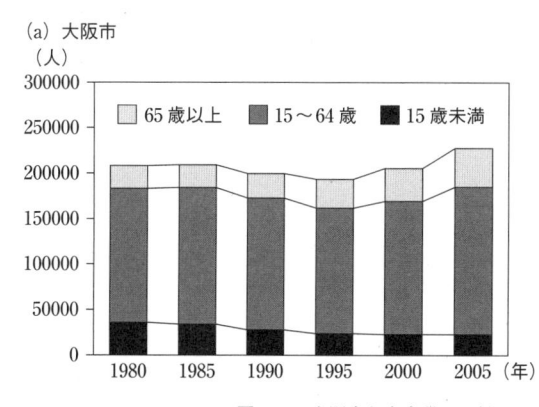

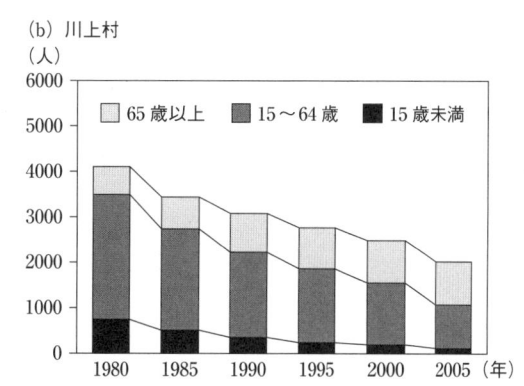

図 4.11 大阪市と奈良県川上村の人口と人口構成の変化（1980～2005 年）
国勢調査より作成.

割合は一貫して増加しており，1980年の11.2％から1995年に14％を上回って高齢社会の特徴を示すようになり，2005年には17.8％となった．これらのことは，都心3区への新たな流入者として，高齢者世帯，子どものいない夫婦，単身世帯が多いことを示していよう．都心部の高層住宅は郊外の一戸建て住宅と比べると狭い傾向にあるので，比較的若い世代の単身世帯，子どものいない夫婦とともに，郊外の一戸建て住宅地に居住していた世帯が，子どもが独立することにより都心の高層住宅に移動してきたことを反映したとみなせる．なお，東京都心部では公的セクターにより安価な住宅が供給されたが，大阪都心部における住宅供給の主体は民間の分譲・賃貸住宅であった（徳田ほか，2009）．東京都心部における人口回帰では年少人口も増加したが大阪では年少人口が増加しなかった理由は，安価な公的セクターによる住宅供給が行われなかったためであろう．

一方，奈良県川上村では1980年以降，人口が4151から2005年の2045に一貫して減少している．奈良県川上村では1959年の伊勢湾台風の被害を防ぐ治水対策のためと，農業用水・飲料用水の確保，発電のために，大迫ダムが1974年に，大滝ダムが2002年に建設された（写真4.11）．ダム建設のために移動した世帯は，大迫ダムで151世帯に，大滝ダムで475世帯に及んだ．さらに，2003

写真4.11 奈良県川上村の大滝ダム（2004年5月）

年の大滝ダムの試験湛水によりダム水没地点より標高が高い山麓にあった白屋集落で地すべりが生じ，37世帯が移転した．これらのダムの建設で川上村の主要集落が水没し，多くの住民は川上村内の別の場所や村外に移転した．ダム建設が川上村の人口減少に拍車をかけたといえよう．

川上村の幼年人口率は1980年の18.5％から2005年の7.0％に急減している．一方，老年人口率は1980年段階ですでに16.1％あり，高齢社会となっていたが，1985年に20.1％となり，1990年には26.5％の超高齢社会となった．2005年の老年人口率は46.9％であり，人口の半分近くが65歳以上の高齢者である．

川上村では人口が減少していたが，商業統計によると，飲食料品小売業店舗数も1979年の58店

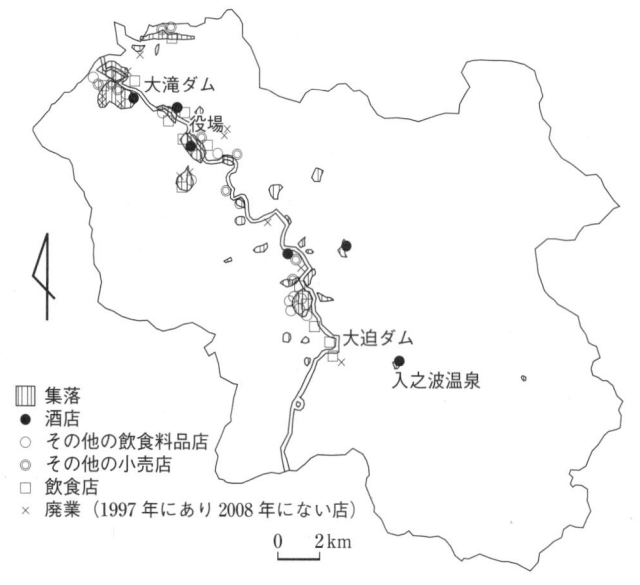

図4.12 奈良県川上村における店舗の分布と廃業
住宅地図より作成．

から 2007 年の 20 店に減少している．図 4.12 によると，村の中央部を通る国道沿いでは店舗が立地するが，1997 年以降に廃業した店舗は主として国道から外れた集落にあり，そもそも国道から外れた位置では店舗が 1 店もない集落がある．川上村では国道を通過する観光客向けの店舗は維持されているが，昔からある集落を支えていた店舗が消失しつつあるといえるかもしれない．川上村における 65 歳以上の高齢単身者世帯が全世帯に占める割合は 2005 年で 22.9％あり，高齢者の単身者の割合が非常に高い山村で飲食料品店が減少していることは，彼らの買物機会が失われる可能性があることを意味する．川上村では現在，車による移動販売の業者が巡回しているが，食料砂漠，もしくは買物難民の問題が深刻化する可能性があろう．

4.4　近畿地方の将来像

近畿地方では日本で最も古くから都市が発達し，伝統的工業が盛んであったが，明治期以降，阪神工業地帯の成立により近代工業地域となった．しかし，近畿地方全体で工業出荷額は低下傾向にある．そのため，臨海部の工業地帯では大阪市が積極的に関与して，工業から住宅とオフィス，観光産業が集積する混合利用地域への転換を図ってきた．ユニバーサル・スタジオ・ジャパンや天保山ハーバービレッジの建設はその一環である．しかし，最近の埋立地では土地販売が思うように進まず，埋立事業の収支状況は悪化している．脱工業化と産業の空洞化の時代に近畿圏が発展するためには，観光や知識集約産業などの集積をいかに誘導するか，そのことを考える必要がある．

近畿地方では京都市，大阪市，神戸市の三大都市の大都市圏が重層的に分布する，複雑な大都市圏構造を示している．近畿地方の大都市圏構造の頂点に立つのは大阪市であり，近年都心部での人口回帰が認められるが，それは高齢化をともなった人口増加であった．一方，非大都市圏の市町村は人口減少傾向にあり，人口規模が小さい町村ほど過疎化と高齢化が著しい．都市縮小と少子高齢化の時代にみあった大都市圏全体の整備が必要である．

［根田克彦］

引用文献

石田志郎（1995）：日本人の自然観の源流近畿の自然．近畿（日本の自然 地域編 5，大場秀章・藤田和夫・鎮西清高編），pp.36-52，岩波書店．

植村義博（1995）：リアス式海岸と活断層 若狭湾と丹後半島．近畿（日本の自然 地域編 5，大場秀章・藤田和夫・鎮西清高編），pp.139-152，岩波書店．

植村義博（2006a）：自然的性格．近畿圏（日本の地誌 8，金田章裕・石川義孝編），pp.8-10，朝倉書店．

植村義博（2006b）：自然環境．近畿圏（日本の地誌 8，金田章裕・石川義孝編），pp.38-42，朝倉書店．

加藤恵正（2006）：鉱工業．近畿圏（日本の地誌 8，金田章裕・石川義孝編），pp.72-76，朝倉書店．

酒井高正（2008）：学術研究都市の創造と課題．21 世紀の都市像—地域を活かすまちづくり—（近畿都市学会編），pp.131-139，古今書院．

佐藤健正（2000）：関西文化学術研究都市の現状と課題．都市開発研究，5：57-84．

武田一郎（2007）：砂州地形に関する用語と湾口砂州の形成プロセス．京都教育大学紀要，111：79-89．

東條成利（2008）：ユニバーサル・スタジオ・ジャパンの誘致と「住・職・遊」の複合空間の創造〜此花西部臨海地区土地区画整理事業〜．区画整理，51(1)：70-79．

徳田　剛・妻木進吾・鰺坂　学（2009）：大阪における都心回帰—1980 年以降の統計データの分析から—．同志社大学社会学部評論・社会科学，88：1-43．

鳥居厚志（2003）：周辺二次林に侵入拡大する存在としての竹林．日本緑化工学会誌，28：412-416．

野尻　亘（2006）：大阪南部（大和川以南）．近畿圏（日本の地誌 8，金田章裕・石川義孝編），pp.203-226，朝倉書店．

樋口忠成（2006）：大阪東郊．近畿圏（日本の地誌 8，金田章裕・石川義孝編），pp.185-203，朝倉書店．

藤井　正（1986）：近代工業の発展と変容．近畿地方（新日本地誌ゼミナールⅤ，藤岡謙二郎監修），pp.106-122，大明堂．

藤田桂久（1998）：吉野林業地帯，p.7，古今書院．

前田　昇・武内正夫（1986）：自然環境．近畿地方（新日本地誌ゼミナールⅤ，藤岡謙二郎監修），pp.8-15，大明堂．

前田保夫（1995）：海と山の共存する町 神戸．近畿（日本の自然 地域編 5，大場秀章・藤田和夫・鎮西清高編），pp.57-72，岩波書店．

松田隆典（2006）：湖南．近畿圏（日本の地誌 8，金田章裕・石川義孝編），pp.412-423，朝倉書店．

水越允治（1976）：気候．近畿地方総論・三重県・滋賀県・奈良県（日本地誌第 13 巻，青野壽郎・尾留川正平責任編集），pp.40-59，二宮書店．

水野真彦（2006）：工業．近畿圏（日本の地誌 8，金田章裕・石川義孝編），pp.526-531，朝倉書店．

水山高幸ほか（1976）：地形．近畿地方総論・三重県・滋賀

県・奈良県（日本地誌第13巻，青野壽郎・尾留川正平責任編纂)，pp.18-40，二宮書店．
吉越昭久（2006）：気候・水文．近畿圏（日本の地誌8，金田章裕・石川義孝編）, pp.44-46，朝倉書店．
Hujita, K. (1962)：Tectonic development of the median zone (Setouti) of Southwest Japan since Miocene. *Journal of Geosciences Osaka City University*, **6**：103-144.
大阪観光コンベンション協会ウェブサイト．大阪観光ガイド http://www.osaka-info.jp/jp/（最終閲覧日 2010 年 6 月 22 日）
大阪市（2005）：大阪市総合計画．大阪市ウェブサイト http://www.city.osaka.lg.jp/seisakukikakushitsu/page/0000005037.html（最終閲覧日 2010 年 6 月 22 日）
大阪市ウェブサイト http://www.city.osaka.lg.jp/toshiseibi/category/893-21-1-0-0.html（最終閲覧日 2010 年 6 月 21 日）
大阪市港湾事業経営改善委員会（2005）：港湾局提出資料 大阪港埋立事業経営改善方策参考資料．大阪市港湾局ウェブサイト http://www.city.osaka.lg.jp/port/（最終閲覧日 2010 年 6 月 16 日）
大阪みなと観光交流促進協議会（2007）：大阪みなと観光交流促進基本計画．大阪市ウェブサイト http://www.city.osaka.lg.jp/port/category/893-23-4-0-0.html（最終閲覧日 2010 年 6 月 22 日）
関西文化学術研究都市推進機構（2010）：関西文化学術研究都市報，**254**．けいはんな学研都市ポータルサイト http://www.kri-p.jp/portal/geppou/index.html（最終閲覧日 2007 年 7 月 13 日）
気象庁ウェブサイト http://www.data.jma.go.jp/obd/stats/etrn/index.php（最終閲覧日 2010 年 5 月 12 日）
京都府丹後広域振興局（2008）：天橋立を未来に引き継ぐために〜京都府の取り組みについて〜．京都府丹後広域振興局ウェブサイト http://www.pref.kyoto.jp/tango/tango-doboku/hashidate_booklet.html（最終閲覧日 2010 年 7 月 27 日）
国土交通省ウェブサイト．関西文化学術研究都市 http://www.mlit.go.jp/crd/daisei/daikan/index.html（最終閲覧日 2010 年 7 月 20 日）
内閣府ウェブサイト http://www.bousai.go.jp/1info/kyoukun/hanshin_awaji/earthquake/index.html（最終閲覧日 2010 年 7 月 27 日）
奈良県ウェブサイト．関西文化学術研究都市高山地区第2工区のまちづくり中間とりまとめ http://www.pref.nara.jp/dd_aspx_menuid-1638.htm（最終閲覧日 2010 年 7 月 14 日）
奈良県警察ウェブサイト http://www.police.pref.nara.jp/mana/tahatu/meihankokudou/meihan-no.1.htm（最終閲覧日 2010 年 5 月 12 日）
奈良地方気象台ウェブサイト http://www.jma-net.go.jp/nara/kishou/season.htm（最終閲覧日 2010 年 5 月 12 日）
林業ニュース http://www.47news.jp/CN/200911/CN2009112801000414.html（最終閲覧日 2010 年 5 月 15 日）

コラム 8

歴史的景観の保護と観光地化の問題

　日本では，文化財として指定された建物だけではなく，ある程度の面的景観を守るための法律がある．その最も古いものは，1950 年に制定された建築基準法の美観地区である．2004 年に景観法が制定され，美観地区は景観地区と改名された．次に，1966 年には古都における歴史的風土の保存に関する特別措置法（古都法）が制定された．しかし，古都法では保護対象とする都市が限定されており，京都市，奈良市，大津市などの近畿地方 8 市町村と，神奈川県の鎌倉市と逗子市のみである．なお，奈良県の明日香村は 1980 年に古都法の対象となり，村域全体が特別保存地区となった．
　一方，文化財保護法では，伝統的建造物群保存地区（伝建地区）が 1975 年に設定された．伝建地区は市町村の推薦で国が決定するものであり，そのうち特に重要なものを国は重要伝統的建造物群保存地区（重伝建地区）に指定する．2010 年現在，近畿地方にある 18 地区の伝建地区はすべて重伝建地区である．重伝建地区では，歴史的建造物の景観を活用して，観光地化するものが多い．
　奈良県橿原市今井町は，16 世紀以降，一向宗門徒により環濠に囲まれた寺内町として発達し，江戸時代には南大和における主要な町場として経済的に重要な地位を占めていた．しかし，昭和期以降，今井町の環濠は順次埋め立てられて道路となった．さらに，1962 年に今井町の歴史的町並みを分断する形で幅員 16 m の都市計画道路が決定された．だが，1972 年に都市計画道路の建設予定地にある音村家などの建造物が国の重要文化財に指定されたことを契機に，橿原市は今井町の道路幅員を現状のままとして歴史的環境の維持を図るとともに，1993 年に伝建地区に指定され，同年に重伝建地区に指定された．伝統的建造物群保存地区に指定された範囲は，東西 600 m，南北 310 m の約 17.4 ha の面積である（図1）．

2010年現在，旧環濠内には約760戸の建築物があるが，そのうち約6割が町家形式を主とした歴史的形態を維持する．しかし，今井町では老朽化して空き家になっている町家や放置された空き地が100件以上もあり，今井町ならではの景観が失われつつあり，町の活性化の妨げとなっている．今井町には9件の国指定重要文化財があり，さらに県指定文化財の建造物が2件，市指定文化財の建造物が5件ある．また，伝建地区から外れるが，今井町の南に隣接して立地する県指定文化財である旧高市郡教育博物館は，華甍（今井まちなみ交流センター）との名称で今井町の歴史資料館として観光客に利用されている．さらに，今井町には今井まちや館のように観光客に町家を開放している施設や，今井町郵便局も歴史的建造物の形態を復元している．ただし，街路の幅とパターンも伝統的様式を残しているので，自動車交通にとっては障害となる（写真1）．

写真1 今井町における歴史的景観（2010年4月）

図1では今井町における店舗も示した．それらの店舗の多くが伝統的外観を示している．しかし，今井町では全体的に観光客用の店舗が少なく，それが分散して分布している．同じ伝統的建造物群保存地区である京都市の産寧坂では観光客相手の店舗が軒を並べているが，今井町は観光地というより住宅地としての景観を示している．そのため，観光バスで短時間しか滞在しない観光客は，文化財を見学するとあまり買物をする時間はなく，土産物を購買する点では不便と感じるようである．住民は今井町を観光地として発展させようとするのではなく，住宅地として維持することを望む傾向がある．今井まちなみ再生ネットワークでは町家宿泊体験などの取り組みを行い，居住者を募っている．

［根田克彦］

引用文献

根田克彦（2010）：伝統的建造物群保存地区におけるイベント型観光の可能性―橿原市今井町の事例―．奈良教育大学紀要，59-1（人文・社会），1-15．

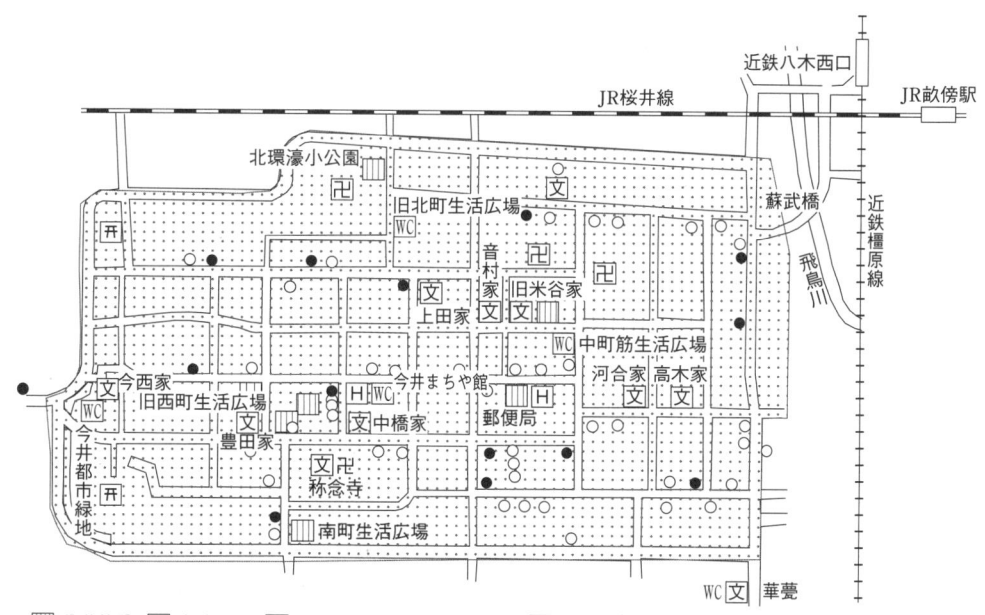

図1 今井町における文化財と小売店・飲食店の分布（根田，2010より作成）

5　中部：東日本と西日本を結ぶ回廊

静岡市由比（東名高速道路，東海道線，国道1号線が狭い地域に集中して通過する．写真提供：高校生が運営するオンラインショッピングモール学美舎）

本州のほぼ中央に位置する中部地方は，日本地誌の学習において，伝統的に1つの「地方」として区分されてきた．しかし，住民の多くは中部地方という地域的なまとまりを必ずしも強く意識してはおらず，日本の中でも地域的特色を把握するのが難しい地方の1つである．本章では，東日本と西日本それぞれの経済的・文化的影響を受けてきた回廊的な性格をもつ地方として中部地方をとらえ，「回廊」としての性格をもつがゆえのユニークな地域的特色について多面的に考えてみることにしよう．

5.1　複雑な地形と多様な気候

5.1.1　東日本と西日本の境界

日本列島の中核をなす本州は，北海道から延びる東北日本弧と，九州から延びる西南日本弧から構成されるが，その2つの島弧が境を接するのが中部地方である（図5.1）．東北日本弧・西南日本弧の境界部分には，南から伊豆・小笠原弧が北上して2つの島弧の間に入り込んでいるが，これらの島弧の境界にあたる巨大な凹地帯を「フォッサマグナ」と呼んでいる．このフォッサマグナの西端にあたるのが，ほぼ南北に本土を横断する糸魚川‒静岡構造線と呼ばれる大断層である．東端は不明瞭だが，神奈川県の丹沢山地を北上し，関東山地の西部，長野盆地などを通り，新潟県上越市の直江津に至るといわれている．凹地帯であるフォッサマグナには，富士山，八ヶ岳，霧ヶ峰，妙高山などの多くの火山が噴出しており，その内部はかなり起伏に富んだ複雑な地形となっている．これらの山々の間には長野盆地，松本盆地，諏訪盆地，佐久盆地，甲府盆地のような盆地群が形成されており，内陸部の主要な都市や農業地域が分布している．中部地方を横断するフォッサマグナは，本州を地形的に大きく二分する境界地帯であり，「中部地方」はその名の通り東日本と西日本に挟まれた中間的な位置を占めている．

中部地方には全体として山地が卓越し，それらの山地は「中部山岳地帯」あるいは「中央高地」と総称される．特に，フォッサマグナよりも西側の地域では，飛騨山脈，木曾山脈，赤石山脈をはじめとする約3000 mの高峰が南北方向に連なり，「日本の屋根」とも呼ばれている．第四紀におけ

図5.1　日本列島を形成する島弧（貝塚，1983，p.9を一部改変）

る飛騨山脈の隆起量は1700 m, 木曾・赤石山脈でも1000 m以上に及び, これらの山脈では地盤の隆起が著しい (第四紀地殻変動研究グループ, 1968). さらに, 後述するように降水量が多く侵食作用も激しいため, 飛騨・木曾・赤石山脈はいずれも標高が高く急峻である. そのため, これらの山脈は, ヨーロッパのアルプス山脈にちなんで「日本アルプス」とも呼ばれている.

これら中部山岳地帯から流下する河川は, 高度差が大きいため急流河川が多い. 例えば, 太平洋側に注ぐ富士川, 安倍川, 大井川, 天竜川などの河川では, 流域面積のうち山地の占める割合が平地のそれに比べて圧倒的に大きいため, 河川縦断曲線の上では, 上・中流部の急な曲線がそのまま海に突入するかのような形態を示している. 日本海側に注ぐ黒部川, 常願寺川, 神通川, 手取川などの河川も同様で, 下流の扇状地平野では洪水や氾濫が多く, いずれも荒れ川・暴れ川として知られてきた (松本, 2000).

これらの河川は, 扇状地平野を形成しているため通常は表流水が少なく, 礫の多い広い河原を水が網目状に流れるにすぎないが, 豪雨時にはそれが満水状態となり, 一時に多量の粗大物質を運搬・堆積するので, 河床は平野面とほぼ同高度であって, 洪水の際には破堤・溢流しやすいし, 洪水が終わってももとの流路には戻らず, 新しい流路をとりやすい (松本, 2000). そのため, これらの急流河川による洪水被害の防止を目的として, すでに近世初期から治水技術が発達し, なかでも甲府盆地を流れる富士川に築かれた「信玄堤」はその典型として有名である. 信玄堤は「霞堤」と呼ばれる不連続堤の1つで, 洪水時には開口部から水が逆流して堤内地に湛水し, 下流に流れる洪水の流量を減少させることができ, 洪水が終わると堤内地に湛水した水を排水することが容易となる. そのため, 中部地方に多い河川勾配が大きな暴れ川の洪水防止に大きな威力を発揮し, 太平洋側の安倍川, 豊川や日本海側の手取川などの治水工事にも導入された (図5.2).

一方, 分水嶺から海岸線までの距離が長い中部地方には, 流域面積が大きい信濃川や木曾川など

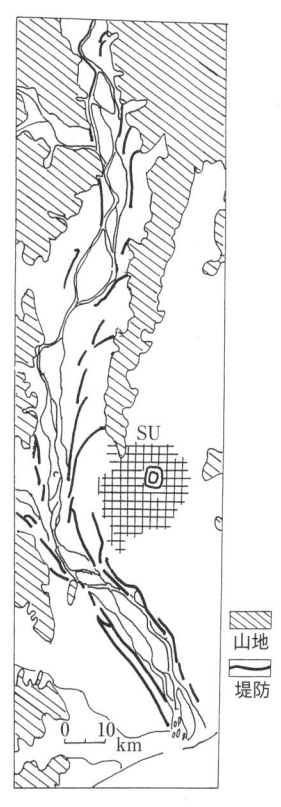

図5.2 安倍川の不連続堤 (明治初年) (中山, 1994, p.23を一部改変)
SU: 駿府城下町の範囲. 不連続堤の多くは現在までに破壊されている.

の河川も流れ, これらの河川の下流部では自然堤防帯や三角州が広く形成され, 越後平野や濃尾平野などの比較的規模の大きな平野が広がっている. 特に信濃川は, 日本で最も流路延長が長い河川であり, 利根川, 石狩川に次いで全国で3番目に大きい流域面積をもつ. その下流にあたる越後平野は, 比較的乾いた自然堤防を除けば, 後背湿地やいくつかに分流して流れる流路, 放棄された旧流路や川の堆積から埋め残された潟などが広がり, かつては湿地と水面の世界であった. 現在のような見渡す限り水田が広がる越後平野の風景は, 近世以来の潟や湿地の排水工事と, 明治期以降の築堤や機械排水によってもたらされたものである (野上, 1994). 特に, 1922 (大正11) 年に初めて通水した大河津分水路の建設は, 生産性の低い湿田を乾田に変え, 越後平野を日本有数の米の産地へと成長させる重要な基盤となった.

また, 全国で第7位の流路延長をもつ木曾川の

下流には，中部地方では最大の濃尾平野が広がる．濃尾平野には，その西側ほど大きく地盤が沈み込む「濃尾傾動地塊運動」がみられるが，その著しい沈降量を上回るほどの大量の土砂が木曾川，長良川，揖斐川（木曾三川）などにより運搬・堆積されてきた．これら木曾三川の最下流部では，河川はより低い平野の西部を流れ，平野の西部では流路の複雑に入り乱れたきわめて低湿な地形がつくられている（海津，1994）．濃尾平野の西部では，地盤の沈降が著しいこともあって頻繁な氾濫に見舞われ，すでに江戸期から集落や農地をすべて堤防で囲い込んだ「輪中」が発達し，その数は明治中期には48カ所にのぼった（安藤，1988）．1900（明治33）年に14年間をかけて完成した木曾三川の分流工事など，一連の近代的な治水事業が進められた結果，これらの地域における水害の被害は減少したが，それまでは輪中が水害から集落・農地を守る命綱の役割を果たしてきた．

濃尾平野と越後平野などの比較的大規模な平野を除けば，中部地方には扇状地性の相対的に小さな平野や山間の盆地が存在するにすぎない．したがって，中部地方の大部分は標高の高い山地で覆われ，人や物の移動にとって大きな制約条件となってきた．ただ，河谷や盆地を通過する沿岸部と内陸部との間の交通は，鉄道・自動車道路網が整備される以前から多くの人々が想像する以上に活発であった．田中（1957）は19世紀末から20世

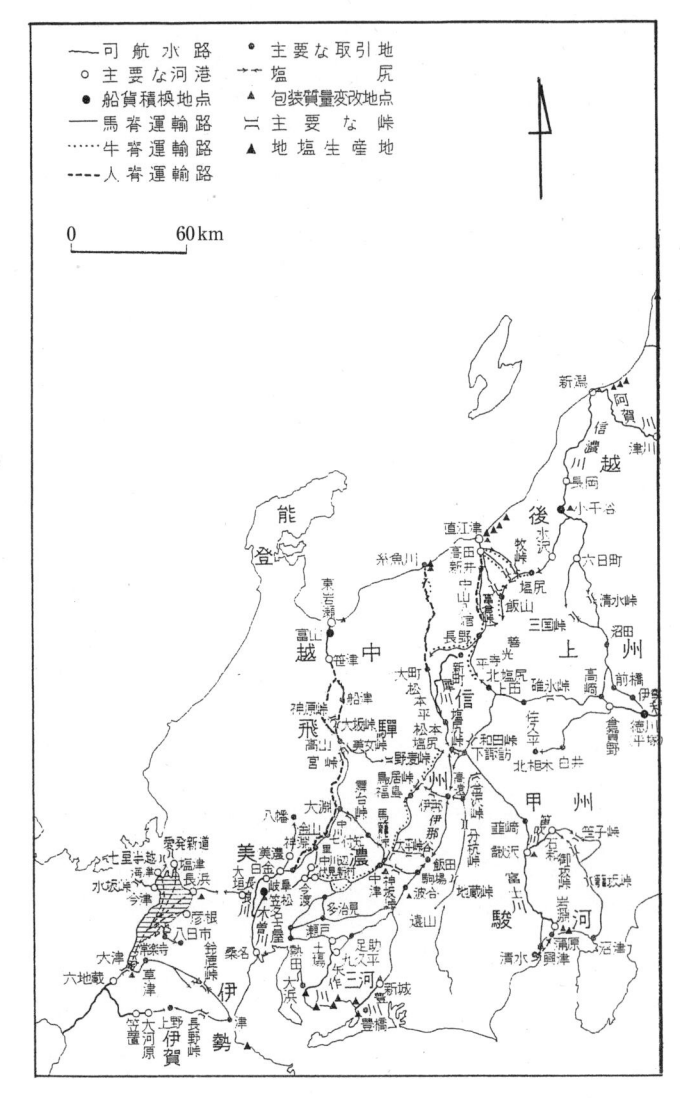

図5.3 鉄道開通前の塩の移入路（田中，1957）

紀初頭にかけて鉄道が整備される以前における内陸部への塩の移入路を明らかにしている．例えば，長野県の松本盆地までは，富士川の河口近くの岩淵（静岡県富士市）から舟運を利用して甲府盆地南端の鰍沢（山梨県富士川町）まで運搬，その後は馬による輸送で甲府盆地と諏訪盆地を経て松本盆地に入る南からの移入路と，新潟県の糸魚川市から牛と馬あるいは人の背によって糸魚川街道沿いに運搬し，大町市を経て松本盆地に入る北からの移入路が存在した．そして，南から運ばれる「南塩」と，北から運ばれる「北塩」が接触する場所が移入路の終点を意味する「塩尻」であり，その1つは塩尻市という地名として現在も残っている（図5.3）．このように，鉄道開通以前においても，主に南北方向に走る河川の谷と盆地を利用して沿岸部と内陸部とを結ぶ物と人の移動は局所的にではあるが比較的活発に行われていた．中部地方の南北間の交通は，積雪期の日本海側からの物資供給には困難を極めたものの，主に内陸部への物資供給の必要性に支えられながら，長く維持されることになった．それに対し，東西間の交通路は南北に連なる山脈群が大きな障害となり，中部地方を横断する東西の主要街道は，平野が連続する太平洋岸を通って江戸と京を結んだ東海道，江戸から佐久盆地，諏訪盆地，木曾谷を通って京に至る中山道（東山道）などに限られていた．特に，地形的障害が少ない東海道の経路は，1889（明治22）年に全線開通した東海道線（新橋-神戸間），東海道新幹線（1964年全線開通），東名高速道路（1969年全線開通）など，その後も日本の東西を結ぶ主要幹線交通路として利用されることになった．1904（明治37）年の地理国定教科書で「中部地方」という地域区分が採用されるまでは，東海道・東山道・北陸道という東西を結ぶ主要道路に沿った地域区分が一般的であったが（水野，1983），このことは中部地方が東日本と西日本の中間に位置し，両地域を結ぶ回廊的な性格を有してきたことを端的に示している．

5.1.2 コントラストの著しい気候

中部地方では山地が卓越するため，中央高地を挟んで日本海側の地域（北陸地方）と太平洋側の地域（東海地方）との間では，著しい気候のコントラストがみられる．特に，冬季には日本海側の地域で多量の降雪がもたらされるのに対し，太平洋側の地域では晴天率が高く，全く対照的な気候条件の下に置かれる．

日本の西方に位置するユーラシア大陸上には，冬になるとシベリア高気圧として知られる寒冷な高気圧が発達する．さらに日本の東方に温帯低気圧が形成され，いわゆる西高東低の典型的な冬型の気圧配置となると，日本に向かって寒冷な北西季節風が吹いてくる．この北西季節風には，暖流の対馬海流が流れる日本海上を吹きわたる間に，海面から水蒸気が発生することにより多量の水分が蓄えられるが，それによって日本海岸の沖合から発生するのが衛星写真ひまわりの画像に現れている筋状の雲である（写真5.1）．この湿潤な北西季節風は，中部山岳地帯の標高1500mを超える山々にぶつかると上昇気流となるが，それによって日本海側の地域に多量の降雪がもたらされることになる．特に，東北地方南部から北陸地方にかけては，北西季節風が日本海上を吹きわたる距離が最も長くなるため積雪量が多く，平野部の富山市や金沢市でも1m近い積雪がある（内嶋，1986）．北陸地方は，北半球において最も南に位置する多雪地帯であり，人口密度が高い地域にこれほど多くの積雪がある地域は世界でも珍しい．一方，太平洋側では，写真5.1をみると雲がなく黒くみえることからもわかるように，水分を雪として落と

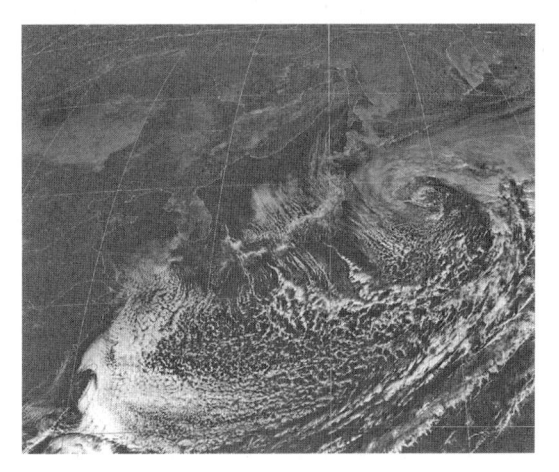

写真5.1 「西高東低」の気圧配置時の衛星写真（日本気象学会，1998）

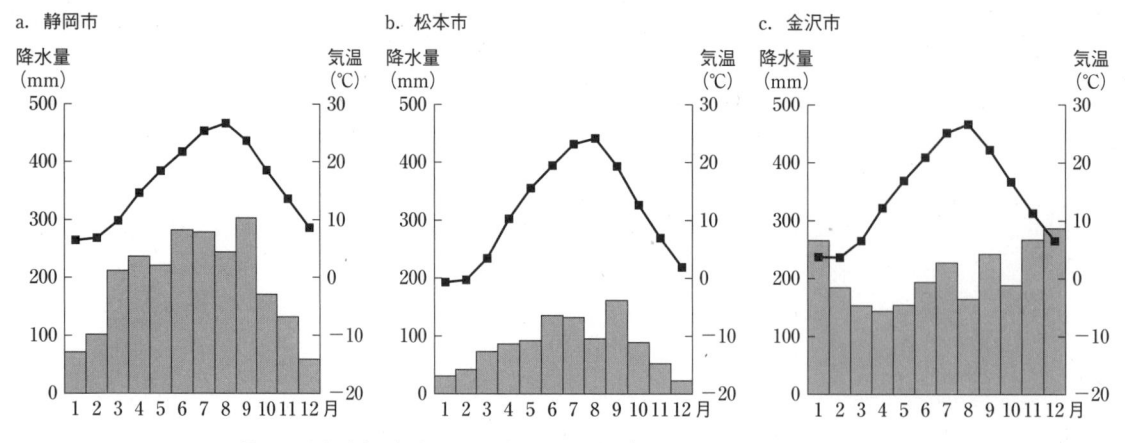

図5.4 中部地方3都市における気温と降水量（国立天文台編，2009より作成）
1971～2000年の平均値．

しきった乾燥した風が山地を越えて太平洋側に吹き下ろすため，冬の晴天率が高く，豊かな日射に恵まれる．特に，愛知県西部から静岡県にかけての沿岸部では年間を通して降雪をみることがほとんどなく，冬の豊富な日射量を利用したビニールハウスやガラス温室による施設園芸農業が盛んである．また，東日本と西日本を結ぶ幹線交通路のルートとしても，降雪の少ない太平洋岸は好適な条件を備えており，それが東海道の重要性をいっそう高める結果となった．このように，中部山岳地帯の存在は，日本海側と太平洋側における冬の気候の明瞭なコントラストを生み出し，中部地方の各地域における気候の多様性をもたらす大きな原因となっている．

ところが，こうした日本海側と太平洋側の冬の気候条件の違いは，夏になると不思議なくらいなくなってしまう．夏から初秋にかけて訪れる台風のほとんどが太平洋岸に上陸することもあり，図5.4に示したように太平洋側の静岡市では日本海側の金沢市や中央高地の松本市に比べて降水量が多くなる．しかし，夏には中部地方全体が小笠原高気圧に広く支配されるため，標高の高い中部山岳地帯を除いて夏には高い気温に見舞われる．実際に，静岡市と金沢市の夏の気温にはほとんど差がみられない（図5.4）．特に，夏には小笠原高気圧からの南風が東海地方から中央高地を越えて日本海側に吹き込むため，フェーン現象の影響で北陸地方の平野部では気温が上昇し，大気が乾燥す

ることが多い．冬に積雪量が多く農業生産が困難となる日本海側の平野部には，富山平野や越後平野など日本有数の米の生産地が多いが，こうした夏の高い気温と積雪による豊富な水資源が生産性の高い稲作を支える重要な条件となっている．

一方，太平洋側と日本海側の中間に位置する中央高地では，気候の地域差はより複雑である．例えば，長野県では雪の降り方について，昔から「上雪」と「下雪」とに区別されてきた（加藤，1994）．下雪は北西季節風によるものであり，上雪は太平洋起源の南岸沖低気圧によるものである．下雪は北部の県境方面や西部の山沿いを中心に降雪の多いパターンで，長野県東部や南部などでは空気が乾燥していることが多い．一方，上雪は長野県南部から東南部で降雪の多いパターンである．このように，冬の降雪も日本海側と太平洋側の両方の影響を受けており，中央高地内部での気候の地域差は大きい．

また中央高地では，盆地において人口密度が高く，農地も集中しているが，これらの内陸盆地は特有の気候条件の下に置かれている（青山，1994）．第1に，周囲からの風は盆地に下降気流となって吹き下ろすため降水量が少ないことである．例えば，松本盆地のほぼ中央に位置する松本市の年間降水量は金沢市や静岡市の半分以下にすぎない（図5.4）．その結果，日照時間が長く，日射も強い．第2に，気温の年較差が大きいことであり，長野市や高山市では夏と冬の気温差が25℃以上

写真5.2 長野県茅野市における寒天の乾燥風景（2009年12月）

にも達する．特に夏は，フェーン現象によって記録的な高温に見舞われることも多い．第3は，気温の日較差が大きいことであり，夏でも昼間の気温は上昇するが，夜になると気温が急速に下がる．例えば，最低気温が25℃以上の日を熱帯夜と呼ぶが，長野市や松本市ではごくまれに起こるにすぎない．当然ながら，こうした内陸盆地の気候の特色は，産業にも大きな影響を与えている．例えば，長野盆地，松本盆地，甲府盆地などでは果樹栽培が盛んであるが，これは降水量が少なく，夏に豊かな日射量と高い気温に恵まれ，昼夜の気温差が大きい気候条件がリンゴやブドウなどの果樹の成育に適しているからである．また，諏訪盆地の茅野市では伝統的に寒天生産が盛んであるが，これも冬の夜間の気温が零下まで下がり，昼間には適度に気温が上昇する気候条件が，凍結と融解を繰り返しながらトコロテンの水分を徐々に乾燥させる寒天の生産に適しているからである（写真5.2）．

5.2 交通条件の良さに支えられた産業

5.2.1 日本をリードする工業地域

中部地方の太平洋側の地域は，大都市が集中し所得水準も高い「太平洋ベルト」の一角を構成し，工業生産の面でも日本をリードする存在である．特に，愛知県の2007年の製造品出荷額は全国第1位（47兆6730億円），静岡県も全国第3位（19兆5281億円）に位置しており，この2県だけで日本全体の20％のシェアを誇っている．また，中部地方全体の製造品出荷額のうち愛知県は49％を，静岡県は20％を占めており，この2県が中部地方における工業生産の中核を担っている．

愛知県・静岡県の工業生産の中心は自動車産業であり，愛知県では製造品出荷額の約50％を，静岡県では約30％を占めている（図5.5）．特に，愛知県東部の三河地方から静岡県の西部にかけては，トヨタ自動車をはじめ三菱自動車，スズキなどの工場が集中し，日本の自動車生産の中心地を構成している（写真5.3）．なかでも，愛知県のほぼ中央に位置する豊田市は，国内最大の自動車メーカーであるトヨタ自動車が本社を置く企業城下町であり，市名も1959年にそれまでの挙母市からトヨタ自動車の社名にちなんで豊田市に改称された．三河地方は，江戸時代から綿作地帯として知られ，明治期には綿織物工業が盛んであったが，その織機を生産していた豊田自動織機製作所に自動車部が1933（昭和8）年に設置されたのがトヨタ自動車の起源となった．また，静岡県の浜松市に本社を置くスズキも，かつては全国有数の繊維機械メーカーであり，織機生産のかたわらオートバイの生産を始め，さらに自動車生産に進出した．このように，繊維機械産業が自動車産業の「先行産業」として重要な役割を果たした点に，この地域の大きな特徴がみられる（西原，2007）．

その後，第二次世界大戦後の高度経済成長期に自動車産業は日本を代表する工業部門として急成長したが，それにともない三河地方では豊田市だけでなく周辺の刈谷市とみよし市などにも自動車工場が進出した．また，1964年には三河地方東部

写真5.3 トヨタ自動車の工場の風景（写真提供：トヨタ自動車）

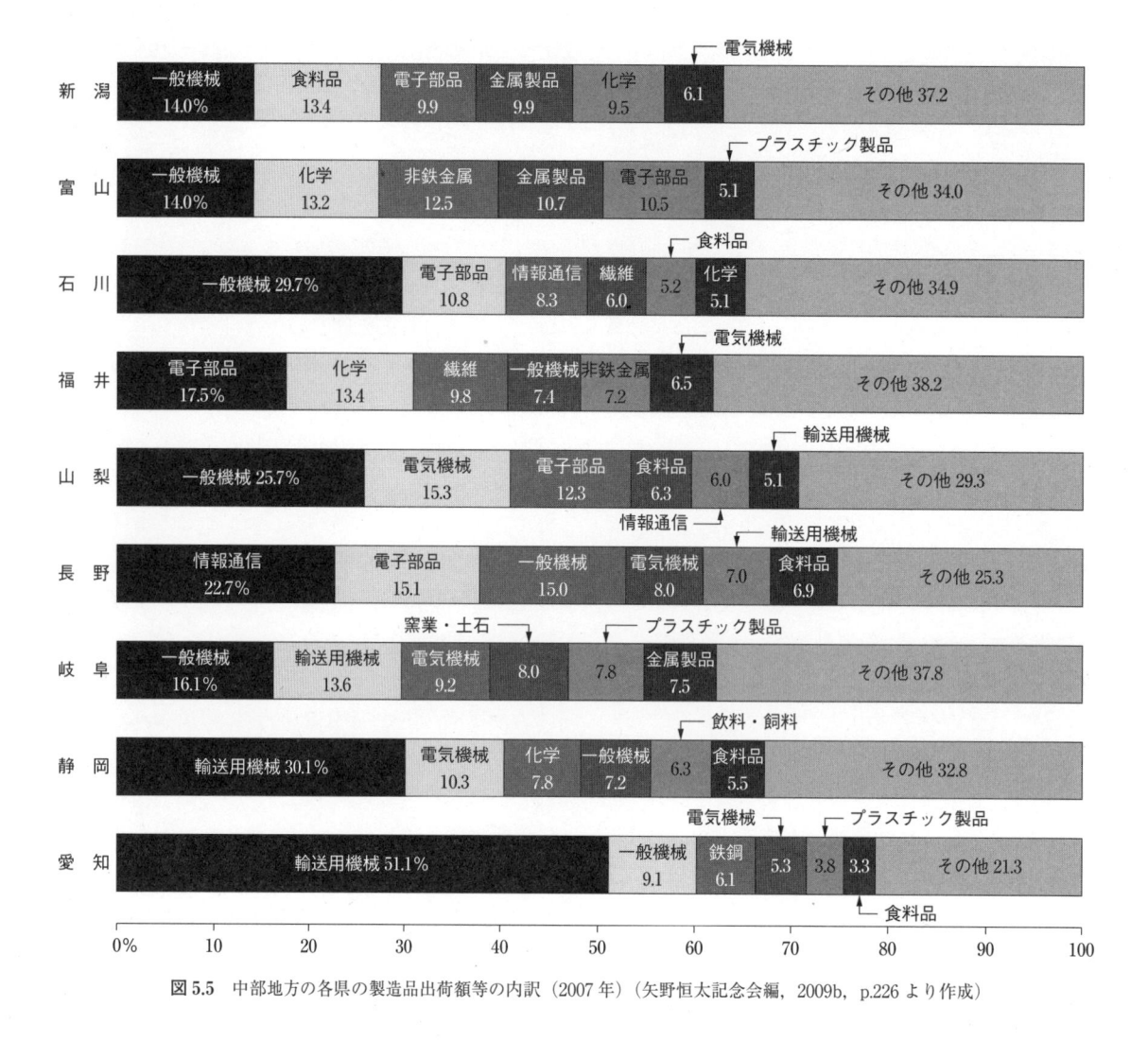

図 5.5 中部地方の各県の製造品出荷額等の内訳（2007 年）（矢野恒太記念会編，2009b，p.226 より作成）

新潟: 一般機械 14.0%／食料品 13.4／電子部品 9.9／金属製品 9.9／化学 9.5／電気機械 6.1／その他 37.2

富山: 一般機械 14.0%／化学 13.2／非鉄金属 12.5／金属製品 10.7／電子部品 10.5／プラスチック製品 5.1／その他 34.0

石川: 一般機械 29.7%／電子部品 10.8／情報通信 8.3／繊維 6.0／食料品 5.2／化学 5.1／その他 34.9

福井: 電子部品 17.5%／化学 13.4／繊維 9.8／一般機械 7.4／非鉄金属 7.2／電気機械 6.5／その他 38.2

山梨: 一般機械 25.7%／電気機械 15.3／電子部品 12.3／食料品 6.3／輸送用機械 6.0／5.1／その他 29.3

長野: 情報通信 22.7%／電子部品 15.1／一般機械 15.0／電気機械 8.0／情報通信 7.0／食料品 6.9／輸送用機械／その他 25.3

岐阜: 一般機械 16.1%／輸送用機械 13.6／電気機械 9.2／窯業・土石 8.0／プラスチック製品 7.8／金属製品 7.5／その他 37.8

静岡: 輸送用機械 30.1%／電気機械 10.3／化学 7.8／一般機械 7.2／飲料・飼料 6.3／食料品 5.5／その他 32.8

愛知: 輸送用機械 51.1%／一般機械 9.1／鉄鋼 6.1／電気機械 5.3／プラスチック製品 3.8／3.3／食料品／その他 21.3

が工業整備特別地域に指定されたのにともない，三河港の整備が進められた．三河港周辺では1979年にトヨタ自動車の田原工場が操業を開始したのをはじめ，部品などを供給する自動車関連工場の進出もみられた．三河港は，港湾周辺の工場で生産される自動車のみならず，トヨタ自動車の他工場，三菱自動車やスズキなどのメーカーが生産する自動車の輸出港としても発展し，輸出への依存度が高い自動車産業にとってきわめて重要な役割を果たしている（鹿嶋，2008）．中部地方の太平洋側の地域は，この三河港や名古屋港などの港湾施設に恵まれるほか，東名高速道路により東京大都市圏や京阪神大都市圏へのアクセスも容易であり，こうした輸送条件の良さが，日本をリードする工業地域を支えている．

これに対し，中部地方の日本海側の地域ではアルミなどの非鉄金属工業や，化学工業が盛んであり，太平洋側とは異なるタイプの工業生産が行われている．この地域の近代工業は，黒部川，常願寺川や九頭竜川などの河川の水力発電事業によって生み出された安価で豊富な電力と，豊かな労働力・水資源を基盤として，非鉄金属や化学肥料などの工業が集積したことに始まった（藤森，1980）．火力・原子力発電が主流となった第二次世界大戦後には，安価な余剰電力の存在というメリットは低下したが，日本海側の工業地域の発展は，急流ゆえの大きな高低差や大量の降雪による水量の豊富さに着目して進められた水力発電事業に長く支えられてきた．また，銅鋳物工業（高岡市）がその後の非鉄金属鋳造・アルミ産業の，さらに農家

の副業としての売薬と関連した家庭配置薬製造（富山市ほか）が製薬・化学工業の基礎となるなど，太平洋側の自動車産業と同様，先行産業の存在も工業の発展に重要な役割を果たした（須山，2008）．このほかにも，日本海側には個性的な地場産業が多く，福井県の箸（小浜市）とメガネフレーム（鯖江市），石川県の山中漆器（加賀市）と九谷焼（金沢市ほか），新潟県の洋食器（燕市）と米菓（新潟市ほか）など多彩な工業生産が行われている．

一方，中部地方では沿岸部だけでなく，内陸部においても工業地域の展開がみられる．その主要な工業地域の1つとして知られる長野県の諏訪湖周辺地域では，精密機械や電子機器などの機械工業が発達している．明治期以降，諏訪湖沿岸には周辺の養蚕地域で生産される繭を原料とした製糸工場が集積した．その後，昭和恐慌を境に衰退した製糸工場の跡地に第二次世界大戦中に京浜地区などから機械関連工場が疎開したのを機に，戦後は精密機械工業が急成長した．そのメーカーの1つであるセイコーエプソンは，1980年代に時計などの精密機械からプリンターをはじめとするコンピュータ関連機器の製造へと主力を移し，現在に至っている．また，1982年の中央自動車道の全線開通により，東京大都市圏や名古屋大都市圏へのアクセスが飛躍的に改善されたため，沿線には多くの工業団地が設置され，1980年代以降，内陸部の工業化が促進された．しかし，内陸部の長野県と山梨県では，中部地方の沿岸部に比べて産業全体に対して工業生産の占める地位は低く，製造品出荷額は中部地方全体の約15%を占めるにすぎない．

5.2.2 自然条件の特性を活かした農業

冬季の晴天率が高く日射量が多い太平洋側の地域では，こうした気候的な特色を活かした暖地性の農作物の栽培が盛んで，花卉，野菜，果実や，茶に代表される工芸作物などの生産性の高い商業的農業が行われている（図5.6）．特に，愛知県東部の三河地方から静岡県西部にかけては，農業所得の高い豊かな農業地域が形成されている．その中核をなす渥美半島一帯は，水が乏しいためかつ

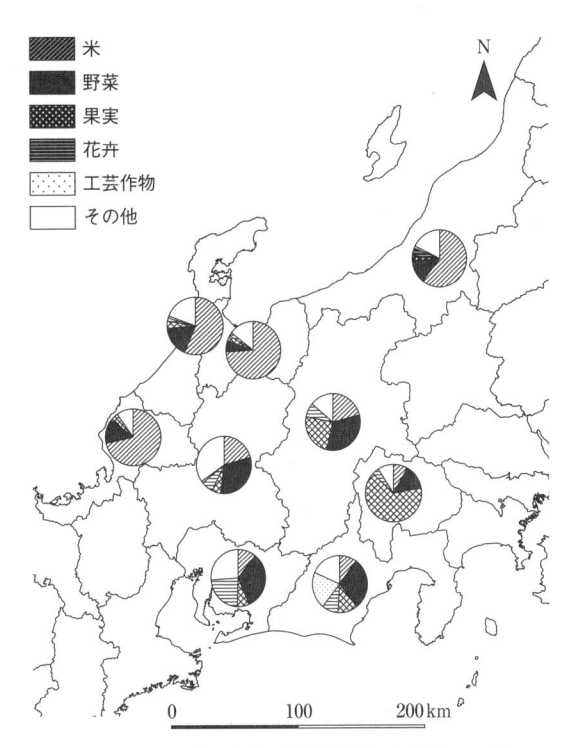

図5.6 中部地方の各県の農業産出額の内訳（2007年）
（矢野恒太記念会編，2009bより作成）

ては生産性の低い畑作地域であったが，1968年の豊川用水の完成にともない，キャベツなどの露地野菜栽培と，輪ギクやスプレーギクなどの施設園芸が盛んな農業地域に生まれ変わり，現在では全国の2割以上の出荷量を占める全国最大のキク産地に成長している（伊藤，2007）（写真5.4）．各農家の農業所得も飛躍的に向上し，2006年の田原市の農家1戸当たり生産農業所得は，愛知県平均の約5倍の580万円に達した．また静岡県では，基本法農政における野菜，畜産，果実の「選択的拡

写真5.4 渥美半島のビニールハウスが連なる風景
（写真提供：愛知県田原市）

5.2 交通条件の良さに支えられた産業

大」の下で，高度経済成長期にあたる1960年代から静岡県の温州ミカンの栽培面積が急速に増加した．水田稲作の維持に影響のない山地や丘陵斜面にミカン園が拓かれ，他産地の成長にともなう生産過剰の影響で1968年と1972年に価格が暴落するまで全国第1位の生産量を誇った．一時に比べて生産量が減少した現在でも，静岡県の温州ミカンの生産量は全国第3位を誇っている．また，温州ミカンとともに静岡県を代表する農作物である茶の生産量も全国第1位であり，生産量の多さだけでなく大井川流域で生産される川根茶など高級茶を生産することでも知られている．近年は，静岡県農業における温州ミカン・茶の相対的な地位は低下しつつあるが，それは県西部を中心とした温室メロンや花卉などの施設園芸農業の成長によるところが大きい．総じて，太平洋側の愛知県と静岡県では施設園芸農業が発展しているが，その要因としては第1に温暖な気候条件があげられる．特に，冬季にほとんど降雪がなく豊富な日射量に恵まれることは，施設園芸にとって不可欠な条件となっている．第2の要因は輸送条件の良さであり，1969年の東名高速道路の全線開通によって日本の三大都市圏へ短時間で生産物を出荷することが可能となった．こうした恵まれた気候条件と輸送条件を背景として，太平洋側には日本でも有数の豊かな農業地域が形成されている．

一方，冬季に積雪量が多い日本海側の地域では，冬の農業活動が著しく制約されるため，水稲を主体とした農業が卓越している（図5.6）．特に，第二次世界大戦後に稲作の重要性が増した結果，2008年の富山県の水田率は96％にも達し（全国第1位），全国平均の54％を大きく上回っている．他の日本海側の県でも水田率は80％を超えており，稲作に著しく特化した農業が営まれている．このような水稲単作農業が主体であったため，日本海側の地域では古くから農外就業が盛んであり，第二次世界大戦前は冬の農閑期に都市へ出稼ぎに出るか，富山県の売薬に代表されるような兼業をもつのが一般的であった．しかし，1960年代後半から1970年代にかけては，圃場整備事業が完了した農村の余剰労働力を求めて，電子部品や自動車部品，あるいは縫製などの工場が立地し，これが農家の所得水準を向上させるとともに兼業化を急速に促進させることになり，1960年代以降は水稲と恒常的な兼業の組み合わせが一般化した（田林，2003）．しかし，1970年から始まった米の生産調整（いわゆる減反政策）や1985年から続く米価の下落傾向の影響で，近年は特に稲作の収益性が低下しつつある．その結果，兼業化のさらなる進展によって農業労働力が減少し，自家労働力だけですべての農作業を担うことが困難な稲作農家が増え，農業生産法人などに農作業を委託する世帯も増加している（大竹，2008）．また，新潟県南部の「魚沼産コシヒカリ」に代表されるような高品質米を生産することにより収益を確保しようとする産地も存在するが，近年の稲作をめぐる状況の厳しさの中で苦戦を強いられている．

中央高地の農村では，夏の冷涼な気候条件を活かしてレタスやキャベツなどの野菜を栽培する高冷地農業や，盆地の自然条件を利用した果樹農業が盛んである（図5.6）．特に，長野県の千曲川の最上流部や松本盆地，岐阜県東部の飛騨地方などでは蔬菜栽培が卓越している．例えば，千曲川最上流部にある川上村では，夏の晴天率の高さ，気温の日較差の大きさ，湿度の低さなどの気候条件が蔬菜栽培に適したことから，小海線が全線開通した1935（昭和10）年からハクサイの大阪方面への出荷が始まった．第二次世界大戦後にはレタスが主要農作物となり，現在では全国生産量の約1割を占めるレタス（6～10月）をはじめ，ハクサイ（8～10月），キャベツ（7～9月）の栽培が行われている．温暖な平野部で生産される蔬菜とは出荷時期が異なるため，他産地との競合を避けて高価格での出荷が実現されており，2006年の農家1戸当たり生産農業所得は県平均の8倍以上にあたる557万円にのぼっている．一方，長野県と山梨県は全国有数の果樹生産県としても知られる．かつては養蚕が広く行われていたが，第二次世界大戦後の高度経済成長期に果樹の栽培面積が増加し，2008年には山梨県はブドウとモモの生産量が全国第1位，長野県はリンゴとブドウが第2位，モモが第3位となっている．前述した内陸盆

写真5.5 ブドウ畑と甲府盆地（写真提供：甲州市勝沼 ぶどうの丘）

地の気候条件や，扇状地や河岸段丘などの水はけの良い土壌条件，中央自動車道の整備によるすぐれた輸送条件が，全国有数の果樹産地を支えている．これらの果樹産地では生産された果実の加工業も発達しており，甲府盆地ではブドウの生産量が多い東部を中心にワインの生産が盛んで，県内には約50カ所のワイナリーが存在する（写真5.5）．

5.2.3 日本有数のレクリエーションエリア

中部地方には，全国27の国立公園のうち6カ所（秩父多摩甲斐，富士箱根伊豆，中部山岳，白山，南アルプス，上信越高原）が存在し，いずれも美しい山岳景観と豊かな動植物相が維持されている．これらの国立公園に含まれる地域以外でも，中央高地には自然の美しさに恵まれ避暑に適した高冷地が広く分布し，数多くの別荘地や保養地が存在する．また，良質の温泉の存在や積雪量の多さは，温泉観光地とスキー観光地の発展を促した．その結果，中部地方には長野県と静岡県を中心に多くの宿泊施設が集積するに至っており（図5.7），全国有数のレクリエーションエリアを形成している．

中部地方の保養地としての歴史は古く，イギリス人宣教師の A.C. ショーの紹介で1888（明治21）年から外国人が避暑用の別荘を構えるようになった浅間山麓の軽井沢町では，大正期に入って大規模な別荘地分譲が始まり，1935（昭和10）年には840軒を数える一大別荘地が形成された．また，富士山麓の山中湖村では1927（昭和2）年から，蓼科山麓の茅野市でも1935年から別荘地分譲

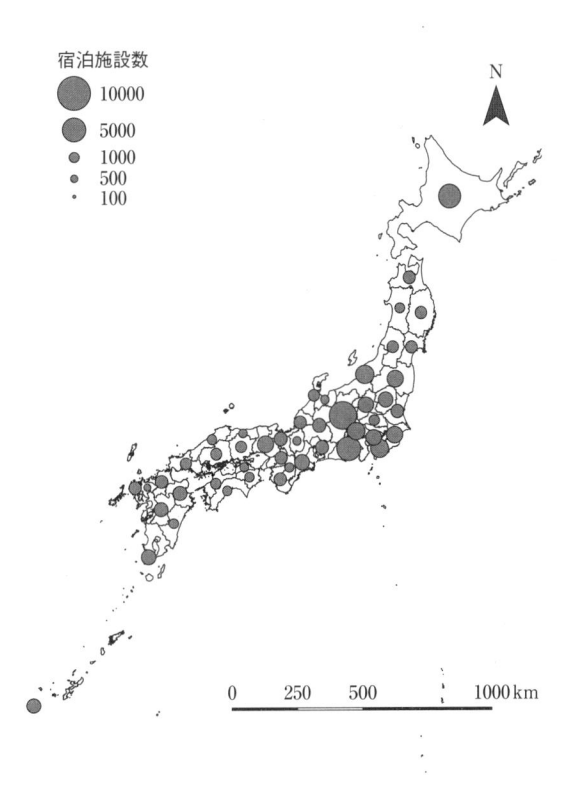

図5.7 宿泊施設の都道府県別の分布（2008年）（矢野恒太記念会編，2009b より作成）

が始まり，昭和戦前期には長野県と山梨県の高冷地に多くの別荘地が形成され，主に東京在住の富裕層によって利用された．一方，すでに平安時代末期から湯治場として利用されてきた静岡県の熱海市では，1925（大正14）年の熱海線の開通により東京-熱海間が直結されたのを機に，旅館数の増加や規模拡大が進み，1936（昭和11）年の段階で旅館数は95軒を数え，全国最大規模の温泉観光地に発展した．ただ，第二次世界大戦前までは湯治客以外の宿泊客は東京在住の富裕層にほぼ限定されており，1936年の宿泊客数は約33万人にとどまった（山村，1970）．

1960年代からの高度経済成長期以降，所得向上や余暇時間の増大を背景として，中部地方の各地で本格的な観光地化が進んだ．まず，湯治場としての長い歴史をもつ温泉観光地は，高度経済成長期に観光（歓楽）型温泉地としての性格を強め，多くの旅館・ホテルでは団体客に対応できるよう施設の大型化・多角経営化が進められた．例えば，熱海市では1957～1965年の9年間に収容人

員が2倍に増え，浴室付客室率も10%から43%に伸び，旅館業の高度化が進んだ．また同時に，バンドの常設やプール，飲食店，遊戯場などの付帯施設の拡充も図られた（山村，1998）．中部地方の他の多くの温泉地でも，このような療養型温泉地から観光（歓楽）型温泉地への変化がみられ，高度経済成長期に増大した団体客の観光需要を満たした．

　一方，伝統的な温泉地以外にも，高度経済成長期には新しい観光地の成長がみられた．その1つがスキー場の開発によって誕生したスキー集落である．日本のスキー場の多くは最大積雪深が50 cm以上の地域に分布しているが，特に全国からスキー客を集める大規模なスキー場は長野県北部に集中的に立地している．長野県北部は東京から300 km圏の円と大阪から300 kmの円が交差する位置にあり，日本の三大都市圏のいずれからもアクセスが容易であるという恵まれた条件にあり，そうした都市からの近接性が長野県北部に八方尾根，志賀高原，野沢温泉などの規模の大きなスキー場が集中する要因となっている（白坂，1986）．これらのスキー集落では，急増する観光客に対応するために地元住民による民宿の開業が急速に進められ，多くの雇用機会が確保された．一方，高度経済成長期には，海水浴を目的とした観光客の来訪により沿岸部の観光地化も活発化した．その代表的な事例が伊豆半島沿岸部である．特に1961年に伊東-下田間に伊豆急行が開通したことにより，東京方面からの交通条件が大幅に改善され，熱海市や伊東市など東伊豆の一部の温泉地に限られていた観光地が，東伊豆から西伊豆にかけての沿岸部全域に広がることになった．これらの地域では1960〜1970年代前半に民宿の開業ラッシュが起こり，スキー集落に形成された長野県の民宿地域と並ぶ全国有数の規模の民宿地域が形成された（石井，1992）．このように，第二次世界大戦後，中部地方は三大都市圏からの近接性を背景として，都市住民のためのレクリエーションエリアとしての性格を強めることになった．

　その後，1973年の石油ショック以後の低成長期に観光客数は低迷を続けたが，1980年代後半から1990年代初頭までのいわゆるバブル景気によって観光客数は大幅に回復し，リゾート開発ブームも重なって，宿泊施設をはじめとする観光施設の高級化が進められた．しかし，バブル崩壊後は，長期にわたり景気が低迷する中で大部分の観光地では観光客の減少に悩んでおり，特にバブル期に多額の設備投資を行った観光施設では，金融機関からの借入金の返済が経営に大きな重荷となってのしかかった．そのため，日本最大の温泉観光都市である熱海市でも大規模宿泊施設の倒産が相次ぎ，団体客を主体とした従来の経営モデルの見直しが迫られている．

5.3　内部の地域格差の拡大

5.3.1　太平洋ベルトと都市人口の集中

　一般に工業は資源産出地，消費地，物資の積換え地などに立地するが，天然資源に恵まれない日本では，石油をはじめとするエネルギー源や原材料の海外からの移入が容易な臨海部を中心に近代工業が発達した．すでに第二次世界大戦前から東京湾岸や伊勢湾岸，および大阪湾岸に素材型工業が成立していたが，戦後，政府によって進められた鉄鋼業の合理化政策，石油化学工業の育成政策は，太平洋沿岸への立地を誘導するものであった．そして，工業の太平洋沿岸への集積は，高度経済成長期の所得倍増計画における太平洋ベルト構想により決定的なものとなった（小田，2008）．さらに，高度経済成長期には地域間の格差是正の要求が存在したにもかかわらず投資の効率性を優先した工業整備特別地域が太平洋ベルトに設定され，結果として太平洋ベルトへの工業集積が生み出された（藤森，2004）．中部地方の太平洋側の地域はこの太平洋ベルトの一角を構成しており，こうした工業集積により多くの労働人口が流入し，都市の著しい発展がみられた．その結果，名古屋大都市圏の中核である名古屋市を筆頭に，太平洋岸には多数の都市が連続するようになり，中部地方に存在する人口5万以上の都市（93市）のうち愛知県と静岡県だけで50%以上を占めるに至っている（図5.8）．特に両県には，名古屋市（217万），浜松市（79万），静岡市（71万）の3つの政

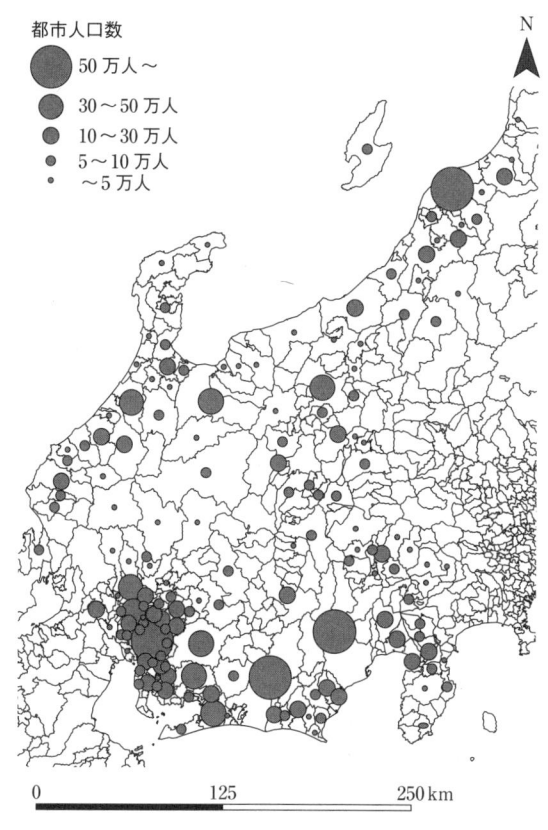

図5.8 中部地方における都市人口の分布（2008年）（矢野恒太記念会編，2009aより作成）

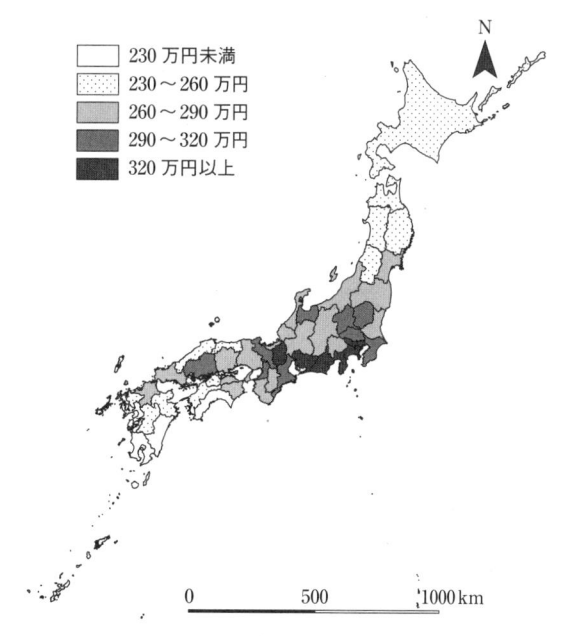

図5.9 1人当たり県民所得（2006年度）（矢野恒太記念会編，2009bより作成）

令指定都市が存在し，都市人口の著しい集中がみられる．そのため，太平洋岸の愛知県と静岡県は，1人当たり県民所得においても全国のトップクラスにあり，所得水準の高さが際立っている（図5.9）．その一方で，太平洋側を除く中部地方の大部分の地域では，県庁所在地クラスの地方中心都市への人口集中が進んでいるものの，都市人口の規模は相対的に小さく，日本海側最大の都市である新潟市でも人口は約80万を数えるにすぎない．このように，第二次世界大戦後を通じて，太平洋側の地域とそれ以外の地域との間の経済的な地域格差は大きく拡大した．

中部地方最大の都市である名古屋市では，第一次世界大戦前後から繊維，窯業，製鉄，機械などの近代工業の発展が本格化し，1930年頃には市の人口は100万を突破した．第二次世界大戦中に戦災によって市街地の多くが破壊されたが，戦後の復興事業の中で，現在みられるような広幅員の100m道路の建設や地下鉄建設などの社会資本の整備が進められた．その後，名古屋港周辺とその南部一帯に立地した製鉄，石油，金属，化学，機械などの近代工業，名古屋市街地で生産を行う機械，金属，繊維，木材，陶磁器などの工業が労働人口を呼び込み，1950年に約116万であった人口は，1965年には約194万にまで増加した．それにともない，既成市街地に工場をもつ企業が大都市近郊に敷地を求めるようになり，名古屋の北と南東方向に向けて工場の移転が相次ぎ，名古屋大都市圏の形成が進んだ（林，1994）．名古屋市とその周辺での工業化は多くの労働人口の流入をもたらし，1967年に入居が開始された春日井市の高蔵寺ニュータウンに代表されるような大規模な住宅地の開発が進んだ．こうした郊外住宅地の拡大が進む中で，名古屋大都市圏の人口は437万（1960年），780万（1980年），874万（2000年）と増加を続けた（日本統計協会，2009）．現在の名古屋大都市圏は名古屋市を中心とする半径50kmの範囲に及ぶが，その人口は897万（2008年）に達し，東京大都市圏，京阪神大都市圏に次ぐ規模の大都市圏を形成している．名古屋大都市圏では，都心から20km圏内に全体の50%以上の人口が居住しており，他の大都市圏に比べて住宅を確保しやすく通勤時間も短い点に大きな特徴がみられ，都

市のアメニティに対する住民の評価も一般に高いといわれている．

一方，名古屋の経済的・文化的な影響は，名古屋大都市圏を超えてより広い範囲に及んでいる．例えば，名古屋市に本社を置く中日新聞社の本社・支社・支局の配置を都道府県別にみると（2カ所以上存在する都道府県のみ），8カ所の愛知を筆頭に，6カ所（三重），5カ所（岐阜），4カ所（静岡・石川），3カ所（長野），2カ所（福井・滋賀・富山・東京・神奈川）と，中日新聞社が発行する東京新聞と関係が深い東京都と神奈川県を除けば，新潟県と山梨県以外の中部地方の全域と近畿地方の一部にまで及んでいる．

このように，中部地方の広い範囲に名古屋の経済的・文化的な影響圏が広がっている．しかし，新潟・山梨・長野（木曾谷以外の地域）・静岡（西部以外の地域）の各県では，すでに江戸時代から出稼ぎや商業活動などを通じて東京（江戸）との結びつきが強く，現在でも名古屋よりも首都東京との結びつきの方がむしろ強い．特に，第二次世界大戦後の高度経済成長期以降，これらの地域では東京の影響力の拡大にともなって工業化が進んだほか，農産物供給基地としての性格を維持しつつ，同時に東京周辺のレクリエーション地としての機能を強めつつあり，石井・斎藤（2009）のように「中部地方」の一部としてではなく「首都圏外縁部」の一部として位置づける見方が一般化している．特に，中央自動車道・上越新幹線（1982年），関越自動車道（1985年），上信越道（1993年），北陸新幹線高崎-長野間（1997年）の開通など，1980年代以降に交通条件の整備が急速に進んだことより，これらの地域は東京との結びつきを一段と強めることになった．例えば，新幹線によって東京から約1時間半で到達できる新潟県湯沢町では，1980年代後半～1990年代初頭のいわゆるバブル期にリゾートマンションの建設が相次いだほか，長野県軽井沢町でも1995年に軽井沢プリンスショッピングプラザが開業するなど，東京からの資本・観光客の流入が進んだ（写真5.6）．一方，北陸本線で大阪と直結している福井県と石川県では，名古屋と同様に大阪との結びつきも強

写真5.6 新潟県湯沢町のリゾートマンション群
（写真提供：写真のタカハシ）

く，東日本と西日本との境界地帯に位置する中部地方は，日本の三大都市圏の影響力が交錯する複雑な構造をもつ地域となっている．

5.3.2 過疎化の進行

中部地方には，太平洋ベルトを構成する日本有数の人口集中地域が存在する一方，中央高地，能登半島や伊豆半島西岸などの半島部，佐渡島などに過疎地域が広く分布している（図5.10）．中部地方の過疎地域は，自治体数では106（全国の約15％），人口では117万3441（全国の約11％），面積では2万8072 km^2（全国の約13.8％）に及ぶ．特に，新潟県では過疎地域の人口（約42万）が県人口の約17％を占め，全国の過疎地域人口の割合（8.3％）を大きく超えている（総務省過疎対策室，2009）．また，過疎地域の中には平成の大合併により市に編入されたケースも多く，人口79万の政令指定都市である静岡県浜松市は市内山間地域に多くの過疎地域を包含している．これら山間地域や伊豆半島西岸からなる静岡県の過疎地域では，1965～2005年の約40年間に人口が45％も減少し

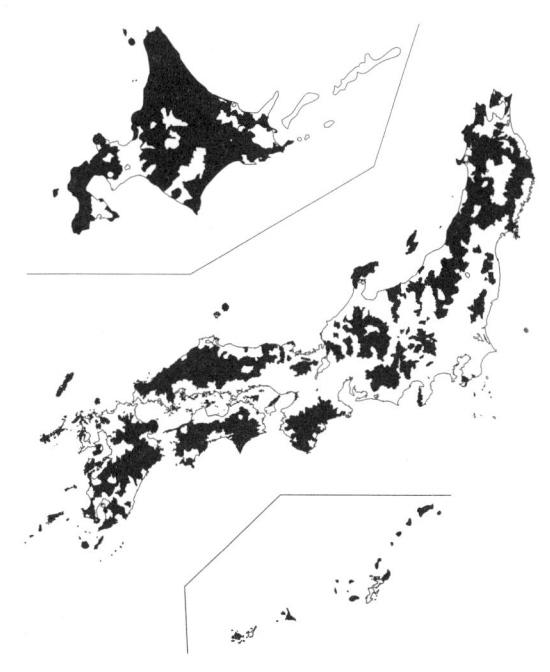

図5.10 過疎地域の分布（総務省過疎対策室，2009, p.16）
黒塗り部分が過疎地域．

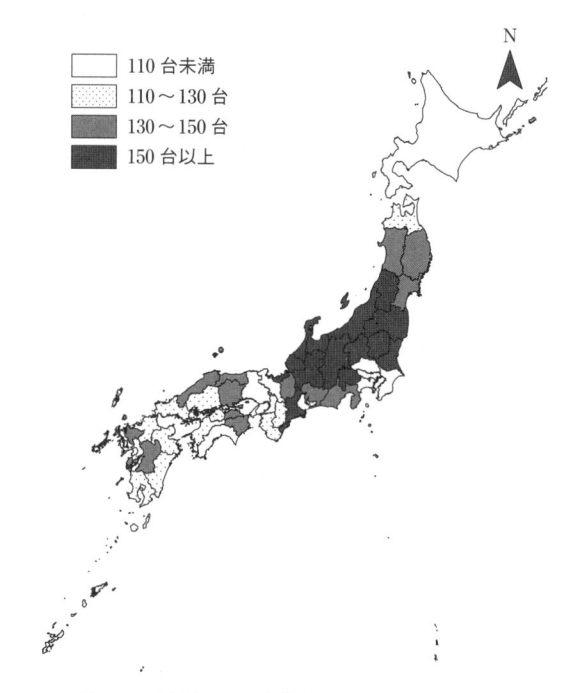

図5.11 乗用車の100世帯当たり保有台数（2008年）
（矢野恒太記念会編，2009bより作成）

ており，同じ県内でも人口が増加する平野部の都市群とのコントラストが明瞭にみられる．

これらの過疎地域では，かつて自給的な穀物栽培に商品作物栽培，薪炭生産などの多種の生産活動を組み合わせた複合的な生産体系が成立していたが，第二次世界大戦後の高度経済成長期以降，商品経済が徹底的に浸透したことにより，一定の現金収入を確保する必要性に迫られた．平野部の農村においては，通勤可能な範囲に工場，企業がある場合が多く一般に就業機会に恵まれていたため，兼業収入を比較的容易に確保することができたが，山間地域などでは兼業機会に乏しく，大都市への人口流出が本格化していった．しかし，過疎地域対策緊急措置法（1970年制定）から過疎地域自立促進特別措置法（2000年制定）に至る一連の過疎法の下で，道路の改修や新設を中心とする交通基盤の整備に力が入れられた結果，自家用車を利用することにより就業が可能となる住民も増え，就業者に1台ずつ複数の自動車を所有する世帯も増加した．特に，積雪地域や山間地域が多く，公共交通機関の整備が不十分な中部地方においては自動車の利用価値がきわめて高く，全国の中でも1世帯当たりの乗用車の保有台数が多い地域となっている（図5.11）．しかし，それでも就業が困難な地域では人口流出や高齢化がさらに進み，冠婚葬祭をはじめ従来からの社会生活の維持が困難となり10年後の集落の存続さえ危ぶまれる事例も出現している．富山県と愛知県を除く中部地方の7県では，過疎地域の高齢者比率（2005年）が全国平均の20%を超え，過疎地域平均の30%をも凌ぐに至っており，生活空間としての維持が困難な地域が増加しつつある．

伊豆半島の沿岸集落や長野県と新潟県などのスキー集落では，高度経済成長期の観光需要の増大を背景として地元住民の経営する民宿などの宿泊施設が急増し，観光関連産業によって創出された雇用機会によって，著しい人口流出を免れることができた．しかし，高度経済成長期に観光地化が進んだ集落においても，バブル経済崩壊後の1990年代から観光客の減少が続く中で，民宿の廃業や若年層の流出による人口の高齢化が進みつつある．例えば，伊豆半島の松崎町雲見地区（写真5.7）では，1970年代初めには民宿数60軒を超える伊豆半島を代表する民宿地域が形成され，従来の農漁業を主体とする生業構造が大きく変化した（石

写真 5.7　松崎町雲見地区の景観（中條暁仁撮影）

写真 5.8　長野県のスキー集落の様子（長野県飯山市，2011 年撮影）

井，1992）．その後は，夏季を中心とする民宿経営などによる観光収入の重要性が増したが，バブル経済崩壊後の観光客の減少は著しく，松崎町の宿泊者数は約 39 万人（1992 年）から約 12 万人（2009 年）へと大きく減少した．中條（2009）の調査によれば，そうした厳しい経営環境の下で，雲見地区では 2000～2007 年に廃業した民宿が 20 軒，休業中の民宿も 4 軒にのぼった．また，現在営業する民宿 56 軒のうち，50 歳代以下の比較的若い世代が民宿営業に従事している世帯は 36 軒にすぎず，民宿の担い手の高齢化が進み，家族内役割分担の維持が困難なケースが目立っている．そのため，高齢層を中心とする民宿では，近隣に居住する血縁者や同地区の住民などの労働力の支援を受けて，経営が何とか維持されている場合が多い．また，民宿営業では全般的に女性労働力に依存する割合が高く，非民宿部門に就業している若年女性の場合でも，重要な家族労働力として期待されやすく，負担も集中しやすい．このような事情から，民宿経営世帯に嫁ぐことを敬遠する若年女性が多く，それが男性若年者の結婚難につながり，民宿経営の維持をいっそう困難なものとしている（中條，2009）．

また，スキー集落における観光施設の経営も，1990 年代以降のスキー人口の減少の中で，厳しさを増している（写真 5.8）．1973 年のオイルショックを境に停滞したスキー場開設も 1980～1993 年頃には復活し，日本のスキー人口は約 800 万（1980 年）から約 1700 万（1992 年）に増加したが，バブル経済の崩壊によりスキー客は激減した．そのため，一時は山間積雪地に貴重な雇用機会を提供してきたスキー場も，近年は厳しい経営を強いられており，現在までに全国のスキー場の約 2 割が閉鎖もしくは休業に至っている（呉羽，2009）．例えば，長野県野沢温泉村では，スキー場利用者数が約 75 万人（1970 年）から約 35 万人（2009 年）と，この約 40 年間に半減しており，1974 年には民宿 321 軒，旅館・ホテル 30 軒を数えた宿泊施設は，2010 年までに民宿 266 軒，旅館・ホテル 23 軒に減少した．特に近年では，厳しい経営状況が続く中で大規模宿泊施設が宿泊料金を値下げするケースが増加し，民宿から施設設備の充実した旅館・ホテルへの宿泊客の流出が進んでおり，民宿の経営状況はさらに厳しさを増している．したがって，高度経済成長期以降に成立した観光地といえども，現在では人口流出に歯止めをかけることが困難となりつつある．

5.3.3　地域づくりへの取り組み

一方，過疎地域では，中央からの画一的な政策に合わせて地域を整えていく手法ではなく，時代にふさわしい地域の価値を内発的につくり出し，地域に上乗せする「地域づくり」の活動も着実に進められつつある（宮口，2007）．例えば，赤石山脈を刻む早川の流域にある過疎山村・山梨県早川町では，上流域が育んできた文化や暮らし，および自然環境を発掘し，それらをベースにした新しい地域の姿を提案することを目指し，日本上流文化圏研究所を核としたユニークな地域づくりの取り組みが行われている．この研究所は，町が地域

文化に依拠した地域の将来像をまとめた総合計画を実現するために1996年に創設された組織で，当初は町の企画振興課に位置づけられたが，2006年以降は町から事業委託を受けるNPO法人として活動している（鞍打・後藤，1998）．具体的には，①住民・町外者協同での各地区単位の地域ガイドブックの作成と，住民がインストラクターとなって観光客をガイドする体験型観光事業などの活動を行う「早川フィールドミュージアム事業」，②空き家問題や獣害問題などについて研究者や学生に補助金を出して研究してもらう各種の調査研究活動，③「早川サポーターズクラブ」の運営など，積極的な地域づくり活動を行っている．これらの活動にはすでに100名以上の学生や町外の研究者，および地域づくり活動家が参加しており，交流人口を積極的に巻き込んだ地域づくりが実践されている．これらの事業を通して，活動への住民参加が促進され町内の地域づくり活動のネットワークが構築されつつあり，実際に町民の商品開発や新規ビジネスを支援する研究所の補助事業を利用して，遊休農地を活用したブルーベリー農園なども開設されている（田中，2009）．また，空き家問題に関する調査研究は，空き家を利用した移住者の受け入れ事業にもつながっており，研究所の活動は着実な成果を生み出しつつある．このように，過疎地域においても現代にふさわしい新しい地域社会のしくみをつくり出す活動が進められつつあり，今後，おのおのの地域で地域資源や人材を活用したオリジナルな地域づくりの活動が展開されていくことが期待されている．

5.4 中部地方の将来像

第二次世界大戦後に鉄道・道路網の整備が進められ，東日本・西日本の間に位置する中部地方は，東京・名古屋という大都市の経済的・文化的影響を強く受け，その回廊的な性格が強められてきた．東京-大阪を約1時間で結ぶリニア中央新幹線の計画が実現されれば，中部地方の回廊性がさらに強められ，地域経済のいっそうの発展につながるものと期待されている．その影響が中部地方の全域に広がり，内部の地域格差の是正が図られていくのかどうか，今後の動向が注目される．

［池　俊介］

引用文献

青山高義（1994）：中部地方の盆地の気候．中部（日本の自然　地域編4，野上道男・守屋以智雄・平川一臣・小泉武栄・海津正倫・加藤内蔵進編），pp.75-76，岩波書店．

安藝萬壽男（1988）：輪中—その形成と推移—，328p，大明堂．

石井英也（1992）：地域変化とその構造，157p，二宮書店．

石井英也・斎藤　功（2009）：位置と領域．首都圏II（日本の地誌6，斎藤　功・石井英也・岩田修二編），pp.4-5，朝倉書店．

伊藤貴啓（2007）：資源と産業　農業．中部圏（日本の地誌7，藤田佳久・田林　明編），pp.86-90，朝倉書店．

内嶋善兵衛（1986）：日本のスノーベルト—日本海岸の気候—．日本の気候（中村和郎・木村竜治・内嶋善兵衛），pp.69-82，岩波書店．

海津正倫（1994）：川と海がつくる平野の自然—濃尾平野—．中部（日本の自然　地域編4，野上道男・守屋以智雄・平川一臣・小泉武栄・海津正倫・加藤内蔵進編），pp.138-150，岩波書店．

大竹伸郎（2008）：砺波平野における農業生産法人の展開と地域農業の再編．地理学評論，81(8)：615-637．

小田宏信（2008）：工業生産の動向．日本経済地理読本（竹内淳彦編），pp.40-61，東洋経済新報社．

貝塚爽平（1983）：空からみる日本の地形，80p，岩波書店．

鹿嶋　洋（2008）：中京地域．日本経済地理読本（竹内淳彦編），pp.117-133，東洋経済新報社．

加藤内蔵進（1994）：日本海の雪と太平洋の雪．中部（日本の自然　地域編4，野上道男・守屋以智雄・平川一臣・小泉武栄・海津正倫・加藤内蔵進編），pp.166-170，岩波書店．

鞍打大輔・後藤春彦（1998）：山梨県早川町における「日本・上流文化圏構想」と「日本上流文化圏研究所」の取り組み．都市計画論文集（日本都市計画学会），33：427-432．

呉羽正昭（2009）：日本におけるスキー観光の衰退と再生の可能性．地理科学，64(3)：58-67．

国立天文台編（2009）：理科年表　平成22年，1041p，丸善．

白坂　蕃（1986）：スキーと山地集落，159p，明玄書房．

須山　聡（2008）：北陸—「裏日本」化と環日本海交流—．日本経済地理読本（竹内淳彦編），pp.205-213，東洋経済新報社．

総務省過疎対策室（2009）：平成20年度版　過疎対策の現況，267p，総務省．

第四紀地殻変動研究グループ（1968）：第四紀地殻変動図．第四紀研究，7(4)：182-187．

田中淳夫（2009）：日本一小さな町から上流文化を研究・活性化する．グリーンパワー（森林文化協会），366：24-25．

田中啓爾（1957）：塩および魚の移入路—鉄道開通前の内

陸交通—, 315p, 古今書院.

田林　明(2003)：北陸地方における農業の構造変容, 417p, 農林統計協会.

中條暁仁 (2009)：西伊豆・松崎町における担い手からみた民宿の維持システム．新地理, **57**(1)：1-17.

中山正民 (1994)：駿府とその周辺地域の開発—環境史から見た安倍川と駿府との関係—．歴史地理学, **168**：17-32.

西原　純 (2007)：浜松と西遠・中遠・北遠. 中部圏（日本の地誌 7, 藤田佳久・田林　明編), pp.217-225, 朝倉書店.

日本気象学会編 (1998)：新 教養の気象学, p.31, 朝倉書店.

日本統計協会 (2009)：統計でみる日本 2010, 351p, 日本統計協会.

野上道男 (1994)：日本一の川下り—信濃川—. 中部（日本の自然 地域編 4, 野上道男・守屋以智雄・平川一臣・小泉武栄・海津正倫・加藤内蔵進編), pp.60-72, 岩波書店.

林　上 (1994)：名古屋大都市圏. 日本の三大都市圏（高橋伸夫・谷内　達編), pp.120-140, 古今書院.

藤森　勉 (1980)：北陸における工業地域の形成と構造. 北陸の都市と農村（植村元覚・二神　弘編著), pp.63-108, 古今書院.

藤森信幸 (2004)：地域開発の来歴—太平洋岸ベルト地帯構想の成立—, 368p, 日本経済評論社.

松本繁樹 (2000)：山地・河川の自然と文化—赤石山地の焼畑文化と東海型河川の洪水—, 148p, 大明堂.

水野時二 (1983)：地域的特色. 中部地方（新日本地誌ゼミナールⅣ, 藤岡謙二郎監修), pp.1-6, 大明堂.

宮口侗廸 (2007)：新・地域を活かす——地理学者の地域づくり論—, 214p, 原書房.

矢野恒太記念会編 (2009a)：日本国勢図会 2009/10 年版, 542p. 矢野恒太記念会.

矢野恒太記念会編 (2009b)：データでみる県勢 2010 年版, 510p, 矢野恒太記念会.

山村順次 (1970)：熱海における温泉観光都市の形成と機能. 東洋研究（大東文化大学), **22**：38-72.

山村順次 (1998)：新版 日本の温泉地—その発達・現状とあり方—, 234p, 日本温泉協会.

> コラム 9

イタイイタイ病の悲劇

　鉱工業が盛んな中部地方においては，特に第二次世界大戦後の高度経済成長期以降を中心に，日本の四大公害病に数えられるイタイイタイ病（富山県），第二水俣病（新潟県）のほか，諏訪湖の水質汚濁（長野県），田子の浦港のヘドロ問題（静岡県）などの公害が多発した．まさに産業の急速な発達により日本が世界有数の経済大国にまで成長した負の遺産の多くが，中部地方に集中してしまったといえよう．これらの公害病の中でも発生時期が早く，大きな被害がもたらされたのがイタイイタイ病であり，ジャーナリズムにおいても盛んに取り上げられてきた．

　イタイイタイ病は，1910年代の前半頃より神通川の中流域に住む，主として年配の女性に発生した極度の疼痛と骨折をともなう疾患で，特に第二次世界大戦の前後にかけて多発した．骨が弱くなり，筋肉の付着部の骨膜付近に生じるストレスが骨にひび割れを起こし，身体を動かしただけでも激痛が走って骨折してしまい，患者が「イタイイタイ」という悲痛な叫びを発したことから，このような病名がつけられたといわれる．当初はリウマチや神経痛の一種と考えられていたが，1960年頃から病因に関する本格的な調査が進められた結果，神通川の上流にある神岡鉱山（岐阜県飛騨市）から排出されたカドミウムが原因であることが明らかとなり，その後ようやく治療法の検討が進められるようになった．近年ではイタイイタイ病がジャーナリズムで取り上げることがほとんどなくなったことから，この病気自体がなくなったと誤解されることが多いが，平成期以降もイタイイタイ病の患者は発生しており，現在も公害病との闘いが続いている（松波，2006）．

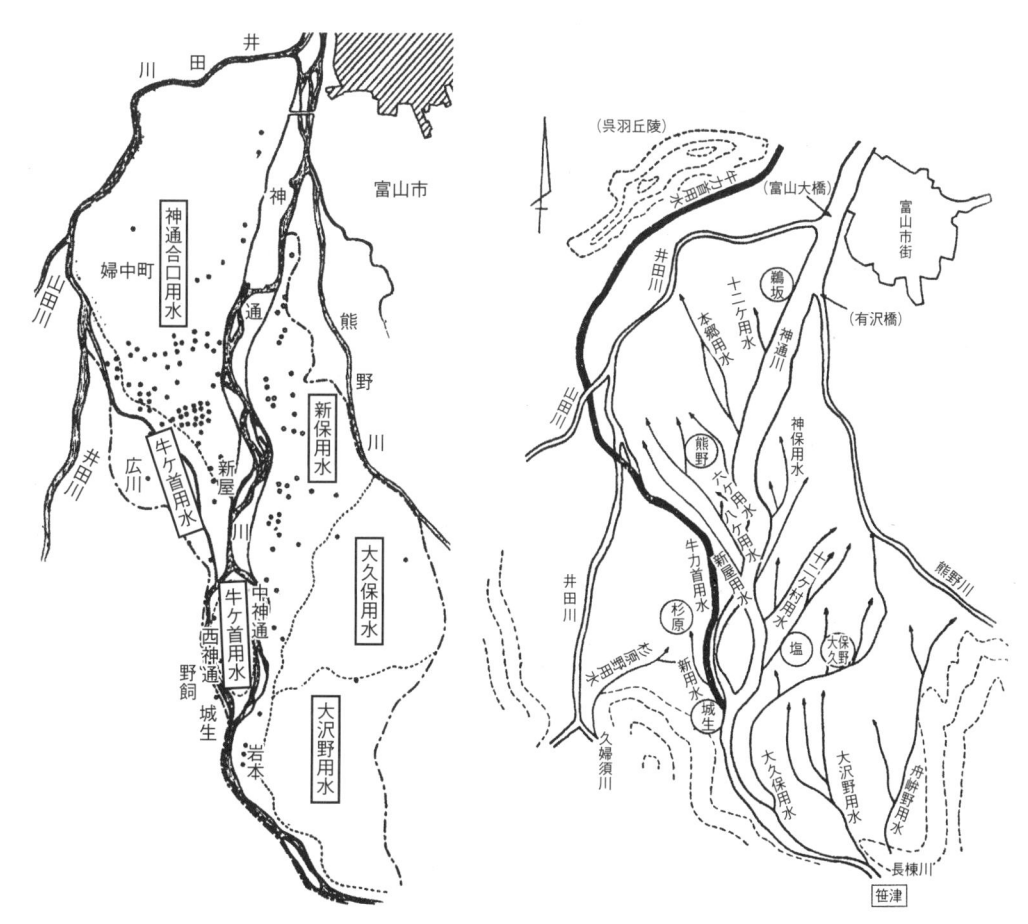

図1 イタイイタイ病の患者発生地図（松波，2006，p.22）

図2 神通川水系と用水の流れ（松波，2006，p.15）

ちなみに，病因に関する調査を担当した吉岡金市がその原因をつきとめる上で重要な役割を果たしたといわれるのが図1，2の2枚の地図であった．イタイイタイ病患者の発生分布図と灌漑用水などの水系図を比較することにより，病気と水との強い相関関係が指摘され，その原因が神岡鉱山から排出されたカドミウムであることが次第に明らかになっていったのである．すなわち，神通川の流域では，1969年に簡易水道が整備されるまで水は屋敷内にまで引き込まれ，水が飲用や炊事用としてそのまま利用されてきたが，それが流域住民の体内にカドミウムを蓄積させ発病につながったというわけである．住民は神通川の水にそのような危険な物質が含まれているとは夢にも思わなかったのである．
　このように，病気と水という2つの要素間の関係を見出し，病因の解明に大きく貢献したのがこれら2枚の地図であった．異なる事象の分布図を比較して考察を進める方法は，地理学の最も基本的で重要な研究方法の1つである．その方法が大きな効果を発揮した実例として，このイタイイタイ病の事例はきわめて興味深い．
　　［池　俊介］

引用文献
松波淳一（2006）：新版 イタイイタイ病の記憶―カドミウム中毒の過去・現在・未来―，417p，桂書房．

コラム10

東日本と西日本の文化の接点

　図1は，東日本方言と西日本方言の境界を示した地図である．例えば，物を購入した時に東日本方言では「買ッタ」と言うのに対し，西日本方言では「買ウタ」と言うが，その境界線は新潟-山形県境，岐阜-長野県境を通り，愛知県の西端に抜けている．また，否定する時に東日本では「〜シナイ」というのに対し，西日本では「〜セン」と表現するが，その境界線は新潟-富山県境，岐阜-長野県境を通り，愛知-静岡県境に至っている．このように，(1)〜(6)のそれぞれの指標によって境界線にズレがみられるが，これらの境界線が最も多く重なっているのが富山-新潟県境，岐阜-長野県境，愛知-静岡県境を通る南北の線である．したがって，少なくとも言語の面からみれば，岐阜-長野県境を中心とする南北ラインに東日本・西日本の境界が認められる．こうした地域間の言語の差異は，地域間のコミュニケーションの問題と深く関連しており，両地域の間に頻繁な交流がない場合ほど一般的には顕著な言語的差異が長期間にわたり維持されることになる．実際に，岐阜-長野県境には約3000mの高峰が連なる飛驒山脈が続き，富山-新潟県境には飛驒山脈の支脈が日本海沿岸まで延び，親不知として知られる断崖が形成されている．このような地形の障害の存在が地域間の人や物の頻繁な交流を阻み，その結果，明瞭な言語の差異が現在まで残るに至ったと考えられる．一方，太平洋側の境界線については特にズレが大きいが，それは太平洋沿岸には平野が連続し，東海道をはじめとする幹線交通路が存在してきたため，古くから人の往来が激しかったことを反映している．
　一方，食生活の面でも東日本と西日本には差異がみられ，年末から正月にかけての食事に不可欠な「歳取り魚」が東日本ではサケであるのに対し，西日本ではブリであることはよく知られている．このことは，お歳暮として東日本では新巻鮭を贈る習慣があることにも端的に現れている．サケとブリの1人当たり消費量の県別分布をみると，サケは新潟県と長野県よりも東側，ブリは富山県と石川県よりも西側に消費量の多い県が分布している（鈴木・久保，1980）．したがって，サケとブリの1人当たり消費量の境界線は，東日本と西日本方言の境界線とほぼ一致しており，東日本と西日本の文化的な境界線がおおよそこの位置にあることがわかる．ただ，この境界線の付近，特に長野県などではブリとサケの消費量がともに多く，実際には両文化の交錯地帯としての性格が強いことを示している．このような食生活における東日本と西日本の地域差を示すデータは多く，この他にも東日本で食塩の，西日本で酢の消費量が多いことなどがよく知られている．また，小口（1989）によれば，大手食品会社が製造するあるインスタントラーメンの場合，塩分量などの味付け，包装に印刷された盛付け写真（ねぎ・もやしの違い）などの異なる「東北向」「関東向」「関西向」の3つの仕様が存在したが，「関

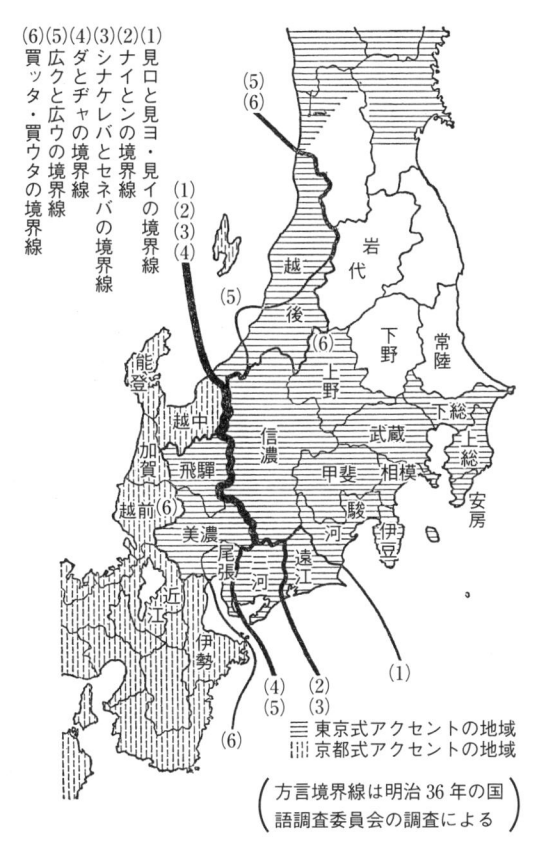

図1 中部地方の言語境界（大野・宮本ほか，1981，p.257）

凡例：
(1) 見ロと見ヨ・見イの境界線
(2) ナイとンの境界線
(3) シナケレバとセネバの境界線
(4) ダとヂャの境界線
(5) ヒロクと広ウの境界線
(6) 買ッタ・買ウタの境界線

≡ 東京式アクセントの地域
⫶⫶⫶ 京都式アクセントの地域

（方言境界線は明治36年の国語調査委員会の調査による）

東向」の出荷地域は関東地方と新潟・長野・山梨・静岡の各県，「関西向」はそれより西側の地域であった．このように私たちが想像する以上に東日本と西日本の間には食文化の大きな違いがあり，その境界地帯に位置しているのが中部地方なのである．

このように，東日本と西日本の中間に位置する中部地方は，東・西日本それぞれの文化の影響を受けており，両文化の要素が交錯する複雑な地域となっている． ［池　俊介］

引用文献
大野　晋・宮本常一ほか（1981）：東日本と西日本，298p，日本エディタースクール出版部．
鈴木秀夫・久保幸夫（1980）：日本の食生活，244p，朝倉書店．
小口千明（1989）：食文化と地域．さかいの地理学（山崎謹哉編），pp.91-102，古今書院．

6 関東：東進する日本の中心

副都心・池袋の高層ビルからみた首都東京の景観（2007年）

1都6県からなる関東地方は，南西諸島を除く日本列島のほぼ中心に位置している．関東地方は日本最大の関東平野が大半を占め，山がちな国土にあっては相対的に広い平坦地が広がる有利な自然条件を有しており，日本における政治・経済・文化の中心として発展を遂げてきた．日本の総人口の約3分の1が居住する関東地方は，世界でも最大規模の人口をもつ一大都市圏を形成している．本章では，東京の強い影響を受けて一大都市圏を形成しつつ，多様な地域性をもつ関東地方の地理的性格をみていくことにしよう．

6.1 自然環境

6.1.1 関東地方の位置と地形

関東地方は中央部に関東平野が位置し，北部には越後山脈や阿武隈高地，関東北部山地の山塊，西部には丹沢山地や関東山地があり，中部地方と地域を画している．これらの山地は，関東地方の生活を支える重要な水源を涵養しており，利根川や荒川，多摩川，渡良瀬川，鬼怒川，小貝川が東流もしくは南流している（図6.1）．本節では杉谷（2009）や岩田（2009）らに従い，関東地方の地形の特徴を概観しよう．

関東山地は群馬県から神奈川県に至る南北約160 km，東西約60 kmにわたる山地である．山容は全般的に険しく，関東地方側の最高峰は2483 m（三宝山）であり，V字谷に刻まれた険しい山容を呈している．神奈川県の中部から西部にかけて連なる丹沢山地は，フィリピン海プレートのすぐ前方にあり，山塊は小規模であるが険しい山地である．最高峰は1673 m（蛭ヶ岳）である．丹沢山地は周辺部から細かい谷の侵食が進み，きめの細かい急斜面が多い．プレートの沈み込みと伊豆半島の衝突にともなって急激に隆起してできた山地であり，平均隆起速度は年に3〜4 mmと日本でも最大級である．「大山詣で」で江戸庶民に人気があった大山（1252 m）も丹沢山地に位置する．神奈川県の有力河川である相模川は，関東山地と丹沢山地の境界部を流れる．

関東地方の北部や西部には，那須岳や男体山，白根山，赤城山，榛名山，浅間山，箱根山など数多くの火山が分布する．これらの火山を含む地域は，富士箱根伊豆国立公園，上信越高原国立公園，日光国立公園に指定され，雄大かつ風光明媚な景観が多くの観光客を誘引している．火山が連なるこの地域は火山フロントと呼ばれ，特に西側の火山フロントは，中部地方の八ヶ岳，富士山から続き，箱根，伊豆七島へと連なっている．

関東地方南方の海上にある伊豆諸島，小笠原諸島は，太平洋プレートがフィリピン海プレートの下側に潜り込むことにより生じた海嶺に相当し，本州島に匹敵する大規模な高まりであるが，海面上に現れているのはそのごく一部にすぎない（杉谷，2009）．伊豆七島（大島，利島，新島，神津島，三宅島，御蔵島，八丈島）は，富士火山帯（富士・箱根・伊豆火山帯）の一部をなし，近年においても爆発を起こしている火山もみられる．伊豆諸島の島々はいずれも火山もしくはカルデラ式海底火山の外輪山が海面より高くなったものである．特に青ヶ島は典型的な二重式火山であり，火口の中に丸山という小さな火山がある（写真6.1）．

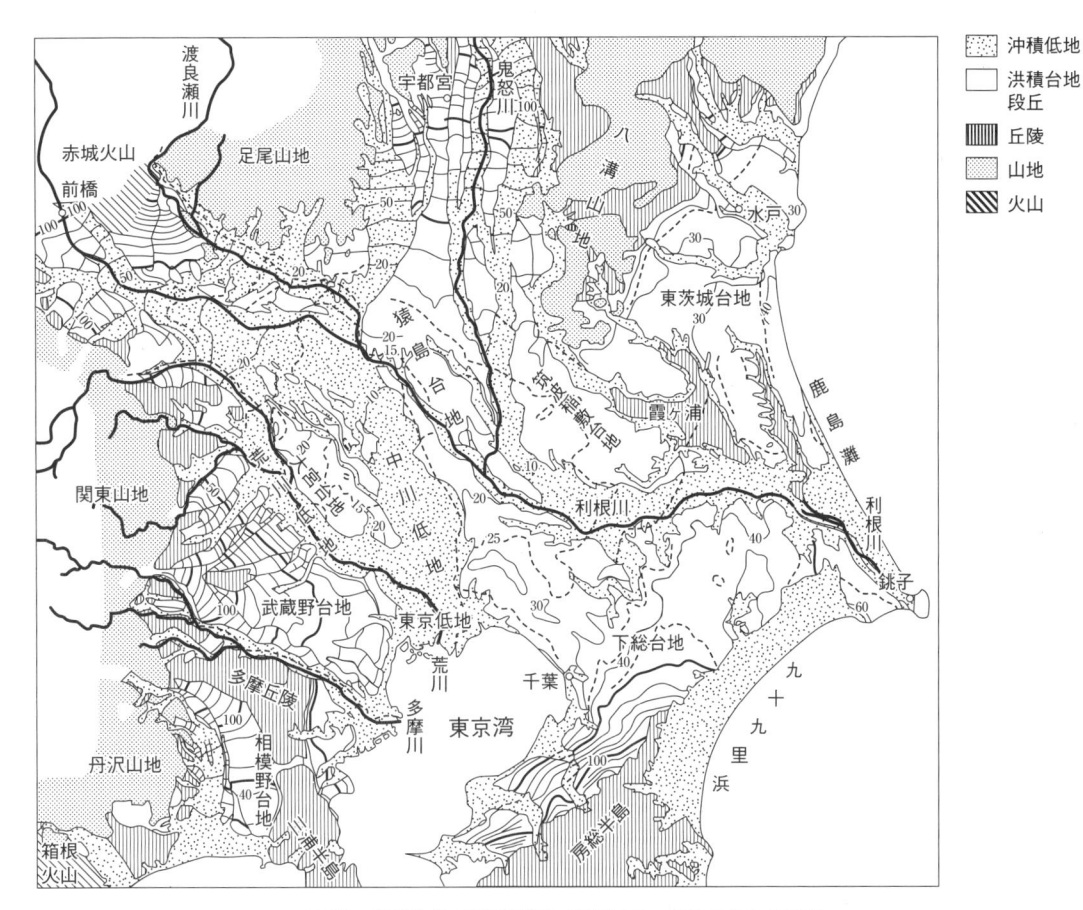

図 6.1 関東地方の地形面分布（貝塚ほか，2000をもとに作成）

御蔵島のような古く安定した島もあるが，1983年と2000年の三宅島や1986年の大島のように活発な火山活動を繰り返している島もある．

東京の南南東約1200 kmの太平洋に浮かぶ小笠原諸島は，父島列島，母島列島，聟島列島，硫黄列島に加えて，沖ノ鳥島や南鳥島も含まれる．16世紀末に小笠原貞頼が発見したとされ，明治初期に日本の領土となった．第二次世界大戦後の1968年にアメリカ合衆国から返還された．亜熱帯地域独特の自然が残されている．また，小笠原諸島は形成以来ずっと大陸から隔絶していたため，島の生物は独自の進化を遂げてきた．貴重な動植物種が多く残されており，2011年7月には世界自然遺産に登録された．日本の領土の東端（東経153°59′の南鳥島）と南端（北緯20°25′の沖ノ鳥島）は小笠原諸島にある．沖ノ鳥島は，満潮時には海面にわずか2つの岩が出るだけのサンゴ礁の島であるが，孤島であるため島の周辺に，日本の国土面積よりも広い約43万 km²の経済水域が設定される．そのため政府は，波によって岩の侵食が進まないように護岸工事を進めている．

6.1.2 日本最大の関東平野

関東平野は日本で最大の平野であり，関東地方の主要部を占めている．関東平野は，丘陵地，台地および沖積低地からなり，周辺部から中心に向

写真 6.1 青ヶ島の二重式火山（1997年）

かって低くなっていく盆地状の構造をなしている．関東平野の南部では，大磯丘陵や多摩丘陵，狭山丘陵，比企丘陵，房総丘陵などの丘陵地や下末吉台地，武蔵野台地，大宮台地，相模原台地，常総台地，下総台地などが発達している．丘陵は主に新第三紀の地層を基盤にして，中期更新世（数十万年前）までに堆積した地層が隆起・侵食されて形成されたものである．関東平野では，台地の発達が顕著であるが，これは主に更新世後期（12万年前）の最終間氷期の高海水準のもとで形成された地形である．関東地方南部では，地形別にみると山地と比して，丘陵地・台地・低地の占める割合が高い（杉谷，2009）．関東平野の地形がこのように丘陵・台地・低地に分かれているのは，周辺部での隆起運動と繰り返し生じた海面変化が組み合わさって，階段状の地形ができたためである（貝塚ほか，1985）．

丘陵地や台地に特徴づけられる関東平野の中でも，武蔵野台地と下総台地は規模的にも大きく，日本を代表する台地である．荒川と多摩川の間に位置する関東平野南西部に広がる武蔵野台地では，複数の河岸段丘が発達している．多摩川の侵食により形成された段丘崖は，段差数 m の崖線をなしている．この崖線は「ハケ」とも呼ばれ，斜面地の多くは雑木林で覆われており，ハケ下には湧水がみられる（写真 6.2）．千葉県北西部の野田市周辺から房総半島中央部にかけて広がる下総台地は，北西部は標高 20 m 前後であるが，南東部にかけて隆起しており，長生郡付近では 100 m に達する．これは関東造盆地運動の影響を受けた北西への傾動によるものである．

関東地方の丘陵地や台地の表面には，赤褐色の砂泥土が分布している．この赤土層は関東ローム層と呼ばれる．関東地方の南部では富士・箱根火山，北部では赤城山，榛名山，浅間山などの火山灰や火山礫が堆積し，その後，風化して赤土となったものである．関東ローム層の地表面では，風化火山灰層から生成した黒ボク土が発達する．酸性が強くやせ地であり，農業には不向きであるが，土質が軟らかいため，土壌改良や施肥などを行うことにより，イモ類やダイコンなどの根菜類の栽培に適した土地となり，台地上での畑作農業の自然基盤となっている（杉谷，2009）．

これらの丘陵地や台地の縁辺部は，河川の侵食を受けて樹枝状の谷が入り込んでおり，谷津田（谷戸田，谷地田）が拓かれた．一般に台地上は用水の入手が困難であったため，江戸時代に至るまで集落はあまり形成されずに林地や原野が広がっていたが，武蔵野台地では，玉川上水や野火止用水などの用水路が開削されるにつれ，大規模な新田開発が行われるようになった．下総台地は，江戸時代には牧と呼ばれる徳川幕府による馬の放牧地が広がっていた．明治期になるとこうした原野は，陸軍の錬兵場（習志野原）や御料牧場（成田市三里塚）として利用されたほか，士族授産の入植地として開墾がなされていった．

丘陵地や台地を開析した河川の沿岸や海岸地帯には沖積低地が発達している．約 6000 年前にピークを迎えた縄文時代の海進期の東京湾は，現在より海面が 5 m ほど高かったとされ，関東平野の内陸部に溺れ谷ができ，その後の海退にともない低湿な沖積地が形成された．東京下町にあたる中川，江戸川，荒川の下流地帯には，沖積低地が広がっている．関東地方の東部，千葉県北部から茨城県にかけて，霞ヶ浦，北浦，涸沼，手賀沼，印旛沼などの湖沼がみられるが，これらは溺れ谷の出口が，河川の堆積物により埋積されて湖沼となったものである．

6.1.3 流域面積日本一の利根川

関東平野には北部・西部の山地を源流とする数

写真 6.2 等々力渓谷（2007 年 7 月菊地俊夫撮影）
東京都世田谷区の等々力渓谷は，国分寺崖線（ハケ）の最南端に位置する都区内唯一の渓谷であり，台地と谷との標高差は約 10 m ある．

多くの河川が流下している．流域面積が全国一である利根川をはじめ，江戸川，荒川，多摩川，相模川などの河川が含まれる．

群馬県北端の越後山脈に水源を発する利根川は，幹線水路延長が322 kmと信濃川に次ぐ国内第2位の長さをもつ河川である．利根川は数万年にわたって流路の変更を繰り返し，関東平野を形成してきた．吾妻川や渡良瀬川，鬼怒川など大小794に及ぶ支川を合わせて，関東平野を北西から南東に向かって流下し，千葉県銚子市で太平洋に注いでいる．流域は，神奈川県を除く関東地方の1都5県に加えて，長野県にまたがり，流域面積は1万6800 km²に及ぶ日本一の河川である．この面積は四国の約8割に相当する広さである．1200万の流域人口を有する利根川は，関東地方最大の水資源として重要である．

利根川は，江戸時代初期から行われた大規模な瀬替えにより，人工的に流路が改変されたものであり，一連の河川改修工事は利根川東遷事業と呼ばれる．江戸時代初頭まで，利根川の本流は荒川や入間川と合わせて，江戸湾に注いでいた．瀬替えは，東北地方や北関東からの江戸への河川交通の確保や関東平野の新田開発に加え，仙台藩に対する防御や水害への備えなどを目的として，利根川本流を渡良瀬水系や鬼怒川水系へとつなぐ一大土木工事であった（小出，1975）．半世紀以上の大土木工事の結果，利根川は現在のように銚子口へ本流を流れることとなった．その後も浅間山の噴火（1783年）による火山性噴出物の堆積によって河床が高まるなどして，たびたび氾濫した．1947年のキャサリン台風では，埼玉県の栗橋付近で堤防が決壊し，旧河道沿いの沖積低地にあたる埼玉県東部および東京都東部に甚大な洪水被害をもたらした（コラム11参照）．

利根川の年間流出量は季節変動が大きい．台風，秋雨と融雪の季節には，水量が増加する一方で，冬季は水位が下がるため，水資源が不安定であり，かつ洪水の危険性も高い（山川，2009）．安定した水資源の確保には上流部のダム建設が必要とされ，利根川水系には，洪水調節や上水道，産業利用（工業，農業，発電など）を目的とした多目的ダムが数多く建設されてきた．しかし21世紀に入ると，水需要の低下に加えて，環境保護の思想やダム開発の弊害なども指摘されるようになり，ダムをめぐる社会的な状況は変化している．

利根川の下流には，霞ヶ浦（西浦，北浦），牛久沼，手賀沼，印旛沼などの湖沼がみられる．なかでも霞ヶ浦は琵琶湖に次ぐ全国第2位の面積を有し，その流域面積は茨城県の総面積の3割強を占めている．1960年代以降，治水と水資源の利用を目的とした霞ヶ浦開発事業により淡水化事業が進められ，農業用水や飲料水として利用されてきた．こうした一連の動きは，鹿島臨海工業地帯や筑波研究学園都市（コラム12参照）の開発事業や，東京大都市圏の急速な拡大とも連動している．霞ヶ浦は，平均水深が約4 mで最大水深も約7 mと浅いことから，淡水化されて以降，水質汚濁が顕著になった．特に高度経済成長期以降，周辺市町村の人口の増加にともなう生活排水や家畜排水などの流入により富栄養化が進行した．夏季にはアオコの大発生がみられるなど湖水環境の悪化が深刻化し，環境保護運動も盛んに行われている（浅野，2008）．

6.1.4　出入りの多い海岸線

関東地方の南部では，三浦半島と房総半島が太平洋に向けて延びている．三浦半島を中心に相模湾と東京湾に分けられる．相模湾の西部と中部は酒匂川や相模川などの河川やその古流路などによって形成された砂浜海岸が主である．東部は三浦半島の丘陵部が海に沈水したリアス海岸である．小河川の河口付近に小規模な砂浜がみられるものの全体として岩石海岸となる．

相模湾には水深1000 mを超える相模トラフが分布する．これはフィリピン海プレートの北東にあたる海溝であり，日本海溝から分岐して房総半島と伊豆大島の間を通り相模湾内まで延びている．相模トラフの周辺には4枚ものプレート（フィリピン海，北アメリカ，太平洋，ユーラシア）が関わった地殻変動が発生しており，地震の多発地帯ともなっている．安政の大地震（1855年）や関東大震災（1923年）の震源地でもあった．

東京湾は海上交通の要衝であり，世界でも有数

の船舶航行地帯である．東京湾は浦賀水道で太平洋に通じているが，湾口が狭く海水の交換が行われにくいため，人為的な海洋汚染の影響を受けやすく，プランクトンの異常発生である赤潮が発生してきた．東京湾沿岸では埋め立てが進み，自然の海岸はわずかしか残されていない．しかしながら干潟は，海洋生物や野鳥の生息地となり，海水の浄化作用をもつと同時に観光資源としての価値も高いことから，近年では保全運動が盛んである．

房総半島の東側には，南北約 60 km に及ぶ砂浜海岸（九十九里浜）が延びている．九十九里浜に沿って海岸平野となり，海岸線と並行して砂丘列もみられる．標高は 10 m 以下で，中世期までは海であった．九十九里平野の北東端には，椿の海と呼ばれる海跡湖があったが，江戸時代に干拓され新田が開拓された．犬吠埼(いぬぼうさき)沖合は，寒流の親潮と暖流の黒潮の潮目が分布する．潮目では，黒潮とともに北上する魚類が，親潮に含まれる豊富なプランクトンを栄養に繁殖し，好漁場を形成する．銚子漁港は，こうした近海産のイワシ類，サバ，サンマ，アジなどの比較的安価な大衆魚の水揚げ量が多く，焼津港や八戸港と並ぶ全国有数の水げ揚を誇る漁港になっている．

6.1.5 太平洋式気候と都市気候

図 6.2 は関東地方平野部における 3 都市の雨温図を示したものである．年平均気温をみると，東京で 15.6℃，内陸部の熊谷で 14.2℃，南部の館山で 15.5℃であり，大きな気温差はみられない．同様に夏季の気温，降水量も 3 都市とも大きな差異はなく，関東地方の平野部は，夏季の多雨多湿，冬季の少雨乾燥を特徴とする太平洋式気候といえる．降雨は主に 6〜7 月の梅雨期と，8〜9 月の台風の時季に集中する．夏季は太平洋高気圧の吹き出しによる南東からの季節風の影響を受け，高温多湿となる．関東地方の南部では太平洋を流れる暖流（黒潮）の影響もあり，冬季も温暖である．特に，房総半島の南部は温暖で，冬の避寒地，また保養地としての性格を有している．太平洋上の伊豆諸島と小笠原諸島は，海岸性の亜熱帯気候に属し，年間を通して湿潤温暖である．特に，八丈島は日本有数の多雨地帯として知られる．他方，内陸部の熊谷では冬季の冷え込みが厳しく，降水量も東京や館山と比べて少ないことがわかる．

冬季はユーラシア大陸のシベリア高気圧から，寒気をともなう北西季節風が日本海側から関東地方北部の山地を越えて，関東平野に吹き下ろす形となる．この湿った季節風は，群馬県や栃木県の山間部に降雪をもたらすが，風下にあたる平野部では，雲は消え，晴天に恵まれる．この乾燥した低温の北西季節風は「からっ風」と呼ばれ，日中時間帯（午後 2〜4 時頃）に一番の強風となる．からっ風が強い地域では，強風と砂塵を防ぐ工夫として，北西側に屋敷森と呼ばれる防風林をもつ家

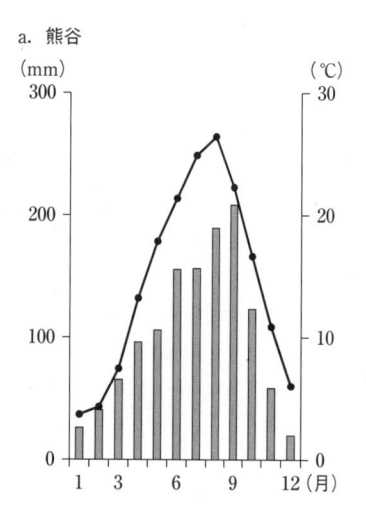

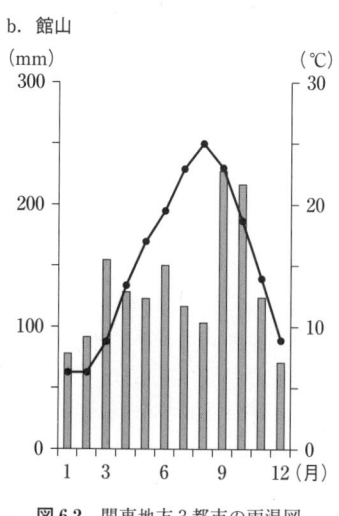

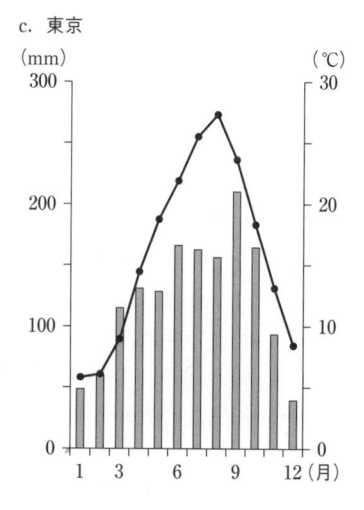

図 6.2　関東地方 3 都市の雨温図
理科年表より作成．

屋も多くみられる．からっ風には地域名称をもつものもある．群馬県中央部から埼玉県北部では「赤城おろし」，栃木県中部から南部では「那須おろし」，茨城県南部から千葉県北部では「筑波おろし」などと呼ばれる．

雲のない関東平野では，冬の夜間に放射冷却が進行して，最低気温が－10℃を下回ることもある．その結果，地表から上空に行くに従って気温が上昇する逆転層が出現する．筑波山（標高 876 m）では，中腹の標高 150～200 m 付近に斜面温暖帯が形成される．筑波山では中腹のこの地帯に，山麓部にはみられないミカンの在来種が古来自生しており，昭和 30 年代より観光ミカン園も開設されている（Ueda et al., 2003）．

日本で最大の人口集中地区であり，人間の諸活動にともなう人工排熱の影響が大きい東京では，都市部の気温が周辺の郊外地区と比べて異常な高温を示すヒートアイランド現象がみられる（東京都環境局，2010）．東京の年平均気温は，過去 100 年で約 3℃ の上昇がみられた．これは，他の大都市の平均上昇気温 2.4℃，中小規模の都市での平均上昇気温 1℃ と比較して，大きな上昇といえる．特に，冬季や夜間の気温上昇が顕著で，熱帯夜（日最低気温が 25℃ より下がらない日）の日数は，1970 年代以降，増加傾向にある．一方，1960 年代には年間 40 日ほどあった冬日（日最低気温が 0℃ 未満の日）は，近年ではほとんどみられなくなった．

こうしたヒートアイランド現象の要因としては，化石燃料をはじめとするエネルギー使用量の増加に加えて，植生や水面の減少，アスファルト舗装やコンクリート建造物の蓄熱，高層建造物が風をさえぎっていることなどが指摘されている．気温上昇は睡眠障害や熱中症，感染症増加のリスク拡大など，生活者の健康にも影響を及ぼす問題であり，近年では，屋上や壁面の緑化などの対策も講じられている（東京都環境局，2010）．

6.2 産業特性

6.2.1 大都市圏に位置する近郊農業地帯

平野部が 6 割を占める関東地方は，農業に適した肥沃な土壌と温暖な気候といった自然条件にも恵まれ，北海道や九州と並ぶ日本でも有数の農業地域を形成している．関東地方では，日本の人口の約 4 割が居住する首都圏という大消費地を抱える農産物の一大供給基地という性格を有し，消費地の動向や社会経済的な環境に対応した多様な農業が営まれている（仁平，2009）．

関東地方における作物の作付面積をみると，田畑の作付延べ面積は全国の約 13%（169 万 ha，2004 年）を占めており，それを全国比でみると，サツマイモ（35%），野菜（22%），麦類（16.5%）の占める割合が高い（表 6.1）．

都道府県別に田畑の作付延べ面積をみると，茨城県，千葉県，栃木県の 3 県で 10 万 ha を超えており，それらは関東地方の 7 割を占めている．これら 3 県に埼玉県を含めた沖積平野の広がる地域では，稲の作付面積が卓越している．一方で東京

表 6.1 関東地方における作物別作付面積（2004 年）（単位：ha）

	稲	麦類	かんしょ	雑穀	豆類	野菜	果樹	工芸作物	飼料作物	作付延べ面積
茨城県	81600	11100	7100	2390	6890	30300	7610	1820	7900	164100
栃木県	69300	15300	172	1600	6320	9920	2860	544	14100	124000
群馬県	19300	9690	360	409	1090	21400	3330	4280	9700	74400
埼玉県	37400	7950	448	258	1280	15100	2470	1520	2530	72600
千葉県	63100	953	5430	28	8110	35200	3520	693	4410	127500
東京都	236	31	161	8	23	4090	1320	335	306	8130
神奈川県	3330	49	429	16	343	9730	3730	286	974	20900
関東地方計	274266	45073	14100	4709	24056	125740	24840	9478	39920	591630
全国	1701000	272900	40300	44600	201900	568900	267900	182900	1047000	4422000
関東地方の全国に占める割合	16.1%	16.5%	35.0%	10.6%	11.9%	22.1%	9.3%	5.2%	3.8%	13.4%

関東農政局統計情報部（2005）より作成，仁平（2009）による．

都や神奈川県では野菜の作付面積が過半を占めている．関東地方における農産物の産出額をみると，野菜，畜産，米の順である．特に，野菜は約6000億円と全国の3割弱を占めている．なかでも茨城県と千葉県の2県で関東地方の野菜産出額の過半を占めており，2005年現在，両県は全国での北海道と鹿児島県に次ぐ農業産出額をあげている（仁平，2009）．

関東地方は，大消費地への近接性も高く，関東ローム層や利根川水系，温暖な気候など農業に適した自然条件を背景にした，高度で集約的な都市近郊農業地帯が形成されており，全体として東京を中心とした圏構造をなしている．都心30〜40km圏には，野菜を主作物とする地域があり（図6.3），その周辺部に畜産地域と稲作地域が広がる．それらの合間に果物地域と，花卉・苗木地域が分布し，関東地方の外縁部には工芸作物地域が位置している（佐々木，2009）．

関東農業の中核地帯である茨城県や千葉県，埼玉県の台地上では，畑作中心の近郊農業が盛んである．茨城県では，レタス，ハクサイ，ネギ，トマト，ピーマンなど，東京向けの野菜生産が盛んである．茨城県西部は，葉物の露地野菜生産地帯である．ほかにも露地メロン，レンコン，バレイショ，大豆，落花生などの生産額でも全国の上位を占めている．千葉県では，全国生産の7割を占めるラッカセイをはじめ，キュウリ，ホウレンソウ，ネギ，トマト，スイカといった野菜に加えて，鶏卵や乳製品の生産も多い．温暖な房総半島の南部では，野菜の促成栽培やカーネーションなどの

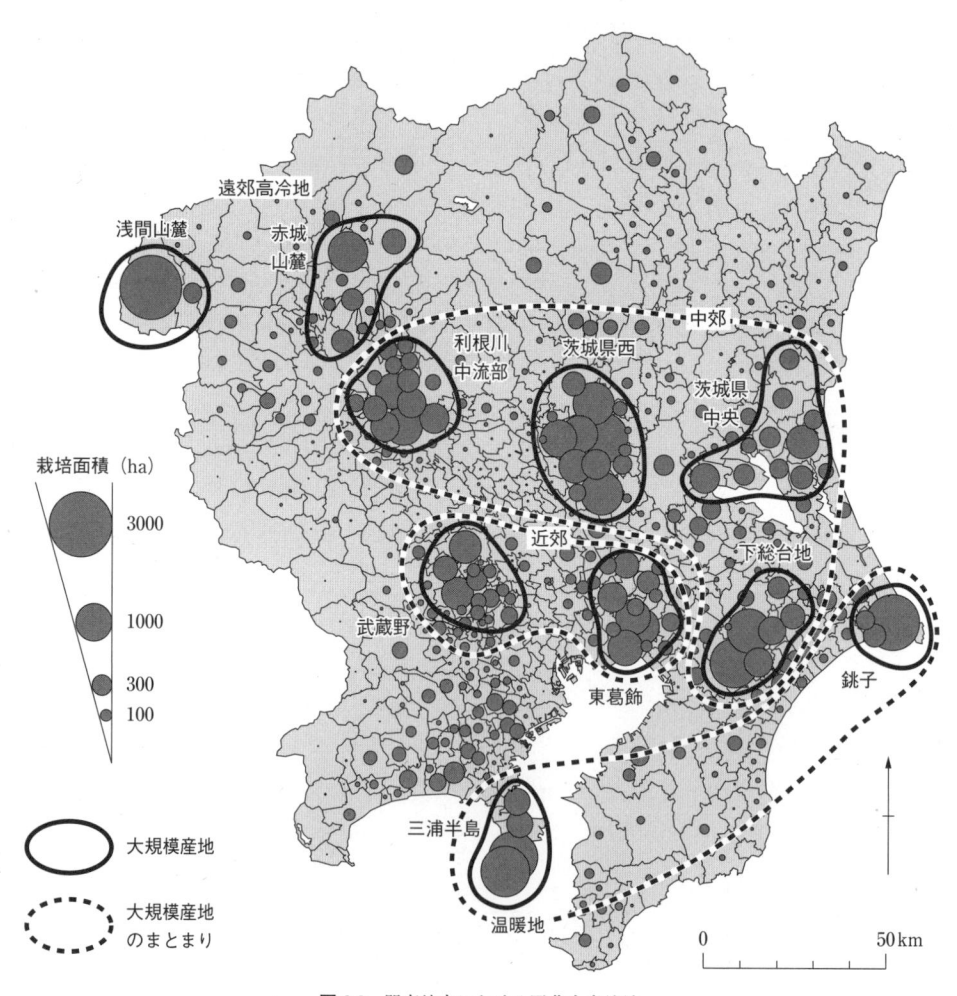

図6.3 関東地方における野菜生産地域
（仁平，2009より作成）

花卉の栽培も行われている．埼玉県も全国有数の野菜産地であり，小松菜，ネギ，ホウレンソウ，ブロッコリー，キュウリなどのほか，花卉や植木栽培も盛んである．

　関東地方の外縁部にあたる群馬県の嬬恋村などの高原地帯では，夏季の冷涼な気候を利用して，キャベツ，ハクサイなどの秋冬野菜を春〜夏に出荷する高原野菜の栽培が行われている（写真6.3）．かつて盛んであった養蚕業は衰退したが，近年では乳牛，肉牛，ブロイラーなどの畜産業が発展している．森林面積が3分の1を占める群馬県では，キノコ類の栽培が盛んで，生シイタケは全国有数の生産量であり，コンニャク芋の生産は全国一である．内陸部の群馬県ではやませの影響を受けず，夏季は高温になるため，米麦の二毛作が伝統的に行われてきた．栃木県では，大麦やカンピョウなどの工芸作物の生産が盛んである．トマト，モヤシ，ニラなども栽培されている．イチゴも水田を利用して栽培され，その生産量も全国第1位（2009年）である．北部の那須野原では，明治期以降，那須疎水が開削され，国営の開拓事業が進められた．酪農も盛んに行われている．

　都市周辺の近郊農業を取り巻く環境は厳しい．特に，首都圏の地価は，1980年代からのバブル経済により急激に上昇し，その結果，農地にかかる税金も大幅に上昇した．土地税制の見直しも行われ，それまで優遇されていた農地に対する課税（宅地並み課税）の強化が進んだ．このため農業をやめて，土地を手放す農家や，マンションや駐車場などに転じる農家も増加した．また，堆肥による悪臭や薬剤散布が周辺住民との軋轢を生むなど，環境問題も生じている．東京では，農地面積の減少や農家戸数の減少が続いているが，小松菜や東京ウドなどの特産品の栽培も多くみられる．神奈川県も大消費地が近いため，集約的な園芸農業と酪農が農業の中心になっている．減化学肥料・減農薬野菜や有機農産物など，環境に配慮して安全な農作物の栽培に力を入れる農家もみられる（写真6.4）．東京や横浜をはじめ大都市に残る農地では，レクリエーションや高齢者の生きがい，自家消費用の野菜生産などを目的とした市民農園も開設されている（写真6.5）．

写真6.4　減農薬・減化学肥料栽培による農園（2009年3月）
食の安全性への関心の高まりから，東京周辺の消費者には有機栽培や減農薬・減化学肥料栽培による農産物に対する嗜好性が強くみられる．

写真6.3　群馬県嬬恋村における高冷地野菜の生産（2006年8月）
標高800〜1400mの高原地帯で，大規模なキャベツ生産が行われている．

写真6.5　東京都練馬区の市民農園（2009年12月　菊地俊夫撮影）

6.2.2 変化する京浜工業地帯

都心から約50km圏内の東京都・神奈川県・埼玉県・千葉県にわたる範囲を京浜工業地帯と呼ぶ．京浜工業地帯は，事業所数（従業員4人以上）5.2万，従業者数（同）145万人，製造品出荷額59.8兆円（数字は2008年，工業統計表による）をもつ一大工業集積地帯であり，いずれの指標においても全国の約15～20%程度を占めている．東京では従業員4人未満の事業所が過半数を占め，小規模な町工場が京浜地区の製造業を支えている．なかでも東京都，神奈川県を中心とする京浜地区は，20世紀末までは日本最大の工業地帯であった．しかしながら2008年現在，都道府県別に製造品出荷額をみると，神奈川県が第2位（19兆4975億円），千葉県が第7位（15兆4637億円），埼玉県が第8位（14兆6577億円），東京都は第11位（9兆2792億円）であり，全国に占める比率は低下傾向にある．

京浜工業地帯の全国的地位の低下は，1970年代以降に進められた大都市部における工場の移転と分散政策が行われたためである．また，周辺地域が地域開発の柱として工場誘致を強力に推進し，工業の分散化が進んだことも地位低下の大きな要因である（森・本木，2008）．さらに，1980年代半ば以降の円高不況による中国をはじめとする海外への生産拠点のシフトや，工場周辺に中高層マンションが建設され，工場の操業による騒音・悪臭や大気汚染といった都市における操業環境の悪化も地位低下の要因として指摘されている（佐野・田中，2009）．

京浜工業地帯における工業を取り巻く地域的特徴として，市場・労働力・立地制約の3点が指摘される（松原，2009）．首都圏の中心に位置することから，とりわけ市場と労働力には特徴がみられる．市場の特性としては，規模が大きく，相対的に所得階層の高い消費者が多く居住していること，官公庁からの需要を受けやすい点などが特徴である．その結果，伝統的な日用消費財工業（雑貨）や印刷・出版といった文化製造業に加えて，ソフトウェアやコンテンツといった情報産業，映画やアニメーション，ゲームといった文化産業など新たな産業集積が生じている．労働力の特性としては，豊富な労働力の存在があげられる．これは，不安定就業に基づく低賃金労働者に加え，高学歴で研究開発を担当する人材や熟練労働者の豊富さによるものである．その結果，研究開発の側面をもつハイテク産業，および金型の生産や試作品の生産など，高度な技術力を必要とする工業，さらには衣服や家具などの労働集約的で技能集約的なクラフト工業も集積している．

工業出荷額構成の産業中分類別にみると，東京都は機械工業と日用消費財工業が，神奈川県と埼玉県は機械工業が，千葉県は重化学工業が中心である．京浜工業地帯核心部の京浜地区における業種構成を地域的にみると（図6.4），印刷・出版関連業の集中する中央地区，金属・機械工業が集積する城南地区と，日用消費財工業が集積する城東地区，および各業種が混在する城北地区に地域分化している（竹内，1996）．また，東京湾の臨海部は埋立地に大規模な工場が立地している．火力発電所や鉄鋼，石油・石炭製品，化学といった装置型産業の素材・エネルギー型工業が発達している．多摩地区や神奈川県，および埼玉県の内陸部には中心部から分散した機械工業や日用消費財工業に特色がある．

このように，京浜工業地帯には比較的明瞭な地域内分化がみられ，小規模で多業種からなる工業

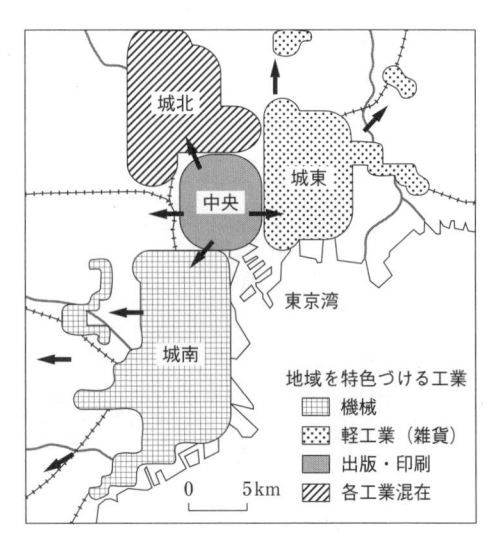

図6.4 関東地方の工業地域
（竹内，1996を一部改変）

構成であることが特色である．出荷額では，自動車，電機，工作機械などの組立機械工業と地場産業的な性格をもつ日用消費財工業，印刷・出版業の集積が特徴である．機械工業は，生産工程の多様さと完成品工場を中心とする階層的な下請・外注関係を有する．機械生産の基礎加工部門をなす金属プレス，メッキ，鋳造や歯車，ネジ，金型などの生産業者は城南地区およびその周辺に集積し，これらの高いメカトロニクス技術をもった工場集積が，周辺部の組立工場の存立基盤となっている．日用消費財工業は，城東地区に集中している（写真6.6）．メリヤス（ニット），靴，靴下，ハンドバッグ，婦人服，宝石・装飾品などが製品であり，それらは多種・高級・小単位生産を特色としている（森・本木，2008）．国内の他地方や海外産地との生産・分業体制を構築し，デザイン面では最新ファッションの発信地である青山や原宿とも結びつきを強めることで，城東地区は日用消費財の試作品・高級品生産で特徴づけられるようになった．

1990年代以降のIT革命の影響を受け，コンテンツ制作などのIT関連企業が急成長し，城西地区から中央地区や多摩地区にかけてアニメーション産業の集積など新しい動きも生じている．海外の現地生産の進展によって，あるいは海外からの安価な製品・部品の輸入によって，産業の空洞化が懸念されている．しかし，京浜工業地帯では高度な技術化や柔軟な専門化が産業集積の強みをなしている（松原，2009）．

6.2.3 工場の郊外移転と北関東工業地域

1960年代頃より東京では，工業地帯に人口が密集するにつれて，地価の高騰や工業用水の不足，道路の渋滞などの工場操業をめぐる問題が顕在化した．特に，工場からの排水・排煙に起因した環境汚染が社会問題化し，1971年には，工業施設の過度の集積や工場の更新・拡張が規制を受ける公害防止関係法が制定された．都心周辺地区からの工場移転の動きは，地方の側の工業誘致政策にも起因する．首都圏整備法や工業再配置促進法などの政策的な誘導による工業誘致は，栃木県の真岡市や小山市，宇都宮市などの内陸工業団地の造成と誘致工場の立地にみられる（写真6.7）（須山，2008）．こうした東京圏工場の郊外移転の指向先としての北関東の内陸部は，安価で広い工業用地の取得が容易で，高速道路によるトラック輸送の利便性が高いことから，首都圏の工場分散の受け皿となり，東京圏工業における広域分業体系の一部を形成している（小田，2009）．

北関東における工業集積の要因としては，さらに近世以来の地場産業の伝統が根づいていたことや，明治期以降に製糸業が発達したこと，20世紀になると地元の鉱物資源や農産資源，水力発電を利用した近代工業が芽生えていたことなども指摘できる（小田，2009）．明治初期に，官営富岡製糸工場が設けられたことを契機として，北関東地域に機械を用いた製糸技術が伝播した．もともと北

写真6.6 東京・城東地区における住工混在地区の景観（2008年2月）
高い技術をもつ町工場は日本の製造業を支えてきた．工場周辺に一般の戸建て住宅やマンション建設が進み，操業環境は厳しくなっている．

写真6.7 宇都宮清原工業団地（2004年）（http://www1.ocn.ne.jp/~kiyohaip/）
第二次世界大戦時の飛行場跡地に造成された内陸工業団地で，1万4000人ほどの従業員が働いている．

コラム 11

環境問題の原点：渡良瀬遊水地と足尾鉱毒事件

　渡良瀬遊水地は，東京都心より北へ約60km，栃木，群馬，茨城，埼玉の4県にまたがる渡良瀬川最下流部に位置する日本最大の遊水地である．その範囲は，南北約9km，東西約6km，外周29km，総面積3300haにも及ぶ．渡良瀬遊水地は，利根川流域における洪水抑止機能に加え，関東地方における生活用水や工業用水の供給といった利水機能，住民のレクリエーション活動の場としても重要な役割を担っている．また，本州最大のヨシ原が広がる大湿地であり，希少な動植物の生息域として，ラムサール条約への登録運動も進められている．渡良瀬遊水地の成立の背景を考える上で，日本で最初の大規模な環境破壊問題として知られる足尾鉱毒事件を無視することはできないだろう．

　20世紀初めには国内の約4分の1の銅を産出していた足尾銅山は，当時世界有数の銅産出国であった日本の象徴的な銅山であった．富国強兵・殖産興業を推進する明治政府は各地で鉱山開発に着手し，なかでも銅は生糸や茶，米，石炭などと並ぶ重要な輸出品であった．足尾銅山は1876年に古河市兵衛に経営権が譲渡されると，1881年には大鉱脈が発見されるなど活況を呈し，別子銅山（愛媛県）を抜いて全国第1位の銅山となった．他方で鉱山から排出される銅やカドミウム，砒素など有害成分を含有する鉄屑や廃石により渡良瀬川の汚染が顕在化していた．精錬に用いる燃料用の木材の乱伐や工場から排出される煤煙によって，渡良瀬川の水源地帯の森林は荒廃し，裸地化した山肌に雨水は浸透せず，鉱毒を含んだ土砂・鉱石の残滓が雨とともに直接，渡良瀬川に流出するようになった．これらの土砂は傾斜が緩やかになる下流部に堆積し河床が上昇したため，生態系が破壊される以前には何でもなかった降雨でも水位が上昇し，鉱毒水が洪水とともに田畑に冠水し，農作物の被害が拡大していった．渡良瀬川はかつて，地域住民にとって生活を営む上で，なくてはならない川であった．菅笠やマコモ編み，ヨシズ編みといった湿地に自生する植物を利用した生業は，重要な農家の副業であった．渡良瀬川本支流や沼で水揚げされた魚は，生きたまま保存され，東京などの料理店にも販売された．しかしながら足尾銅山の鉱毒被害が大きくなるにつれて，住民と川との共生的な関わりは徐々に姿を消していく．

　やがて鉱毒問題は大きな社会問題となった．被害住民による操業停止の請願運動が四度にわたり行われ，1901年12月10日，議員辞職した田中正造が明治天皇に直訴を試みたことにより，鉱毒問題が再び世論を喚起していくことになった．この鉱毒地救済運動は，知識人やジャーナリスト，宗教者，社会主義者，学生など広範な社会階層と結びつき，明治期後期の最大の社会運動になったのと同時に，日本で初めての，大規模な公害被害に対する反対運動でもあった．

　鉱毒被害が深刻化し社会問題として大きくなるなか，政府は鉱毒被害の拡大する原因が洪水にあるとし，治水事業によって洪水を抑止し，鉱毒被害を最小限にとどめる方針を打ち出すことになる．そこで出された答申が，渡良瀬川と利根川の合流する地域に広大な遊水地を建設する計画であった．この地にあった栃木県下都賀郡谷中村は，1906年7月1日，田中正造らによる抵抗運動にもかかわらず，行政的に廃村となった．谷中村には廃村後も約140世帯，1000人近い人々が村内に残留し，谷中村復活の嘆願運動を行ったが，1907年1月26日，政府は土地収用法を適用して土地の強制買収を実施した．最後まで残った住民70世帯（400人）は抵抗したものの，1907年6月29日には栃木県による家屋の強制破壊が行われたのであった．

　足尾鉱毒事件と谷中村の物語は，資本主義成立期にあった近代日本において，初めての大きな社会運動といわれる．後の水俣病やイタイイタイ病といった一連の公害問題における住民と企業，国家との関係をみる契機であり，土地の強制収用という点では，成田空港建設や近年でも諫早湾の干拓事業といった大型公共事業が抱えてきたディレンマが想起される．谷中村の悲劇は，近代日本の国家建設の上で，必然的に生じてきた問題ともいえるだろう（松井，2007）．

[松井圭介]

引用文献

松井圭介（2007）：川と生活―鉱毒被害と遊水地の建設―．川からひろがる世界―川の流れに刻まれた生活・自然・文化―（菊地俊夫編），pp.34-49，二宮書店．

関東では，真岡木綿や結城紬といった伝統工芸が盛んであり，桐生市や足利市などでも，製糸や絹織物などの繊維工業が発達した．日立銅山の電気機械修理部門から独立し，電気機械工業地域として発達した日立市は，第二次世界大戦時に軍需工業地帯として発展した．太田市や宇都宮市周辺の内陸部においても，第二次世界大戦時の軍需工場がもとになり，機械工業の発達がみられた．飛行機生産から転換した富士重工をはじめとする工業伝統は，自動車・鉄道車両工場へと受け継がれている．高度経済成長期以降には，日産自動車やいすゞが栃木県に進出し，東京市場を背景とする大規模完成品工場やその部品供給を担う工場が進出した．現在では，これらの都市を含めた北関東の地域では，電気機械や自動車などの組立機械工業が盛んである．

6.2.4 観光・レクリエーション空間

関東地方の外縁部は，日本最大の余暇人口を抱える東京大都市圏の外縁部でもあり，明治期以降，観光・レクリエーション地域として開発が行われた．関東地方は中心部に人口稠密な平野が広がり，西側と北側が山地，南側と東側が太平洋という地勢的条件を活かして，北部と西部では，温泉資源や冷涼な気候を活かしたウィンタースポーツ（スキー場）や温泉観光地，南部と東部では，温暖な気候と海岸・海洋を利用する海水浴やマリン系スポーツを中心とする観光資源が開発されてきた（呉羽，2009）．

関東地方北部の山岳地帯には，多数の温泉地が分布している．草津温泉や四万温泉など，近在農民や都市住民が滞在・療養する湯治場機能を有するものも多い（写真6.8）．明治期以降これらの温泉地の一部では，高原避暑地やスキー観光地としての性格が付与された．群馬県北部から栃木県北部にかけての山岳地帯では，数多くのスキー場が開設され，東京近郊からのスキー客を集めた．関越自動車道や東北自動車道により東京からの時間距離を短縮したこれらの地域では，人工降雪機の普及やスキーリフトの輸送技術の向上といったインフラ整備も受けて，コンビニエンス型スキー場の開発がなされた（呉羽，2009）．バブル経済の

写真6.8 草津温泉中心部（2008年5月）
日本三名湯とも称される草津温泉の中心部である湯畑の景観．豊富な湯量を誇り，周辺には宿泊施設や飲食店，土産物店が立ち並ぶ．

崩壊後，こうした大規模な観光開発は転機を迎えたが，都市と農村の交流事業やグリーンツーリズムの取り組みという形で，都市住民を山間地域に誘引する努力は続いている．産業活動に不利な条件を抱える山間地域では，自然環境や文化遺産などの地域資源を活かした観光業が，地域振興や地域活性化の手段として用いられている（関戸，2009）．

関東地方西部の関東山地や箱根山は，秩父多摩甲斐国立公園や富士箱根伊豆国立公園にも指定される景勝地であり，東京から鉄道や自動車により1～2時間程度で到達できることから，東京郊外のレクリエーション空間として利用されてきた．東京西部の多摩地域は，首都圏住民によるハイキングやウォーキング，山歩きなどの格好の余暇空間を提供している．首都圏の奥座敷として名高い箱根は，横浜の居留地から近く，明治初頭に外国人の高級避暑地として開発された．大正期から昭和初期にかけて，鉄道などの外部資本によってカルデラ内の傾斜地に温泉付きの別荘地が造成された．高度経済成長期には，温泉旅館やホテル，企業の保養所，美術館なども増加し，高原リゾートと温泉リゾートの性格をもつリゾート地に変貌した（佐藤，2009）．

箱根と同様に神奈川県南部の湘南海岸も，明治期より外国人による別荘地開発が進められた．江の島から西側の相模湾は砂浜海岸が続くことか

ら，古くから日本を代表する海水浴場が開け，サーフィンなどのマリンスポーツのメッカとしても知られる．火山性の温泉をもたない房総半島から鹿島灘に続く海岸地帯は，湘南海岸と比較して大規模資本による観光開発が遅れている．春の訪れが早い房総半島南部では，夏の海水浴とともに，早春の花摘みやイチゴ狩りなどが盛んである（写真6.9）．また伊豆諸島や小笠原諸島では，亜熱帯性の動植物がみられる．特に，有史以前から本土と隔絶していた小笠原は，「東洋のガラパゴス」と呼ばれ，貴重な生物固有種が生息している．小笠原諸島では，2004年に自然保護員制度が設けられ，来島者数を制限するなど，生態系保全の取り組みの成果が認められ，2011年には世界自然遺産に登録された．

首都東京は，多数の余暇人口を抱えると同時に，国内有数の観光入込客を受け入れる観光都市であり，情報，娯楽，ファッションなどの新しい文化や流行が絶えず発信されている．東京近郊には，東京ディズニーランド（浦安市）やサンリオピューロランド（多摩市），八景島シーパラダイス（横浜市）などのテーマパークやレジャー施設があり，国内外から多くの観光客を集めている．東京区部内には，皇居（江戸城跡）を中心に，旧浜離宮庭園や小石川後楽園など，江戸時代の名勝や史跡も残り，それらの緑地空間は住民のオアシスともなっている．東京都では，芸術やアミューズメント・文化施設，飲食・ショッピング，コンベンションといった大都市ならではの魅力を観光資源とするアーバンツーリズムも都市政策に取り入れている（淡野，2004）．

6.3 日本の中心・東京

6.3.1 東京大都市圏への人口集中

周知のように日本の人口，経済活動は三大都市圏（東京・名古屋・大阪）に集中している．三大都市圏への人口移動は1960年代までは圧倒的な転入超過であったが，1970年代以降の景気低迷や若年人口の停滞により，転入超過は激減した．名古屋圏では横ばい，大阪圏では転出超過が続いている．一方で東京圏では，1980年代後半のバブル経済期や1990年代後半以降も転入超過が続いており，東京大都市圏への人口一極集中の傾向が著しく進行している．それは，豊富な雇用機会に加えて，大学などの高等教育機関も集中しているため，若年層の流入がみられるためである（石川，2010）．

東京大都市圏を，市町村の常住就業者人口の5％が中心都市に通勤する市町村と定義すると，東京都区部への通勤域は東京都，神奈川県，埼玉県，千葉県，茨城県南部の半径約50 km圏が該当する（谷，2010）．茨城県を除く1都3県は東京圏と呼ばれ，3450万の人口規模を有する国連統計による世界最大人口の都市圏である（2005年）．国土面積の4％弱に，日本の総人口の4分の1強が集住する．国内最大人口の都市である東京区部（849万），横浜市（358万），川崎市（133万），さいたま市（118万），千葉市（92万），相模原市（70万）という6つの政令指定都市のほかにも，船橋市，八王子市など人口50万を超える都市が分布する（2010年）．これらの都市は景観的にも機能的にも一体化が進行しており，広大な連担都市（コナベーション）を形成している．東京圏は一体化した巨大な大都市地域であり，日本経済の中枢機能が集中するとともに，交通・情報・通信の全国ネットワークの核となっており，世界経済の1つの中心をなしている（森・本木，2008）．

日本の三大都市圏では，1960～1990年代にかけて，人口の郊外化が進展した．東京大都市圏の郊外地域には，多摩ニュータウン，港北ニュータ

写真 6.9 南房総市における観光花摘み園（2010年3月）
温暖な房総半島南部では，2月から花摘みやイチゴ狩りなどの観光客で賑わう．

写真 6.10 多摩ニュータウン南大沢地区の景観（2008 年 4 月菊地俊夫撮影）
東京への通勤圏の拡大とともに、郊外には大規模なニュータウンが造成されている。

6.3.2 中枢管理機能

日本の首都である東京は、政治・経済・文化の中心地であり、国の中心である（写真 6.11）。千代田区の永田町と霞が関地区には、国会議事堂、最高裁判所、中央省庁などが集中しており、日本の政治・行政の中心地区である。「霞が関」は官庁、「永田町」は政治の世界の代名詞ともなっている（写真 6.12）。これらの地区は、江戸城を取り巻く譜代大名や旗本らの上屋敷が並ぶ地帯であり、明治政府による都市計画のなかで、政治・行政・司法機関の中心地となったものである。また、それらの地区の周辺では、港区を中心に約 100 にのぼる外国の大使館が分布している。

大手町から丸の内、日本橋にかけては、日本銀行や東京証券取引所をはじめとして、国内外の大

ウン（横浜市）、千葉ニュータウン（千葉県北総地域）といった大規模ニュータウンが建設され、都心部から郊外地域への人口移動が進んだ（写真 6.10）。この結果、郊外周辺地域の自立化現象もみられ、デパートや大型ショッピングセンター、専門小売店など商業施設の郊外新規立地も盛んになり、中心都市の機能は低下した（富田、2010）。このような東京圏の外延的拡大の傾向は 20 世紀末まで続いたが、2000 年代に入ると東京都心を含む 20 km 圏で再び人口の増加現象が生じている。

都心部における人口増加現象は、都心地区における新規マンションの立地によるところが大きい。東京都心 3 区（千代田区・中央区・港区）や湾岸地区の江東区では、2005 年からの 5 年間で 10％を超える人口増加がみられたが、これらはいずれも高層マンションの建設にともなう社会増加の影響である（森・本木、2008）。都心部におけるマンション立地は、需要と供給の合致により促進されたといえる（富田、2010）。供給側からの要因としては、高層マンションの建設を制度的に可能にした規制緩和の影響やバブル経済崩壊後の都心部における地価の下落、不況による企業の保有地や遊休地の放出によるマンション敷地の増加、大都市における巨大再開発事業を容易にした都市再生特別措置法（2002 年）の影響などが指摘される。マンション居住者側では、職住近接や各種文化・サービス業の集積、交通利便性の高さなどによる都市居住の利便性、快適性に対する志向が大きい。

写真 6.11 東京・丸の内オフィス街（2011 年 1 月）
大手町、丸の内周辺地区は、日本を代表する企業の本社ビルが立ち並ぶ。

写真 6.12 霞が関の官庁街（2011 年 1 月）
大手町から霞が関、永田町にかけては、江戸時代は有力な大名や幕臣の屋敷があった。明治維新後に名実ともに国の中心となった。

企業や金融・保険などの本社・支社が集中する日本経済の一大中心地区を形成している．大企業本社の東京集中は進んでおり，資本金10億円以上の企業の本社の半数は東京都にある（森・本木，2008）．東京証券取引所に上場している企業の株式の時価総額は307.8兆円（2009年末）と国内の99％以上を占めており，世界の主要な証券取引所の時価総額で，ニューヨーク市場に次いで世界第2位である．したがって，東京には証券会社が集中しており，金融商品，商品先物取引業では，事業所数で全国の3割強，従業者数では過半数を占めている．金融・保険業の総生産額でも東京の占める割合は大きく，全国の37％を占めており，第2位の大阪に対して5倍以上の開きがある．

東京以外に本社をもつ国内企業や金融機関，外資系企業などもオフィスを構え，東京オフィスに意思決定機能をもたせている企業も多い．重要で即時的な企業情報は対面接触による伝達が多いため，交通利便性の高い都市中心に立地を志向する（坪本，2010）．東京圏には，全国のオフィス従業者の3割以上が集積するが，都心のオフィスには中枢管理機能をもつものが多い．外資系企業や金融機関は6割が都心に本社をもっており，広い管轄域をもつ高次中枢管理機能の集積が東京圏のオフィス集積を進めるとともに，経済の高度化・国際化の進展の下で強化された（坪本，2010）．

東京都内では，土地の有効利用をはかるため，建造物の高層化が著しいが，近年は情報化社会に対応した高度の設備をもったインテリジェントビルが増加している．都心地区の過密を緩和し，都心機能を補完する地区として都心10km圏に新宿や池袋，渋谷など複数の副都心が形成されている．JR山手線と郊外鉄道との結節点に位置するこれらの地区は，鉄道ターミナルとして急速に繁華街となった．特に，新宿は1981年に東京都庁が移転するなど，都心機能の一部を代替している．2000年代になると，六本木や秋葉原，かつて貨物駅であった汐留，品川には，大規模な都市再開発により，高層のオフィス群や大型の商業施設が生まれている．オフィス機能の中でも情報処理や総務など日常業務を担うバックオフィスは，みなとみらい地区（横浜市）や幕張新都心（千葉市），さいたま新都心などへの移転もみられ，都心機能の分散化の動きも進んでいる．

臨海部では，これまで倉庫や工場が建てられていたウォーターフロントを再開発して，新しい都市空間をつくる動きも進められた．1980年代半ばから，東京湾岸の埋め立てが進み，臨海副都心の大規模な再開発が始まった．台場地区には民間放送局や国際展示場，公園，高層マンションなどがつくられ，新交通システム（ゆりかもめ）で都心地区と結ばれている．

6.3.3 集積する商業・サービス業

東京は，卸売業，小売業ともに販売額は全国第1位である．特に卸売業は，日本の流通の中枢として機能している．東京の卸売業は，事業所数，就業者数，年間商品販売額のいずれにおいても，他の道府県と比較して卓越している（図6.5）．繊維・衣服卸，建築材料卸，鉱物・金属材料卸，機械器具卸など，いずれの卸売業種においても，全国の3分の1強のシェアを有している．これは小売業が集積していることに加え，企業本社が東京に集中し，仕入れ・販売を本社が一括して行う業態が増加していることも一因である．卸売業の年間販売額は都心3区で7割強を占めている．これは，大手商社や販売会社が大手町や丸の内，日本橋地区に集中しているからである．一方で伝統的な問屋街は，中央区から台東区，江東区にかけての下町地域にみられる．電気製品の秋葉原，人形・玩具の浅草橋，食器や調理道具の合羽橋，衣服の日本橋横山町など商品ごとに集中地区がみられる（写真6.13）．しかしながら，直接生産地から小売業者が買い付けるといった問屋を経由しない流通形態の増加や電子商取引など新しい取引形態の導入などの影響もあり，伝統的な問屋街は大きく変化を遂げている．

こうした東京の中心性の高さは，小売業においてもほぼ同様の傾向を示している．業態別に年間商品販売額の都道府県別分布をみると，ほとんどの業態で全国第1位であり，特に，百貨店（27.5％），衣料品専門店（20.2％），コンビニエンスストア（14.2％）などで高い割合を占めている．

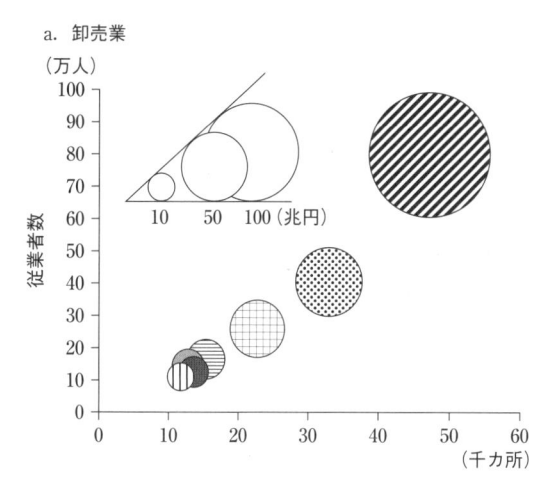

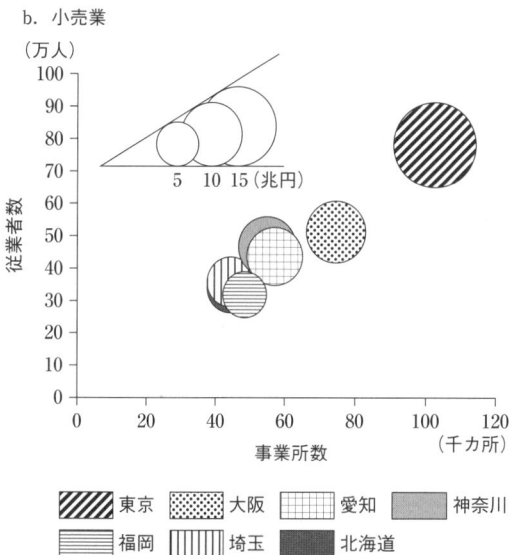

図 6.5 卸売業と小売業における東京の地位（2007 年）
経済産業省「商業統計調査」より作成．

高級衣料やブランド品，貴金属や時計，カメラ，電気製品など買回り品を扱う大型小売店や専門店が東京に集積し，関東地方のみならず，全国・海外からの買物客も集めている．江戸城下の町人地区であった日本橋から京橋，銀座にかけては，呉服系の百貨店や老舗の高級店が集中する．特に，銀座は高級品を扱うショッピング街として世界的に有名であり，シャネルやブルガリ，ティファニー，モンブランなど海外有名ブランド店が進出している（写真 6.14）．

大手の新聞社，通信社，放送局などの報道機関や出版社などのマスコミは東京に本社をおいて活動している．東京中心部における各種経済機能の大きな集積は，広告，情報，ディスプレー，デザインなど，事業所向けの多様なサービス業を成立させてきた（森・本木，2008）．こうした情報サービス業や映像・音声・文字情報制作業など情報通信関連業は近年増加が著しい．情報通信業全体では，事業所の 36.6％，従業者数では 49.1％が東京に集中しており，なかでもインターネット関連のサービス業は全国の事業所数の約半数，従業者数の 7 割が東京に集中している（図 6.6）．売上高においても情報サービス業や情報通信業は著しい伸びを示しており，全国の売上高の 6 割以上を東京が占めている．情報通信業の事業所分布をみると，都心・副都心地区で東京全体の 7 割以上を占めている．業種別では，放送業は港区に，インタ

写真 6.13 東京都台東区の合羽橋道具街（2008 年 1 月 菊地俊夫撮影）
食品や調理道具関係の卸売問屋街で，日本最大の規模をもつ．

写真 6.14 銀座に出店した海外ブランドショップ（2007 年 5 月）
銀座や表参道には，海外ブランドショップの旗艦店（そのブランドを代表する中心的な路面店舗）が数多く進出している．

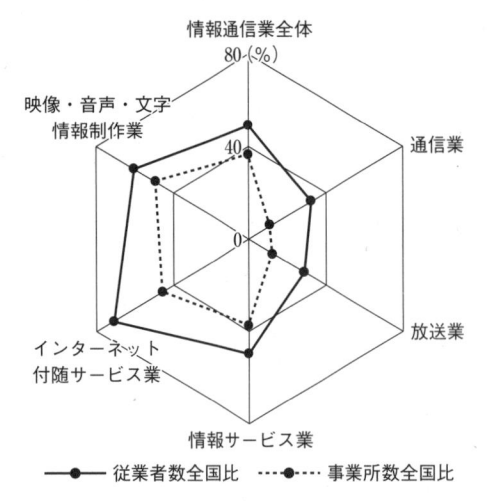

図 6.6 東京の情報通信業（2006 年）
総務省「事業所・企業統計調査」より作成．

ネット関連サービス業は港区と渋谷区に，新聞業は千代田区と中央区などに集積している．秋葉原や渋谷，新宿駅周辺には，これら IT 関連のベンチャー企業が数多く進出している．このような事業所向けのサービス業の集積に加え，ライフスタイルの多様化や人口高齢化など社会の変化に対応する個人向けのサービス業の伸長もみられる．

東京の都心部では，大学，研究機関，美術館，図書館，博物館，映画館，各種劇場，ホールなども多く分布し，東京は文化施設の充実度においても国内随一といえる．このように，東京は政治・経済・文化の中心として，多様な機能が集積しており，そのことが都市の利便性と魅力を高めているといえる．

6.3.4 交通・物流の拠点

日本の道路網は，東京の日本橋を起点としている．陸上，海上，航空の交通体系も東京を中心にネットワークが構築されており，交通の結節点としての東京の優位性は卓越している（図 6.7）．道路交通では，名古屋・大阪方面には東名高速道路，山梨・長野方面には中央自動車道，東北地方には東北・常磐自動車道，新潟・北陸方面には関越自動車道が東京都内から各地を結んでいる．都内には首都高速道路や東京外環自動車道が通り，首都圏の膨大な交通流動を支えている．1997 年には東京湾横断道路（アクアライン）も開通した．

東京は同時に鉄道交通の中心でもある（写真 6.15）．東海道新幹線，東北新幹線は東京を起点とし，上越新幹線は大宮で東北新幹線と接続する．2010 年 12 月には東北新幹線が新青森駅まで延伸され，2011 年 3 月には九州新幹線が新鹿児島まで全線開業するなど，高速鉄道網の整備も進んでいる．また，小田急，東武，京成，西武，東急などの私鉄も，JR 山手線内の駅をターミナルとして郊外に延び，都市域の拡大を促している．さらに，東京や横浜では地下鉄網も発達しており，通勤・通学客や買物客の足となっている．このように，海外と比較して，パーソントリップにおける鉄道交通の高さは東京圏の特徴である．

海上交通では，横浜港と東京港が海の玄関として機能している．横浜港は大桟橋，本牧，瑞穂，山下などの埠頭に港湾設備が整っている．貿易品目をみると，原油や衣類の輸入が多く，自動車の輸出が多い．航空交通では，東京国際（羽田）空港と新東京国際（成田）空港が空の玄関口となる．羽田空港は国内線が主だが，国際線も増加している．成田空港は貨物の取扱量も多く，日本一の空の貿易港である．輸入・輸出とともに，IC（集積回路），精密機械などの生鮮食料品の取扱量も多い．千葉港から空港までは，航空燃料を輸送するパイプラインが敷設されている．

6.4 関東地方の地域構造と将来像

本章では関東地方の地理的特性を，自然環境と産業の動態および東京のもつ中心地機能に焦点を当てながら，検討してきた．そこで最後に関東地方の地域構造について，山本（1991）に基づいて整理することにしよう．

関東地方は，中央部に日本一の面積をもつ関東平野が広がり，東部と南部は太平洋によって画され，北部と西部は山地によって囲まれた 1 つのまとまりのある自然地域をなしている．関東地方の自然条件を概括すれば，東京から周辺部にかけて標高が次第に増し，地形的にも三角州平野から扇状地性平野や洪積台地，さらには丘陵地や火山山麓，さらには山地の順で配列されている．平均気温は中心から周辺に行くに従って低くなり，降水量は反対に増加する．このような関東地方の自然

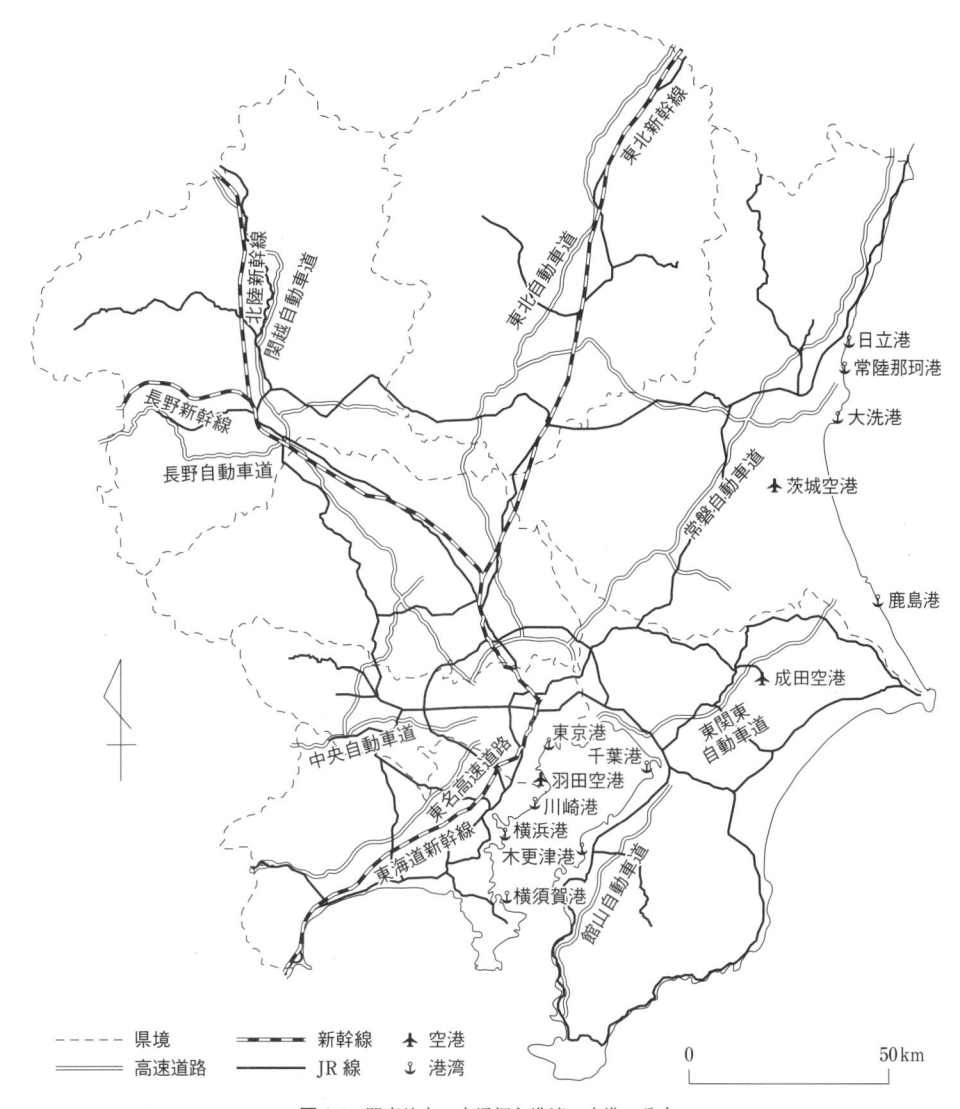

図 6.7 関東地方の交通網と港湾・空港の分布

写真 6.15 東京駅の新幹線案内板（2011 年 1 月）
高速鉄道網の結節点であり，東海道，山陽，九州，長野，上越，東北，秋田，山形各新幹線に接続する．

条件は，東京を中心とする同心円的な地域構造の形成にも重要な基盤を提供している．

　第一地帯は東京都心を含む 30 km 地帯である．日本最大の都市である首都東京には，官公庁や日本を代表する企業の本支社，商業施設，教育・文化施設などが集積し，国心を形成する地区である．世界都市としての東京の地位は低下しつつあるものの，国内では経済的には東京への一極集中化が進行している．この地帯は高度経済成長期以降，大幅に人口が流出したが，近年では再開発地区への高層マンションの建設もなされ，都心地区への人口回帰現象も顕著である．工業では，印刷・出版など情報文化関連産業や金型部品に代表される精密機械工業の集積がみられ，高度な技術力に裏打ちされた日本のモノづくりを下支えしてき

6.4　関東地方の地域構造と将来像　　117

た．この地帯では，多くの農地は住宅地や駐車場などへと土地利用転換が図られたが，集約的な野菜栽培などの伝統的な近郊農業の形態のほかにも，市民農園のような都市農業もみられる．

第二地帯は都心30〜60 km地帯が相当する．第二地帯は，東京の郊外として都心で就業する世帯のベッドタウンとして急速に都市化が進行した地帯であり，東京の外延的拡大の中で都心機能の一部を代替しながら成長を遂げてきた．都心地区と郊外を結ぶ鉄道路線沿いに市街地化は進み，これらの鉄道の都心側ターミナルを拠点とする結節地域構造が形成された．特に東京西郊は，かつては畑地や平地林が卓越する台地・丘陵地上に位置し，工業用地や文教地区，住宅地への用地転用が容易であった．農村では混住化が進行し，周辺の工業地帯や都心部で就業する兼業農家が大半を占めるようになった．多摩，千葉，港北（横浜市）といった大規模ニュータウンをはじめ，筑波研究学園都市，成田空港など過密化した首都機能の移転を目的とした国家的なプロジェクトもこの地帯で行われてきた．この地帯は東京大都市圏の一部として，通勤・通学行動で東京都心部と密接に結びつく一方で，立川や町田，柏といった郊外核となる都市も成長している．

第三地帯は，都心から60 kmより外側の地帯である．この地帯になると農村景観が卓越し，東京の影響よりも各地域の地方中心都市の影響が強くなる．前橋，高崎，宇都宮，水戸といった県庁所在地クラスの都市のほか，江戸期から機業地であった伊勢崎，桐生，足利，結城，明治期以降に工業都市として発展した日立，勝田，太田，城下町起源の土浦，古河，館林などである．近郊農業の外延的移動により，集約的な園芸農業地域が点在しており，三浦半島（スイカやダイコン），埼玉県北部から群馬県南部（ネギやホウレンソウ，キュウリ），茨城県西部（ハクサイやトマト，メロン），千葉県の台地（ラッカセイ，スイカ）などの地域があげられる．首都圏外縁部にあたるこの地帯は，高速道路網の整備とともに内陸部に工業団地が造成され，電機，機械，自動車などの工場が進出した．鹿島臨海工業地帯のように臨海型の重化学工業地帯が国家的事業として建設された地域もみられる．また，観光・レクリエーション空間として，海岸地域は夏季の海水浴やマリンスポーツの場として，山岳地域は温泉浴やスキー・スケートなどのウィンタースポーツの場として利用されている．

こうした東京を中心とする同心円的な地域構造の形態は変化しつつも，基本的な構造は江戸期にすでに構築されていた．江戸を中心とする街道や河川交通網，これらの交通網に基づく物資の動きや人々の行動，都市の配置といった地域構造の原型は，江戸期に淵源を求めることが可能である．それと同時に，関東地方の地域構造は，東京を中心とする機能的な同心円構造のみで理解できるものではない．農業では，東関東と西関東という東西の差異も重要である．親潮ややませの影響によりしばしば冷害の被害を受ける東部の茨城県や千葉県の北東部では，相対的に寒冷な気候に対応する施設園芸や水稲単作地帯となっている．一方で群馬県，栃木県，埼玉県などの関東地方西部は，比較的温暖で畑作の比重が高く，古くから米麦二毛作地帯であった．古代から中世期まで，都の文物は中山道筋を経由して関東地方西部からもたらされた．このような東西性は関東地方東部の東北的要素および西部の東山的要素（本書では中部地方）がもとにあることを意味している．南部には温暖な海岸性の東海的要素も加わっており，関東地方の性格を形成しているといえる．こうした大きな地域特性に加えて，関東平野の台地と低地の対照性，利根川などの河川による遮断効果，沿岸部と内陸部，半島のもつ岬端性などが小スケールでの地域差を形成し，全体として関東地方の地域構造を形成しているといえよう．

政治，経済，社会，文化，人口などの多様な側面において，日本国内の資源が東京への一極集中化の様相を呈している．関東地方は首都東京の後背地として，東京の発展を支え，東京を中心とする同心円的な地域構造が形成されてきた．3000万の人口を有する東京大都市圏は，国連統計による世界最大の都市圏であり，東京はニューヨークやロンドンと比肩される世界都市へと成長を遂げ

た．その一方で，過密化にともなうさまざまな都市問題も生じてきた．地価の高騰や交通渋滞，生活環境問題の解決などといった課題も山積している．産業界に視点を転じれば，中国の急速な経済成長や円高の進展により，特に，製造業の分野では工場の海外移転の動きを加速させるなど，国内産業の空洞化が進行している．人口減少社会に入った日本は，以前のような経済大国としての地位は低下しており，国際的な物流の拠点としての成田空港，および東京港，横浜港の地位も相対的に低下しつつある．BRICs（ブラジル・ロシア・インド・中国）やアジア NIES（韓国，台湾など）諸国との競争が激化するなか，日本がどのように舵をきっていくのか，関東地方の課題はそのまま日本の課題でもある．　　　　　　　　［松井圭介］

引用文献

淺野敏久（2008）：宍道湖・中海と霞ヶ浦，294p，古今書院．

石川義孝（2010）：大都市圏への人口移動．新版図説大都市圏（富田和暁・藤井　正編），pp.6-7，古今書院．

岩田修二（2009）：地形．首都圏Ⅱ（日本の地誌 6，斎藤　功・石井英也・岩田修二編），pp.44-55，朝倉書店．

小田宏信（2009）：工業．首都圏Ⅱ（日本の地誌 6，斎藤　功・石井英也・岩田修二編），pp.102-113，朝倉書店．

貝塚爽平・成瀬　洋・太田洋子（1985）：日本の平野と海岸，pp.145-168，岩波書店．

貝塚爽平・小池一之・遠藤邦彦・山崎晴雄・鈴木毅彦編（2000）：関東・伊豆小笠原（日本の地形 4），349p，東京大学出版会．

関東農政局統計情報部編（2005）：平成 16 年産 関東の作物，117p，関東農政局統計情報部．

呉羽正昭（2009）：観光業―首都圏の観光・レクリエーション地域．首都圏Ⅱ（日本の地誌 6，斎藤　功・石井英也・岩田修二編），pp.114-127，朝倉書店．

小出　博（1975）：利根川と淀川，pp.137-184，中央公論社．

佐々木緑（2009）：近郊農業の外方移動．首都圏Ⅰ（日本の地誌 5，菅野峰明・佐野　充・谷内　達編），pp.132-143，朝倉書店．

佐藤大祐（2009）：観光．首都圏Ⅰ（日本の地誌 5，菅野峰明・佐野　充・谷内　達編），pp.143-149，朝倉書店．

佐野　充・田中絵里子（2009）：東京 23（特別）区の地誌．首都圏Ⅰ（日本の地誌 5，菅野峰明・佐野　充・谷内　達編），pp.177-212，朝倉書店．

杉谷　隆（2009）：自然環境．首都圏Ⅰ（日本の地誌 5，菅野峰明・佐野　充・谷内　達編），pp.51-76，朝倉書店．

須山　聡（2008）：北関東―首都外縁部の変貌．日本経済地理読本（第 8 版）（竹内淳彦編），pp.185-196，東洋経済新報社．

関戸明子（2009）：北部山間地域．首都圏Ⅱ（日本の地誌 6，斎藤　功・石井英也・岩田修二編），pp.205-212，朝倉書店．

竹内淳彦（1996）：工業地域の変動，222p，大明堂．

谷　謙二（2010）：三大都市圏における通勤行動とその変化．新版図説大都市圏（富田和暁・藤井　正編），pp.12-15，古今書院．

淡野明彦（2004）：アーバンツーリズム―都市観光論―，140p，古今書院．

坪本裕之（2010）：東京圏におけるオフィス立地．新版図説大都市圏（富田和暁・藤井　正編），pp.36-37，古今書院．

富田和暁（2010）：大都市圏の定義と変容．新版図説大都市圏（富田和暁・藤井　正編），pp.2-5，古今書院．

仁平尊明（2009）：東関東農業の動向と維持形態．日本農業の維持システム（田林　明・菊地俊夫・松井圭介編），pp.158-162，農林統計出版．

松原　宏（2009）：工業．首都圏Ⅰ（日本の地誌 5，菅野峰明・佐野　充・谷内　達編），pp.117-132，朝倉書店．

森　秀雄・本木弘悌（2008）：東京大都市地域．日本経済地理読本（第 8 版）（竹内淳彦編），pp.83-101，東洋経済新報社．

山川修治（2009）：水資源．首都圏Ⅱ（日本の地誌 6，斎藤　功・石井英也・岩田修二編），pp.58-60，朝倉書店．

山本正三（1991）：あとがき：首都圏における空間構造．首都圏の空間構造（山本正三編），pp.479-486，二宮書店．

Ueda, H., Hori, M. E., and Nohara, D. (2003): Observational study of the thermal belt on the slope of Mt. Tsukuba. *Journal of Meteorological Society of Japan*, 81: 1283-1288.

東京都環境局（2010）：東京都ヒートアイランド対策．東京都ウェブサイト http://www2.kankyo.metro.tokyo.jp/heat/（最終閲覧日 2010 年 12 月 15 日）

コラム12

首都機能の移転と新都市建設：筑波研究学園都市

　東京から北東に約60 kmに位置する筑波研究学園都市は，東京およびその周辺地域から，国の試験研究・教育機関を計画的に移転させることにより，移転先に高水準の研究，教育を行うための拠点を形成するとともに，それにふさわしい環境を整備し，首都圏の既成市街地における人口の過度集中の緩和を図ることを目的に建設された．1963年9月の閣議決定により，研究・学園都市の建設地が筑波地区に決定されてから約半世紀が経ったが，国立（現在は主として独立行政法人）の試験研究・教育機関や商業施設，業務施設，住宅地，公立の美術館や図書館などが計画的に配置された研究学園地区（約2700 ha）とその周辺開発地区（約2万5700 ha）を合わせた約2万8400 haの開発区域に，総工費2兆4000億円をかけたわが国の一大国家プロジェクトであった．1980年3月までに，予定されていた国などの試験研究・教育関連43機関の移転が完了したが，その後の大規模な組織改変などにより，現在では33機関が業務を行っている．2010年10月現在，つくば市は人口21万を超えており，水戸市に次ぐ県内第2位の都市に成長している．民間研究所への勤務者を含めると，研究者数はつくば市人口の7％を占め，約5000人を超える博士号取得者が生活する日本の「頭脳都市」である．

　つくばの都市構造の大きな特徴として，中心地区の整然と区画された街路網や公務員宿舎の配置と自動車交通が指摘される．東西南北に配された主要道路は，いずれも植栽された中央分離帯をもつ片側2, 3車線道路であり，通勤から買物に至る日常の生活行動の多くは自家用車に依存している．これに対し，都市内移動の交通機関としてのバス路線網は十分ではなく，市内中心部とJR常磐線の鉄道各駅（土浦，荒川沖，ひたち野うしく）を結ぶ路線を除けば，一日数本程度の運行にすぎないコミュニティバスが唯一の公共交通手段である地域も存在する．

　こうした交通インフラの中でも，最もつくばに必要とされていたのが鉄道交通であった．1978年に「第2常磐線」構想として発表されたつくばエクスプレス（TX）は，東京圏北東部の交通体系の整備，JR常磐線の混雑緩和などを目的とし，1985年に「常磐新線」として運輸政策審議会で答申された．その後，鉄道敷設ルートや運営形態には紆余曲折があったものの，1989年には沿線の宅地開発と一体的に鉄道を整備する法律（宅鉄法）の成立を受け，1991年3月に，沿線自治体4都県（東京都，埼玉県，千葉県，茨城県），12市区町村（千代田区，台東区，荒川区，足立区，八潮市，三郷市，流山市，柏市，守谷市，谷和原村，伊奈町，つくば市）に加えて民間204団体の出資により第三セクター「首都圏新都市鉄道株式会社」が設立され，1992年1月に，鉄道事業法に基づく「第1種鉄道事業」の免許を取得し，1994年に秋葉原で起工式が執り行われた．2001年に路線名が「つくばエクスプレス」に決定し，2004年には全線でレールが締結．走行試験を経て，2005年8月に開業した．2009年度の1日平均乗降客数は27万人を超えており，開業当初の予想を上回る順調な利用者がある．TX開業とともに沿線開発も進行している（写真1）．東京・秋葉原から最速45分の田園都市へ．都市住民に農村居住の可能性を提示する「つくばスタイル」が構築されつつある今，筑波研究学園都市は新しいステージを迎えたといえる（松井，2006）．

[松井圭介]

写真1　マンションが立ち並ぶTX研究学園駅前（2011年2月）

引用文献

松井圭介（2006）：地理学からみたつくばエクスプレスの開業．地理，51(2)：30-43.

7 東北：豊かな自然とそれに育まれた地方文化

本州の北端に位置する東北地方は南北に長く，日本海側と太平洋岸を含むため，多様な自然環境とそれを生かした文化がみられる．四季折々に姿を変える農村風景は，日本らしさにあふれている．農村風景の主な構成要素は，米と果樹をはじめとする農地である．古くから米どころとして知られてきた東北地方の米栽培は，ひとめぼれやあきたこまちなどのブランド米が登場したことにより，商品作物としての性格が強くなった．その一方で，東北地方には，先端技術産業や自動車の組立工場などの日本を代表する工業が立地している．

会津西街道の大内宿（2007年4月）

7.1 多彩な気候と地形

7.1.1 雪とやませ

東北地方の日本海側は，世界有数の豪雪地帯である．青森，岩手，秋田，山形の各県は，その全域が豪雪地帯に指定されている．日本海側で積雪量が多くなるのは，冬季の湿った北西からの季節風が奥羽山脈によってさえぎられ，降雪をもたらすためである（図7.1）．かつて豪雪地帯における冬季の生活は不便であり，雪国という言葉には負のイメージがついて回った．現在では除雪・融雪などのインフラ整備が進んでいる．また，自動車や鉄道の走行性能も改善されたため，通勤・通学や生鮮食品などの流通に支障を来すことも少なくなった．現在の雪国では，明確な季節の変化や日本らしい冬の景色を楽しむことができる．また，凍みもち，漬物，干し大根などの伝統的な保存食は，東北地方の郷土料理に欠かせない食材である．

太平洋岸の北部は，寒流のオホーツク海流に乗ってくるやませの影響により，夏季に気温が低下する．やませが長く吹く地域では，畜産のほか，冷涼な気候下でも生育できる野菜や工芸作物の栽培が発達した．青森県の三本木原では，藤坂5号などの耐冷品種が育成されたことにより，水稲の栽培も盛んになった．太平洋岸でやませが吹くと，奥羽山脈の反対側では，フェーン現象によって気温が高くなる．山形市では，1933年7月に40.8°Cを記録したが，これは2007年まで日本一の最高気温であった．

太平洋岸の中部以南では，やませの影響が少なくなり，夏季に晴天日が多くなるため，水稲の面積が広くなる．仙台平野や北上盆地は，全国有数の米産地である．しかし，太平洋岸の南部でも，やませが平年よりも南下した場合，農作物が冷害に見舞われる．近世においては，冷害による飢饉が発生し，米価格の高騰と打ち壊しが発生した．ヒエやアワなどの冷夏に強い雑穀を畑の片隅で栽培したり，幼児に雑穀を味わわせる「飢渇慣らし」などの習慣が北上地方で残っていたのは，飢饉の記憶であるといわれる．近年においても，1993年の冷害により，東北地方の米は著しい不作となった．その結果，食糧管理法が撤廃され，大量の米が緊急輸入される事態となった．

7.1.2 脊梁山脈と高地

日本最長の奥羽山脈は，海抜1000～2000mの山々からなり，最高峰は岩手山（2038m）である．山脈名は，奥州と羽州を分けるという意味であり，広い範囲で太平洋と日本海の分水嶺となっている．那須火山帯に属する八甲田山，八幡平，岩

した製鉄が行われてきたが，明治期には釜石市において近代的な製鉄業が興り，大規模な鉄山が開発された．龍泉洞，安家洞，滝観洞などの大規模な鍾乳洞もある．

阿武隈高地は，福島県の東部を中心として，宮城県の南部から茨城県の北部にかけて広がる．中央部には最高峰の大滝根山（1200 m）を含む中央部の分水嶺があり，中通りと浜通りという福島県の地域区分の境界になっている．古い地層が隆起した山塊であり，郡山市ではアンモナイトやフタバスズキリュウなどの化石も産する．田村市のあぶくま洞は石灰岩の採掘場で発見された鍾乳洞である．

7.1.3 平野と米どころ

津軽平野は，岩木川がつくった沖積平野であり，津軽半島南西部の広い面積を占める．中央部は水田地帯であり，津軽米の産地である．南部には弘前藩の藩庁として発展した弘前市が位置するほか，日本最大のリンゴ産地を形成している．弘前城では大型連休に桜祭りが開催され，多くの観光客で賑わう．津軽平野の日本海側に広がる七里長浜は砂丘地帯であり，その北に位置する汽水湖の十三湖はシジミの産地である．青森県の東部に位置する三本木原は，十和田市を中心に広がる洪積台地であり，1855（安政2）年に南部藩の新渡戸傳によって開拓された．第二次世界大戦後も大規模な開拓が進み，酪農をはじめとする畜産業や，耐寒性の品種を導入した水稲栽培が盛んになった．

東北地方最大の平野である仙台平野は，北上川流域の仙北平野と，阿武隈川流域の仙南平野に分けられる．仙北平野の中でも，米どころとして知られるのが大崎地方である．大崎地方の米は，近世には大量に江戸へ出荷されて本石米と呼ばれた．ひとめぼれやササニシキなどの主要品種を育種してきた宮城県立古川農業試験場も大崎市にある．仙北平野の東部に位置する石巻市は，旧北上川の河口に位置する水産都市である．旧北上川の河口から，松島湾を経由して阿武隈川の河口に至る貞山運河は，全長約50 kmの日本最長の運河である．

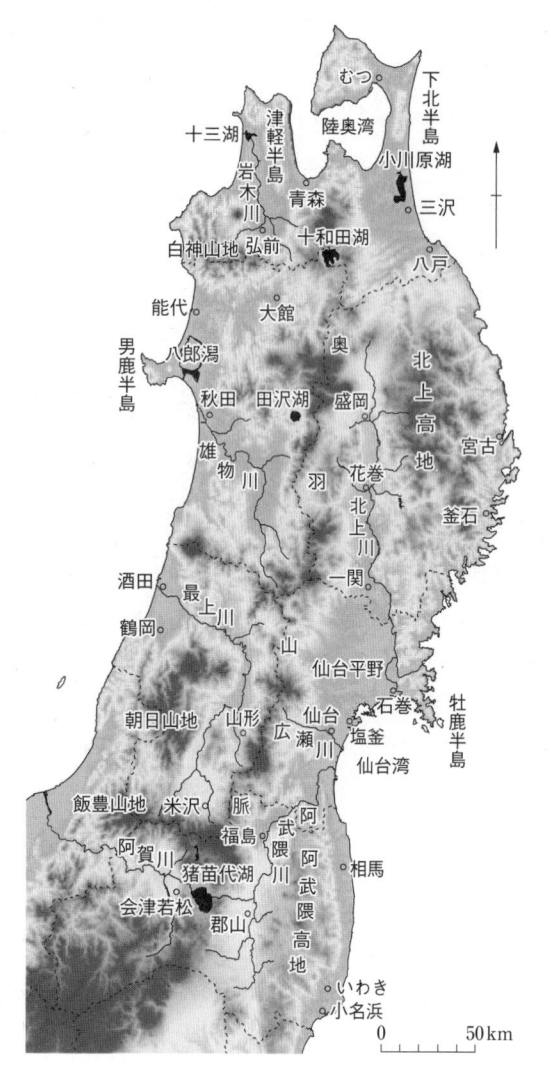

図7.1 東北地方における山地，河川，都市の分布

手山，蔵王連峰，安達太良山などの火山が分布するほか，数多くの温泉地がある．かつては，松尾（硫黄），不老倉（銅），鷲之巣（銅，金），細倉（鉛，亜鉛）などの大規模な鉱山も開かれていた．奥羽山脈では，ブナやナラなどの落葉広葉樹が卓越することから，ブナ帯文化の中核である．近年ではスギやヒノキの造林も盛んになったが，ドングリをつける落葉樹からなるブナの森は，東日本の原風景である．

北上高地は，北上川と三陸海岸に挟まれた山地であり，そのほとんどが岩手県の東部に位置する．最高峰の早池峰山（1917 m）の周囲には急峻な山があるが，総じて海抜1000～1400 mのなだらかな隆起準平原である．古代より砂鉄や餅鉄を利用

仙北平野よりも狭い仙南平野では，稲作に加えて，イチゴをはじめとする施設園芸が盛んである．また，仙南平野の北部に位置する仙台市は，東北地方における商業・交通・行政・教育機能の中心である．仙台市街地の起源は，伊達政宗が青葉山と広瀬川の河岸段丘に建設した城下町である．仙台市は，東北地方のほぼ中央に位置することから，明治期には鉄道の結節点となり，商業の町として発展した．1989年には仙台市が全国で11番目の政令指定都市に指定された．

秋田平野は，雄物川下流に広がる沖積平野であり，その広い範囲を占める秋田市は，佐竹氏の居城であった久保田城の城下町として発展した．雄物川河口の土崎港は，北前船の重要な寄港地であった．平野の北部に広がる八郎潟は，かつて日本で2番目の面積を誇った汽水湖であり，シジミの産地であった．食糧増産のために1957年に干拓事業が始まり，1967年から公募よる入植が始まった．干拓地につくられた大潟村は，米，麦類，豆類，メロンなどの農産物の大産地となった．農家当たりの経営耕地面積は約17 ha（全国平均の10倍以上）である．

山形県の北西部，最上川の下流には庄内平野が広がる．はえぬきを中心とするブランド米の産地であるほか，海岸沿いの砂丘ではメロンやイチゴなどの野菜も栽培されている．河口に位置する酒田市は，かつて北前船の西回り航路の拠点となり，商人の町として栄えた．現在でも外国船舶が入港する特定港に指定されており，釜山との間にコンテナ船が定期的に就航する．一方，平野南部に位置する鶴岡市は，鶴岡藩の城下町であった．新聞やテレビ局などのマスコミ，地方銀行などの金融機関は，鶴岡市に本店と支店が集積する．

7.1.4 個性ある盆地

北上盆地は，北上山地と奥羽山脈の間に広がる南北約180 kmの細長い盆地である．北上川の流路に沿って，盛岡，花巻，北上，奥州，一関などの都市が分布する．北上盆地は，米の単作地帯であるほか，ブランド牛である前沢牛の生産で知られる．県庁所在地の盛岡市は，南部氏の盛岡城の城下町として発展した．矢巾町や滝沢村など，盛岡市のベッドタウンが盆地に沿って南北に延びている．東北本線や東北自動車道が通るほか，秋田新幹線と東北新幹線の分岐点があるなど，北東北における旅客交通の要所である．

秋田県の南部に広がる横手盆地は，東北地方でも有数の水田地帯である．現在はあきたこまちの主産地であり，かつてはキヨニシキが盛んに栽培されていた．平野の北部には秋田新幹線が，南部には秋田自動車道が走り，それぞれが大仙市から秋田平野に入る．平野を流れる雄物川は，奥羽本線が全線開通するまで水運で栄え，各地に河岸がつくられていた．美郷町六郷では，扇状地の湧き水を生かしたまちづくりが行われている．

山形県の最上川流域には，新庄，山形，米沢などの盆地が連なる．いずれも積雪量が多く，1日の寒暖の差が大きい．主な農業は水稲作であるが，扇状地や自然堤防を中心に，サクランボ，西洋ナシ，リンゴなどの果樹園が広がる．また，米沢牛や尾花沢すいかといったブランド農産物の産地でもある．県庁所在地の山形市は，山形新幹線と山形自動車道によって仙台市と福島市と結ばれており，花笠祭りや芋煮会などの行事も有名である．

福島県の北部に位置する福島盆地は，阿武隈高地と奥羽山脈に挟まれた小規模な盆地である．山麓に分布する扇状地を中心に，モモ，日本ナシ（和ナシ），リンゴなどの果樹栽培が盛んである（仁平，1997）．盆地の奥羽山脈側には，飯坂，高湯，土湯などの有名な温泉地がある．県庁所在地の福島市は，いわき市と郡山市に次ぐ人口規模であり，明治期には製糸業で栄えた．市街地にある信夫山（275 m）は，山岳信仰のシンボルであり（松井，1997），柑橘類が栽培できる北限とされる．盆地東部の伊達郡は，養蚕が盛んであった．昭和初期までの梁川町（現在の伊達市）は，高品質の蚕種や繭の生産で経済が潤い，歌舞伎座もつくられたことから，蚕都と呼ばれた．

郡山盆地は米の大産地である．郡山市における米の栽培面積は8000 haであり，市町村単位では日本最大であった（2000年）．かつて郡山盆地は，干ばつの影響を受けやすく，入会の牧草地が広い

写真 7.1 安積疎水事業で建設された十六橋水門（2007 年 4 月）

面積を占めていた．士族授産の大規模な国家計画として，猪苗代湖から取水する安積疎水が 1883（明治 16）年に開通すると，約 9000 ha が灌漑受益地となり，一大水田地帯となった（写真 7.1）．安積疎水によって，工業用水と電力の供給が充実したことにより，郡山市では製糸と紡績が盛んになり，工業都市として発展する基盤がつくられた．

会津盆地は，奥羽山脈，越後山脈，飯豊山地に挟まれた南北に長い地溝盆地である．盆地底の海抜は約 180 m であり，水田地帯となっている．日中の寒暖の差が大きく，周囲の山地から豊富な水が流れてくることから，食味の良い会津米が栽培できる．会津藩の城下町として発展した会津若松市は，鶴ヶ城や白虎隊に関連する史跡が観光資源となっている．

7.1.5 好漁場に面する海岸と半島

陸奥湾は，ヒラメやホヤなどの漁場となっているほか，ホタテ貝の養殖も盛んである．湾の南西部に位置する青森港は，函館戦争時に新政府軍の拠点となったことから，1871（明治 4）年に県庁が弘前市から青森市へ移された．本州最北端の下北半島は，ニホンザルとツキノワグマが生息する北限である．ここには，イタコの口寄せで知られる恐山や，国の名勝に指定されている仏ヶ浦などの観光地がある．下北半島の大間町は，マグロの一本釣りで知られるほか，函館行きの津軽海峡フェリーが運航している．半島南部には，六ヶ所村の核燃料サイクル基地，および，航空自衛隊と米軍に共用利用されている三沢空港がある．

三陸海岸は，青森県の南東部から岩手県を経て，宮城県の牡鹿半島まで南北に続く約 600 km の海岸である．宮古市よりも南には，沈降地形であるリアス式海岸がみられる．三陸沖は，寒流の千島海流と暖流の日本海流が合流するため，世界でも有数の好漁場となる．ここには，宮古，大槌，釜石，大船渡，気仙沼，南三陸，女川などの漁港が続いている．三陸海岸はしばしば津波の被害を受けてきた．特に，2011 年の東北地方太平洋沖地震で発生した津波では甚大な被害となった．

牡鹿半島は，宮城県の北東部に位置する半島であり，その内海が仙台湾と石巻湾である．半島の先にある金華山は，恐山，出羽三山とともに奥州三霊場として信仰の対象となっている．太平洋岸の女川町には，東北電力の女川原子力発電所がある．仙台湾の松島は，沈降地形がつくる独特の景観が日本三景の 1 つに数えられ，国の名勝にも指定されている．宮城県の沖合には，太平洋プレートと北アメリカプレートが衝突する日本海溝があり，宮城県沖，宮城県南部，三陸南などの大地震が発生してきた．

秋田県の男鹿半島は，雄物川と米代川が運んだ土砂により陸繋島になった．半島の西端にある一ノ目潟はマール（爆裂河口）であり，戸賀湾は火口湾である．男鹿市では，秋田県の県魚として知られるハタハタの水揚げが多い．男鹿市の船川港は，かつて北前船の風待港として利用された．同港は，1951 年に重要港湾の指定を受け，木材加工や石油精製などの工業団地がつくられた．男鹿市（旧若美町）には，100 本以上の油井が掘られた申川油田がある．

7.1.6 舟運で栄えた河川

東北地方で最も長い北上川は，勾配が緩やかであるため，東北本線が開通するまでは舟運が盛んであった．北上川の舟運は盛岡城下の新山河岸から始まり，200 km 下流の石巻まで 3～4 日の日数をかけて下っていった．仙台藩との境界にあった黒沢尻（現在の北上市）は，舟運の集散地として発展した．一関市から登米市にかけての中流部では，両岸に山地が迫り川幅が狭くなるため，洪水の被害があった．洪水の被害を防ぐために明治後期から分流工事が行われ，リアス式海岸の追波湾

から太平洋に流れ込むようになった．

秋田県の南部を流域とする雄物川は，土崎港から日本海に流れ出る．河川名は，舟運で年貢米（御物）を運んだことに由来する．江戸期には，倉内（現在の湯沢市）から土崎港まで，30以上の河岸がつくられていた．当時の舟運では，下り船には米や農産物が積み込まれ，登り船からは衣料，日用品，塩，海産物などが川揚げされた．雄物川の河口に位置する秋田市では，洪水が多発していたため，1937年に放水路が建設された．

山形県の最上川では，米，大豆，タバコなどの農産物のほか，山形藩の特産物であった紅花や青苧（あおそ）などが舟運で運ばれた．河口の酒田市は，回船問屋や呉服商が軒を連ね，「東の堺」と呼ばれるほどに発展した．芭蕉が「五月雨をあつめて早し最上川」と詠ったように，最上川は東北地方の河川の中では急流である．碁点（ごてん），三ヶ瀬（みかのせ），隼（はやぶさ）は最上川の難所であったが，1580（天正8）年に最上義光によって掘削されたことにより，最上川の舟運が始まった．

7.2 変化を続ける産業

7.2.1 ブランド米の登場

東北地方6県における農業産出額第1位の農産物は，青森県のリンゴを除いて，すべて米である．図7.2は，東北地方における米の栽培面積を示したものである．作物統計によると，2007年の東北地方における米の生産量は243万トンであり，全国の28％を占めた．東北地方の中でも，米の栽培面積が1万haを超え，かつ耕地に占める米の栽培面積が9割以上を占める地域を「米の大規模単作地帯」と定義すると，それに相当するのは，面積の広い順より，仙北平野，横手盆地，北上盆地，八郎潟干拓地，郡山盆地，米沢盆地，浜通り地方，秋田平野となる．また，米の産地評価区分をみると，最高のAランクに相当する市町村が集中するのは，横手盆地，北上盆地，仙北平野，庄内平野，米沢盆地，会津盆地である．米の品質が高くなる条件は，登熟期に日較差が大きくなること，水が豊富で循環が早いこと，土壌にミネラル分が多いことなどである．

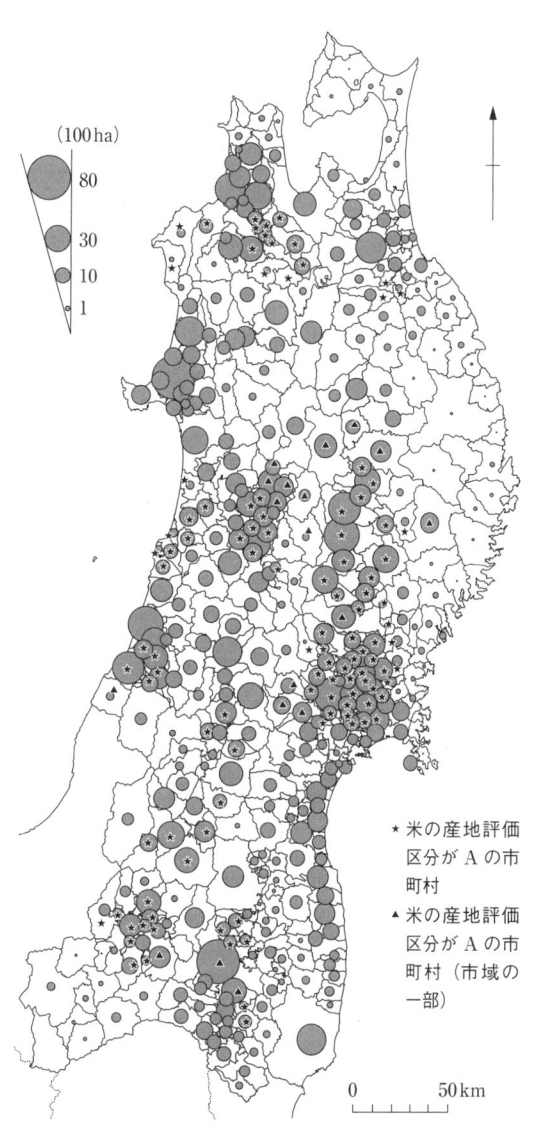

図7.2 東北地方における米の栽培面積と作物栽培面積に占める水稲の割合（2000年）
産地評価区分は2005年．世界農林業センサス，米穀データバンクの資料により作成．

図7.3は，東北6県における米の栽培面積と主要品種の割合を示したものである．水稲の主要品種は絶えず変化しているが，特に，1990年代以降の変化として，①県ごとの主要品種が確定してきたこと，②栽培面積が主要品種に特化していること，③品種の名前がわかりやすくなったことに注目できる．以前の米の品種には，ササシグレやフジミノリなど，複数の県で第1位となった主要品種が存在した．しかし近年では，青森県のつがるロマン，秋田県のあきたこまち，山形県のはえぬきなど，県独自の品種が台頭してきた．これら

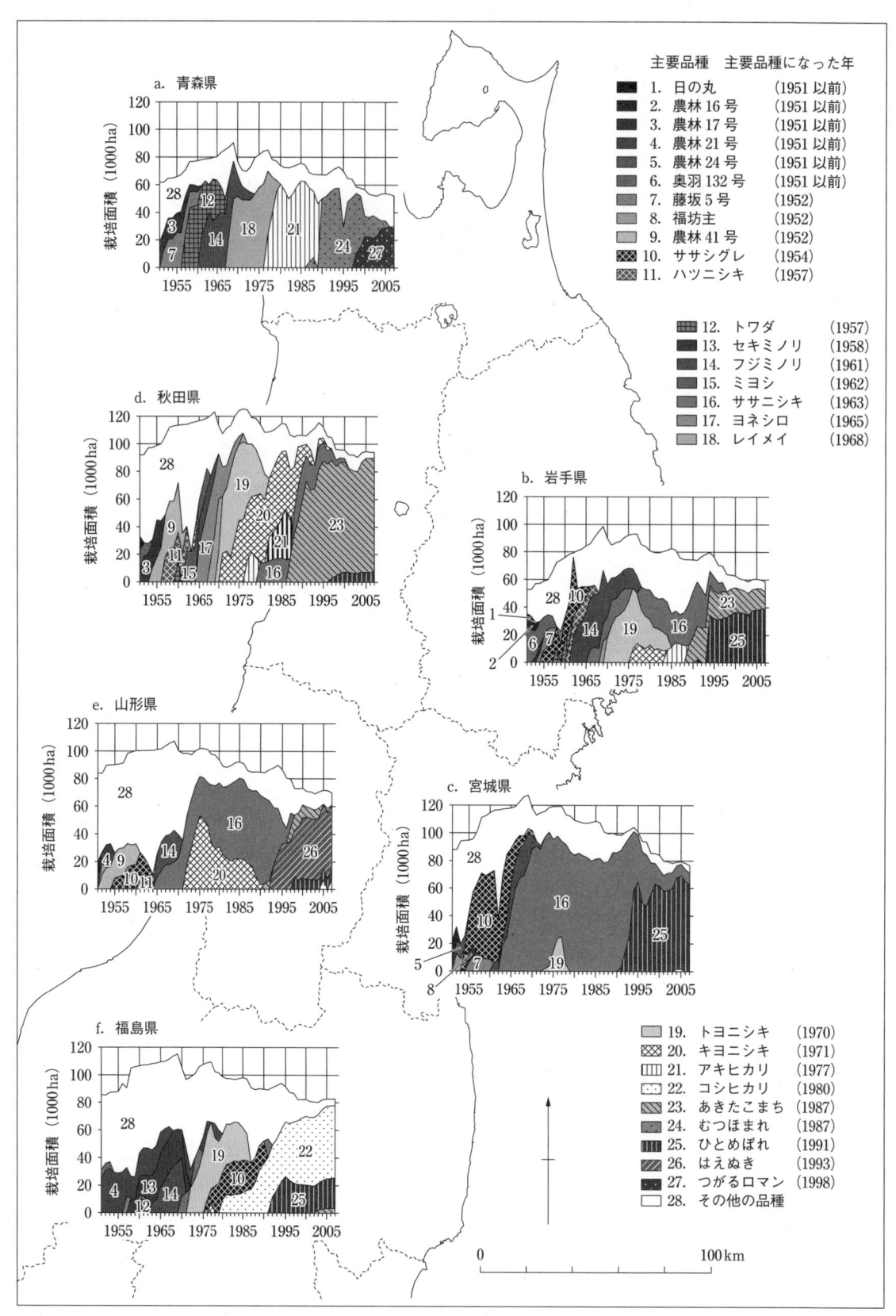

図 7.3　東北地方における米の主要品種の変化（1951～2007 年）
食糧管理統計年報より作成.

126　7. 東北：豊かな自然とそれに育まれた地方文化

コラム 13

東北地方における人の移動

東北地方は本州の最北部に位置し，北海道と関東・北陸地方の中間に位置する．その面積は6万6900 km^{2}であり，日本全体の18%を占め，北海道に次いで広い地方である．しかし，積雪が多く寒冷であり，近代的な産業の発達も遅れたことから，かつては流出人口が多く，人口の給水塔と呼ばれた．

明治初期には，仙台や会津などの士族移民が北海道開拓に従事した．北海道の伊達市，栗山町角田，札幌市白石区などは，仙台藩にゆかりのある地名である．その後も，大正から昭和初期にかけて，炭鉱，ニシン漁，農業などの経済発展を背景に，東北地方から北海道への移住や出稼ぎが盛んになった．農業では，インゲン豆やエンドウ豆の輸出量が増えるにともなって，宮城県，福島県，山形県などの南東北から十勝地方への入植者が増加した．ニシン漁では，北海道ばかりでなく，樺太，カムチャツカ，千島などへの北方漁業も，秋田県や青森県の漁民が出稼ぎに行った．

1960年代から1970年代にかけての経済の高度成長期には，京浜地方における急速な工業の発展にともなって，第2次産業，第3次産業の労働力として，若年人口の移動が活発になった．当時，中学校と地域の職業安定所が若者の就職を斡旋し，人数が集まれば集団就職列車が運行された．中卒で働き始めた若い労働者は「金の卵」と呼ばれ，日本の経済発展を支えてきた．彼らの多くは，第一次ベビーブーム世代，次男や三男，農村出身者であった．このような就労にともなう人口移動のため，福島，山形，岩手，秋田の各県では，1950年代後半から1970年にかけて，人口が社会減少（転出者数が転入者数を上回ること）となった．

経済の高度成長期以降，京浜地方では以前ほどの求人数はなくなり，農村では，移住よりも出稼ぎが多くなった．農閑期となる冬季に，首都圏を中心とする各地で，道路工事などの土木・建設現場などで働くことが，典型的な出稼ぎとなった．近年では農産物の価格が低迷しているため，出稼ぎで得た給料を，農業機械の購入や利子の支払いなど，農業生産に充填する農家も増えている．

日本経済の発展にともなって，地方の公共事業が増加したり，東北地方各地に産業が誘致されたことにより，京浜地方への移住者はさらに減少した．東北地方では1980年代から，半導体を扱う電子・電気機器関連の製造業が発展したが，その主な理由として，地価と人件費が安いこと，高速道路の開通により輸送時間が短縮されたこと，製品の重量が軽いことなどがあげられる．また，工場の移転に際しては，地理的な条件に加えて，経営者レベルでの人的なつながりも重要であった．

産業と経済の発展にともなって，近年の東北地方の人口移動は，転入と転出が同じ程度になった．一方，東北地方内の人口移動が活発になり，特に都市圏の人口が増加した．2005年における東北地方6県の人口は963万であり，日本全体の7.5%を占めた．東北地方の人口は，11大都市圏（仙台，山形，郡山，盛岡，秋田，福島，いわき，青森，八戸，弘前，会津若松）に6割が集中する．都市圏人口の中でも，新幹線や高速道路などの交通網の整備や，産業構造の変化により，仙台都市圏の一極集中の度合いが高まっている．仙台市の都心と都心周辺には，10棟の超高層マンション（90 m以上）がある（写真1）．反対に，都市圏から遠方にある農村や山村では，高齢化と少子化による過疎化が進んでいる．

写真1 青葉城跡からみた仙台市の中心街
（青葉通り，1995年）

［仁平尊明］

は，国の産地品種銘柄に指定され，地域ブランドとして販売されている．

主要品種への特化に関して，いずれの県でも米の栽培面積は1960～1970年代をピークに減少しており，第1位の品種が占める割合は高くなっている．かつて多様な品種が栽培されていたのは，低温による収量低下の被害を危険分散で少なくするためであった．現在では，機械化や防除などの栽培技術が進歩したこと，基盤整備事業が進んだこと，農業協同組合（農協あるいはJA）や行政による栽培方法の指導が行き届いたことなどにより，以前よりも低温の被害は少なくなった．また，品種の名称の変化について，1950～1960年代における品種は，農林16号や藤坂5号など，各地方の改良普及所の育成番号が品種名になったものが多かった．その後，1970年代になると，ササニシキやトヨニシキなど，親品種の名前を含めたカタカナの名前をもつ品種が多くなった．近年の品種は，あきたこまち，ひとめぼれ，つがるロマン，はえぬきなど，地域に関連したり，有名な故事にちなんだ名前がひらがなでつけられるようになった．

このような主要品種の変化は，米のブランド化や商品化の現象としてとらえることができる（Nihei, 2010）．かつて米は食料供給作物であり，その栽培と流通は，国の管理下に置かれてきた．しかし，1993年に東北地方を中心に発生した大冷害により，米の価格が急上昇し，米の緊急輸入を実施せざるを得ない状況になった．この「平成の米騒動」を契機に，1994年に食糧管理法は撤廃され，米の栽培と流通に関する規制が大幅に緩和された．近年では，消費者の要求を満たす食味の良い米を，いかに開発し販売するかという点に重点が置かれるようになった．しかし，規制の緩和と同時に，市場競争によって米価が低下を続けている．そのような中で，宮城県における環境保全米のひとめぼれにみられるように，ブランド米にさらに付加価値をつけて販売する例も出てきた（写真7.2）．

7.2.2 日本一の果樹と工芸作物

岩木山麓に広がるリンゴ畑は，青森県を代表す

写真7.2 大崎市における環境保全米の圃場（2008年10月）

る景観である．青森県におけるリンゴの栽培面積は約1万7000 haであり，それは全国の53％を占めた（2005年）．青森県のリンゴ栽培は，内務省勧業寮によって1875（明治8）年に苗木が配布されたことに始まる．その後，病気や台風・降雹による被害，第二次世界大戦による樹園の縮小，豊作による価格低下，輸入農産物の解禁など，さまざまな困難に見舞われながら産地が発展してきた．その要因として，リンゴ栽培に適した自然環境，農家や農協による栽培と販売の努力，ふじなどの有力品種や新しい栽培技術の開発，行政の補助などがあげられる．販売面では，明治期から昭和初期にかけて，ロシアや上海へ青森県産のリンゴが輸出されていた．現在でも，青森県産のリンゴは台湾，中国，タイ，アメリカ合衆国に輸出されている．

サクランボは，山形県の農業産出額第2位の部門である．山形県におけるサクランボの栽培面積は2890 haであり，全国の64％を占めた（2008年）．現在のサクランボは，西洋実桜の品種であり，リンゴと同様に明治初期に日本に移入されたものである．山形県におけるサクランボ栽培は，1875年に内務省勧業寮より配付された苗木が，県庁の庭園に植えられたことに始まる．当時，サクランボの苗は全国に配布されたが，県内各地にサクランボ栽培が普及したのは山形県だけであった．それは，開花期の霜害や収穫期の降雨による実割れなどが少ないなど，山形県の自然条件に適していたためであった．全国的に栽培されている佐藤錦は，山形県東根市の佐藤氏が昭和初期に育

成した品種である（西村，1997）．

　山形県産のサクランボは，鉄道を利用した東京への出荷や，日東食品の大規模な缶詰工場が誘致されたことなどにより，第二次世界大戦以前から全国的に知られた．戦後のサクランボ栽培は，養蚕の衰退により扇状地に拡大し，次いで米の生産調整により水田地帯に拡大した．1992年にサクランボの輸入が解禁になったことや，新興産地の出現により（林，2007），価格競争が激しくなった．先行産地である山形県では，加温栽培による早期出荷，観光農園，宅配による直売など，高付加価値化やブランド化の工夫が進んでいる．

　岩手県は，ホップとリンドウの生産量が日本一である．ホップ栽培の中心は，遠野ホップ農協，岩手県北ホップ農協（二戸市，岩手町，軽米町），江刺忽布農協（北上市，奥州市）である．岩手県におけるホップ栽培は，1956年に江刺町（現在の奥州市）で宝酒造との契約栽培で始まり，1960年代には大手4社が岩手県へ進出した．ホップの品質は，気候条件に左右されやすいが，夏季の温度変化が少なく，最高気温が高すぎない岩手県の気候は，ホップ栽培に適する．リンドウ栽培もまた，夏季の最高気温が25℃を下回る気候が適しており，県北の八幡平市安代地区が最大の産地である（斎藤，1991）．二戸市を中心とする県北では，雑穀も広く栽培されている（写真7.3）．ここでは，アワやヒエなどの伝統的な雑穀ばかりでなく，アマランサスなどの新しい種類もみられる．これらの雑穀は水田転作作物であり，近年の自然食品や健康食品のブームにより面積が増加している．

7.2.3　小規模な肉牛生産と大規模な養鶏

　東北地方における肉用牛の産地は，仙台平野とその周辺，十和田市と七戸町を中心とする三本木原，北上地方，および，福島県の阿武隈高地と中通り地方など，広い地域に分布する（図7.4a）．青森県と山形県を除いて，経営体当たりの飼養頭数は12〜15頭であり，小規模な飼育が多い．これは，耕種農業に養畜を組み合わせた有畜複合経営の割合が高いためである．また，岩手県の南部地方，宮城県の仙北地方，福島県の阿武隈高地は，かつて馬の大産地であった．

　肉牛の産地の中でも仙台平野は，飼育頭数が多いばかりでなく，仙台牛，若柳牛，石越牛，はさま牛などのブランド牛の産地でもある．また，飼育頭数は多くないものの，山形県置賜地方の米沢牛，岩手県前沢町（現在の奥州市）の前沢牛も，全国的に知られるブランド牛である．米沢牛の生産には米沢牛銘柄推進協議会の認定が，前沢牛の生産には岩手ふるさと農業協同組合を通した出荷が必要である．ブランド牛の品種は，ほとんどが黒毛和種であるが，岩手県や青森県では日本短角種のブランド牛もある．

　生産農業所得統計によると，2007年の東北地方における豚の産出額は914億円であり，米とリンゴに次いで3番目に高い部門であった．豚の主な産地は，①十和田市と三沢市を中心とする三本木原，②鹿角市，米山町を中心とする仙台平野，③酒田市を中心とする庄内平野に分散する．東北地方の養豚の特徴は，繁殖経営の割合が高く，関東地方の大産地へ子豚を供給してきたことにある．しかし，関東地方で大規模な一貫経営が増えるにつれて，東北地方の副業的ないわゆる軒下養豚は姿を消しつつある（小金澤，2006）．

　東北地方におけるブロイラーの生産は二戸市に集中する．2005年農林業センサスによると，二戸市の飼養羽数は約3900万であり，東北地方全体の47％に相当した．二戸市には，ブロイラーの一貫経営を行う大規模な2つの企業（十文字チキンカンパニーと阿部繁孝商店）が立地する．これらの企業は，直営の飼育農場のほかに，近隣の農家

写真7.3　二戸市におけるアワ（右）とヒエ（左）の栽培
　　　　　（2008年10月）

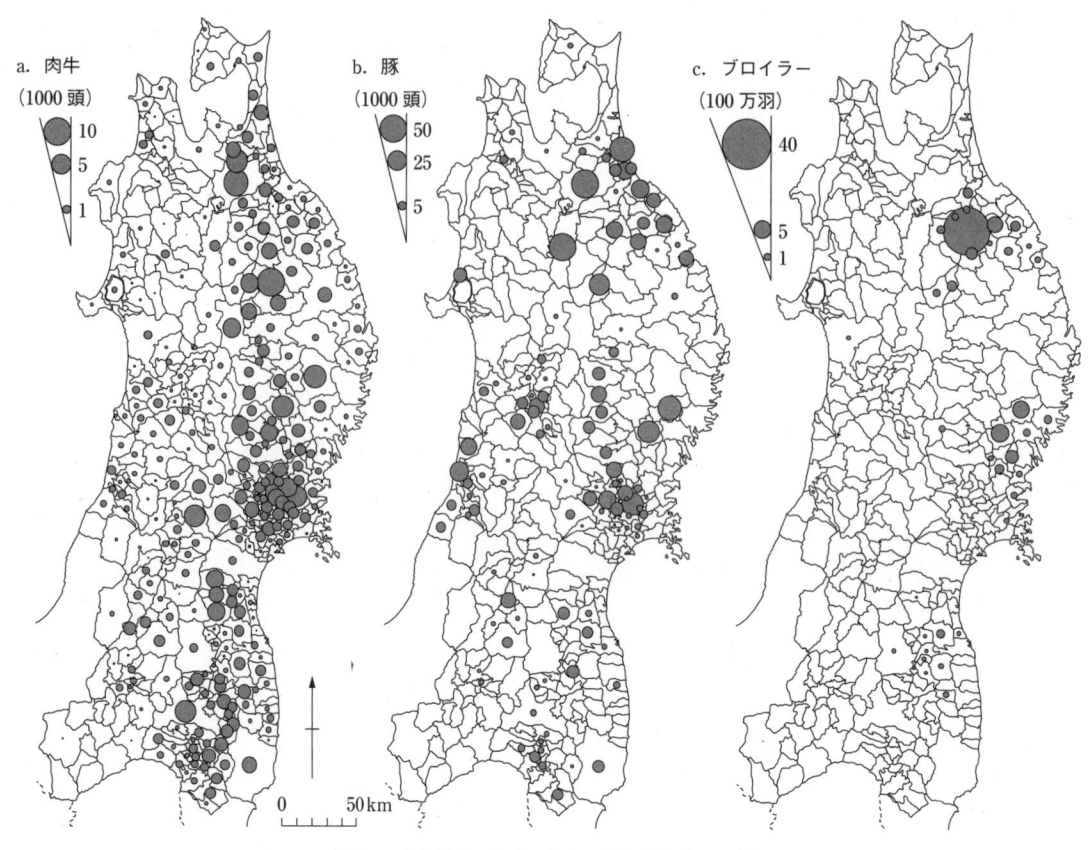

図7.4 東北地方における家畜の飼養頭数（2005年）
農林業センサスより作成.

へ飼育も委託している．さらに，種鶏農場，孵卵農場，処理加工場，流通センター，鶏ふん肥料工場なども多角的に経営している．

7.2.4 日本有数の水揚げ量を誇る漁業

漁業資源に恵まれる三陸沖には，日本各地から漁船が集まり，周囲の漁港に水揚げされる．東北地方で最大の漁港である八戸港の水揚げ量は，14万トンで全国第3位である（2009年）．三陸海岸に分散する気仙沼，大船渡，女川，宮古などの漁港もまた，日本で上位の水揚げ量を誇る．三陸地方に水揚げされる主な魚は，イワシ，カツオ，サンマ，サバ，タラ，アジなど，沖合漁業でとれる多獲性の回遊魚である．また，八戸ではヒラメとイカ，気仙沼ではエビとカジキ，女川ではサンマ，大船渡では養殖サケなど，地域によって水揚げ魚種に差異がみられる．大消費地から遠隔地に位置するため，水揚げされた魚は加工・冷凍される割合が高い．沖合漁業の一方で，カキ，ホタテ，ウニ，ワカメなどの養殖を中心とする沿岸漁業の水揚げも多くなった．これは，1977年の200海里の排他的経済水域の設定により，遠洋漁業が衰退したためである．また，江戸期における三陸地方は，干しアワビやフカヒレなど，中国向けの輸出品（いわゆる長崎俵物）の産地として知られた．

仙台湾の石巻港は，東北地方では八戸港に次いで水揚げ量の多い漁港である．石巻魚市場では，上記の主な三陸沖の魚種のほか，金華サバや金華カツオなども地域ブランド水産物として販売されている．仙台湾の中でも松島湾と石巻湾では，カキの養殖が行われている．特に種ガキは，国内の多くのカキ産地に供給されており，かつてはアメリカやフランスへも輸出されていた．また，仙台湾は，大都市をひかえた内海であるため，マダイやカレイなどを対象としたスポーツフィッシングも盛んである．

日本海側の漁港は，太平洋岸と比べて小規模である．漁業世帯数が500を超えるのは，秋田県の

男鹿市と青森県の深浦町だけである（篠原，2007）．これらの漁港では，ハタハタの水揚げが多いことに特徴がある．ハタハタは1970年代までは大量に水揚げされたが，1980年代に漁獲量が激減した．1992〜1995年は禁漁魚種に指定された結果，現在では漁獲量が回復してきた．その他，東北地方における特徴的な漁業として，最上川・北上川・阿武隈川水系のアユ，桧原湖のワカサギ，庄内地方の金魚，天童市の錦鯉などの内水面漁業があげられる．

7.2.5　半導体と自動車に代表される工業

東北地方における製造品出荷金額の上位6部門は，①電子部品・デバイス，②情報通信機械器具，③食料品，④一般機械器具，⑤輸送用機械器具，⑥電気機械器具である．かつて東北地方の産業は，農業，鉱業，繊維，食品加工（精米，製粉，水産物加工，畜産製品，製麺・乾麺，清酒など）が主体であった．1970〜1980年代に東北自動車道と東北新幹線が整備されると，多くの自治体が工業団地を造成して企業を誘致した．1980年代には，青森，北上川流域，秋田，仙台北部，山形，郡山の各地域が，通商産業省のテクノポリス（高度技術集積都市）に指定されことにより，先端技術関連の生産と研究・開発の基盤がつくられた（小田，1998）．さらに，東北自動車道沿線や，盆地と海岸部に位置する都市にも，電子部品や半導体などの工場が移転してきた．これらの工場で生産される製品は，軽量であり，主にトラックで輸送されることから，東北自動車道沿線はシリコンロードと呼ばれた．

東北地方において製造品出荷金額が多いのは，いわき市（1兆1000億円），郡山市（1兆円），仙台市（9000億円），米沢市（8000億円），福島市（7000億円），八戸市（5000億円），金ケ崎町（4000億円）である（図7.5）．いわき市では，小名浜臨海工業団地を中心として複数の工業団地が造成された．主な業種は，情報通信，化学，輸送用機器（自動車），電子部品，製紙である．かつては，常磐炭鉱と石炭関連産業で栄えたが，エネルギー革命後の炭鉱の閉山により，1970年代に鉱業都市から工業都市へと変化した．

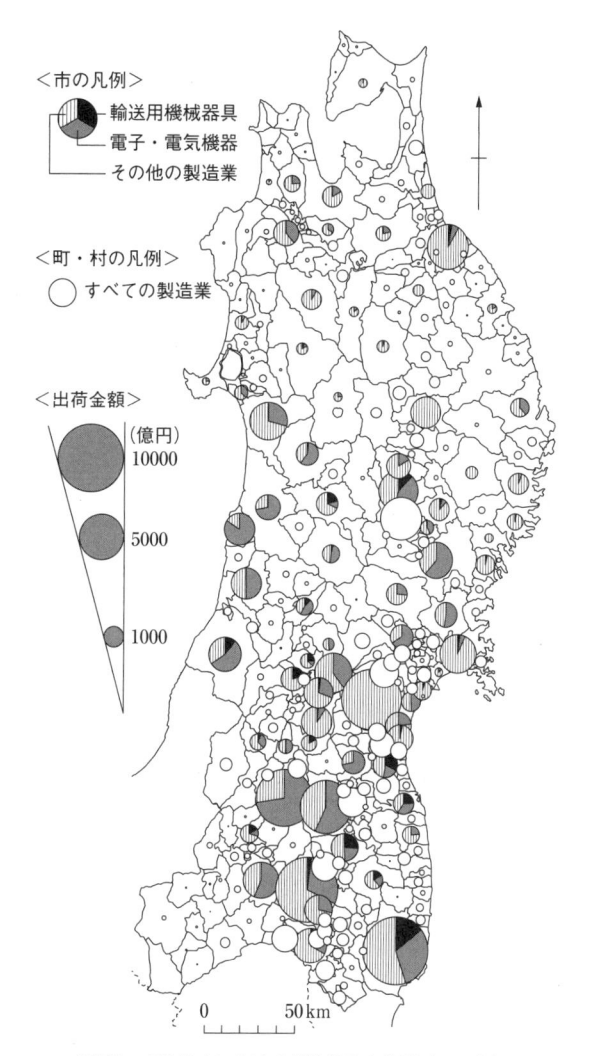

図7.5　東北地方における製造品出金荷額（2005年）
工業統計表より作成．

郡山市は，安積疎水の開通にともなう工業用水の供給と水力発電により，明治期から昭和初期にかけて，製糸業と紡績業で発展した．1962年には新産業都市の指定を受けたことにより，京浜工業地帯から工場が進出した．さらに，1986年にテクノポリスに指定され，電気機器や産業用機械の加工組立，ガラス，樹脂，充電池など，内陸型の工業が発展した．山形県の米沢市は人口9万の地方都市であるが，電子・電気機器の出荷額が東北地方で最も多い．米沢市は，帝国人造絹糸会社（現在の帝人）が発足するなど，繊維工業が盛んな都市であった．繊維工場で使用される機械をつくる技術や，企業家の人的なつながりなど，製造業の伝統が先端技術産業の誘致に結びついた．

胆江地方にある金ケ崎町は，人口は1.6万にすぎないが，自動車と半導体の製造で全国的に知られる．金ケ崎町では，1980年代に富士通の半導体工場が設立された．これは，ワープロやパソコンの需要増加にともなって，会津若松市の製造ラインが拡大したものであった．さらに，1990年代には関東自動車工業が横須賀市から移転したことにより，トヨタ自動車の国内製造拠点の1つとなった．山形県の酒田市は，製造品出荷金額は約2000億円であるが，電子・電気機器の出荷額が大きいことに特徴がある．酒田市では，1985年にセイコーエプソン社の酒田事業所が設立され，1990年代にはその半導体部門が大幅に拡充された．

東北地方におけるその他の製造業として，出荷金額は低いものの，地域の自然や歴史を生かした伝統工芸品をあげることができる．経済産業省が認定する主な伝統工芸品には，南部鉄器，樺細工，大館曲げわっぱ，山形仏壇，天童将棋駒，会津塗がある．また，東北地方では，日本酒の醸造業も盛んである．主な日本酒の銘柄には，田酒（青森市），南部美人（二戸市），菊の司（盛岡市），高清水（秋田市），浦霞（塩竃市），一ノ蔵（大崎市），上喜元（酒田市），出羽桜（天童市），大七（二本松市）がある．津軽，南部，山内（秋田県），会津の各地方は，杜氏の里として知られる．また，山形，秋田，青森の各県では，酒米が広い面積で栽培されている．

7.2.6 商業・金融

政令指定都市である仙台市は，東北地方における商業の拠点であり，商品の販売額において他の都市と大きな差がある．2006年の東北地方の都市における小売・卸売業の年間商品販売額は，仙台市（8.2兆円），郡山市（1.5兆円），盛岡市（1.3兆円），秋田市（1.3兆円），山形市（1.1兆円），青森市（1.1兆円），いわき市（0.8兆円）という順になる．仙台市においては，商業ばかりでなく，文化やスポーツなどでも都心部の中心性が維持されている．例えば，仙台駅西口の青葉通りは，銀行や商店街の金融街であり，高級ブランド店が軒を連ねる繁華街でもある．仙台市は，典型的な支店経済都市でもある．事業所・企業統計調査による

と，2006年の仙台市における支店の占める割合は37%であり，それは全国の政令指定都市の中で最も高い値であった．

東北地方の主要都市では，地元資本の百貨店が店舗を構えている．主な百貨店は，仙台市の藤崎，盛岡市の川徳，青森市の中三，仙台市のさくら野，郡山市のうすい，山形市の大沼である．仙台市青葉区一番町に立地する藤崎は，大町で創業した太物屋の得可主屋が起源であり，1912（明治45）年に会社化して藤崎呉服店となった．同様に，盛岡市花園の川徳と青森市森町の中三もまた，木綿商や呉服店が起源である．さくら野は，1970年代に設立された百貨店連合が起源であり，仙台，八戸，弘前，北上など，広域的に店舗を展開する．しかし，その他の地方都市では，郊外に大型ショッピングセンターが建設され，中心市街地の空洞化が進んでいる．

東北地方において日本銀行の支店が開設された順番は，1899（明治32）年の福島，1917（大正6）年の秋田，1941年の仙台，1945年の青森となる．最初に福島市で支店が開設されたのは，同市が当時の輸出品であった生糸の集散地であったためである．また，明治期から大正期にかけての秋田県では，油田や鉱山の生産が活発であり，秋田市内には複数の銀行が設立されていた．一方，商業都市であった仙台市は，大規模な投資への需要が少なかったため，第二次世界大戦中に軍需工場が立地するまで，日本銀行は開設されなかった．

東北地方には，第二地方銀行を含めて，14の地方銀行がある．預金残高が多いのは，仙台市の七十七銀行（5.5兆円），福島市の東邦銀行（2.6兆円），盛岡市の岩手銀行（2.2兆円），秋田市の秋田銀行（2.1兆円），青森市の青森銀行である（2.0兆円）．これらの地方銀行の起源は，七十七銀行が第七十七国立銀行，秋田銀行が第四十八国立銀行，青森銀行が第五十九国立銀行である．東邦銀行は，1941年に郡山商業銀行，会津銀行，白河瀬谷銀行が合併して設立された．岩手銀行は，昭和恐慌により1931年に破綻した盛岡銀行を救済するために岩手県が出資して設立された．

第二地方銀行は，北日本銀行（盛岡市）や仙台

銀行など，無尽会社を起源とするものが多い．その経営規模はどれも小さく，経営を維持するために合併やリストラが行われてきた．例えば，山形市では，殖産銀行と山形しあわせ銀行が合併して，きらやか銀行が2007年に設立された．郡山市の大東銀行と福島市の福島銀行は，2000年代に大規模なリストラを実施した．仙台市の徳陽シティ銀行は，不良債権により1997年に経営が破綻した．信用金庫でも，新日鉄釜石製鉄所が1989年に高炉を停止したことにより，釜石信用金庫が1993年に経営破綻している．

7.2.7 自然と文化を生かした観光

東北地方には，十和田八幡平，磐梯朝日，陸中海岸の3つの国立公園がある．青森，岩手，秋田各県にまたがる十和田八幡平国立公園は，1936年に指定された．ここでは，八甲田山や岩手山などの活火山，十和田湖や八幡沼などのカルデラ湖・火口湖，玉川温泉や蔦温泉などの温泉地が見所である．福島・山形・新潟各県にまたがる磐梯朝日国立公園は，1950年に指定された．日本で3番目に大きな国立公園であり，出羽三山・朝日，飯豊，磐梯吾妻・猪苗代の3地域に分けられる．出羽三山・朝日地域と飯豊地域は山岳信仰で有名であり，磐梯吾妻・猪苗代地域には観光有料道路，スキー場，遊歩道などが整備されている．1955年に指定された陸中海岸国立公園は，岩手県北部から宮城県北部までの三陸海岸を占めており，その長さは約180 kmに達する．陸地が沈降してつくられたリアス式海岸の景勝地をはじめ，海鳥などの野生動物も多く生息する．

青森県の南西部から秋田県北部にかけて広がる白神山地は，1993年にユネスコの世界自然遺産に登録された．屋久島と法隆寺とともに，日本で最初の世界遺産である．山地の海抜は300〜1200 mであり，ブナの原生林が広がる．白神山地のブナ林は，氷河期が終わった今から約1万年前にできた．現在までブナ林が残存したのは，建材としてのブナの利用が少なかったことと，積雪の多い人口希薄地帯に位置していたためである．許可なしで観光客が入山できるのは，山地の周辺に分布する緩衝地域だけである．自然遺産に登録後，緩衝地域にある登山道の入口には，トイレや駐車場などの施設が整備された．また，白神山地が2004年には鳥獣保護区にも指定されたことにより，伝統的なマタギによる狩猟文化の継承が困難になった．

東北地方では，那須火山帯に含まれる奥羽山脈に沿って，複数の温泉地が南北に点在する．有名な温泉地は，奥州三名湯と呼ばれる飯坂，鳴子，秋保のほか，スキー場を併設する蔵王，秘湯ブームの先駆けとなった乳頭と夏油（げとう），テレビドラマや映画で有名になった銀山やいわき湯本などである．夏油温泉の石灰華は，国の特別天然記念物に指定されている．山形蔵王，土湯，鳴子，作並は，伝統的なこけしの産地としても知られる．また，秘湯ブームの先駆けとなった秋田県の乳頭温泉郷には，自炊ができる宿泊施設があり，湯治の文化が受け継がれている（写真7.4）．

奥羽山脈から会津地方にかけて，安比（あっぴ）高原，雫石（しずくいし），山形蔵王温泉，アルツ磐梯，猪苗代などの大規模なスキー場が分布する．1980年代後半から1990年代のスキーブームの時には，リフトやゴンドラなどの近代的なゲレンデ設備や，大規模なレストハウスと宿泊施設が増設された．なかでも安比高原スキー場は，バブル景気の時に高層ホテルが建設され，北東北を代表するスキーリゾートとして整備された．また，山形蔵王温泉スキー場は，ゲレンデに樹氷原を含むことで有名である．近年

写真7.4 乳頭温泉郷の黒湯（1995年8月）

ではスキー客が減少したために，小規模なスキー場は閉鎖され，蔵王などの大規模なスキー場では，中国や韓国など，海外の観光客の誘致に力を入れるようになった．

観光農場として有名な小岩井農場は，雫石町と滝沢村に約 3000 ha の農場を有し，乳製品の生産・加工・販売を行う総合農場である．1891（明治 24）年に創業し，20 世紀初頭にバターとチーズの販売を開始した．1967 年頃に導入した観光業によって，日本における観光農場の先駆けとなった．岩手県平泉町の中尊寺は，奥州藤原氏の寺として知られ，2001 年に世界遺産登録の暫定リストに記載された．中尊寺の近くには，国指定の名勝である猊鼻渓や厳美渓，宮沢賢治の生誕地である花巻市，『遠野物語』の舞台となった遠野市などがあり，岩手県南部の観光地を形成している．

また，歴史を売りにした観光地として，戊辰戦争の舞台となった鶴ヶ城，伊達政宗の居城だった仙台城，武家屋敷が並ぶ角館，会津西街道の大内宿などが多くの観光客を集めている．7月下旬から8月上旬の旧盆にかけては，青森ねぶた，秋田竿燈，仙台七夕，山形花笠，相馬野馬追など，大規模で伝統的な祭りが開催されている．その他，新しい観光の形態として，マリンスポーツの人気も高まっており，松島ヨットハーバー，秋田マリーナ，男鹿マリーナ，本荘マリーナ，いわきサンマリーナなどが整備されている．

7.3 発展する交通網と都市の盛衰

7.3.1 在来線と新幹線

図 7.6 は，東北地方の交通網を示したものである．東北本線は，日本初の鉄道企業である日本鉄道会社によって建設された．大宮-宇都宮間が 1885（明治 18）年に開業すると，1887（明治 20）年には塩竈まで路線が延長され，さらに，1891（明治 24）年には青森までの全線が開通した．このように急速に敷設工事が進んだのは，東北地方の開発を進めようとする国の補助があったためである．例えば，仙台駅より北部の鉄道敷設に際しては，過疎地であるため利益をあげることが難しいと考えられたため，国が建設費用の利子を負担したり，官有地が無償で払い下げられるなどの措置がとられた．

東北本線に続いて，1898（明治 31）年に常磐線，1905（明治 38）年に奥羽本線が開通した．これらも日本鉄道会社によって建設され，1909（明治 42）年に国有化された．さらに，大正期には，磐越西線（1914 年開通），釜石線（1915 年），磐越東線（1917 年），北上線（1924 年）などの東西方向に横断する路線，および，日本海岸を縦断する羽越本線（1924 年）が開通した．これら鉄道の開通によって発展した産業は，岩手県の甘藍（キャベツ），青森県のリンゴとバレイショ，会津地方と二本松市のカキなどの農産物のほか，岩手県と福島県の馬，および，石灰石や石炭などの鉱産物であった．

人と貨物の輸送を長年担ってきた鉄道であるが，経済の高度成長期に入ると，トラック輸送が物流の主体となり，いくつかの路線が廃止された．延長距離の長いものでは，岩手県の花巻電鉄（1972 年廃止），秋田県の横荘線（1971 年），福島県の飯坂東線（1971 年）が廃止された．近年では，通学利用客の減少もあり，南部縦貫鉄道（2002 年）やくりはら田園鉄道（2007 年）が廃止されている．一方で，青函トンネルの開通により，津軽海峡線が 1988 年に開業し，北海道と本州間の貨物輸送が天候に左右されなくなった．

東北新幹線は，日本で最も長い鉄道路線である．1982 年に大宮-盛岡間が開通し，2002 年に盛岡-八戸間が開通した．上野から仙台までの所要時間は，新幹線が開通する以前は特急で約 4 時間，在来線では約 10 時間であったのが，新幹線の開通後は約 2 時間に短縮された．また，新幹線路線に直通するミニ新幹線として，福島と新庄を結ぶ山形新幹線が 1992 年に開通し，盛岡と秋田を結ぶ秋田新幹線が 1997 年に開通した．さらに，2010 年には新幹線が新青森まで開通したことにより，東北地方のすべての県庁所在地が，新幹線で結ばれることになった．

7.3.2 国道と高速道路網

東北地方における一桁国道は，1920（大正 9）年に施行された旧道路法，および，1952 年に施行された新道路法によって，国道番号と区間が定めら

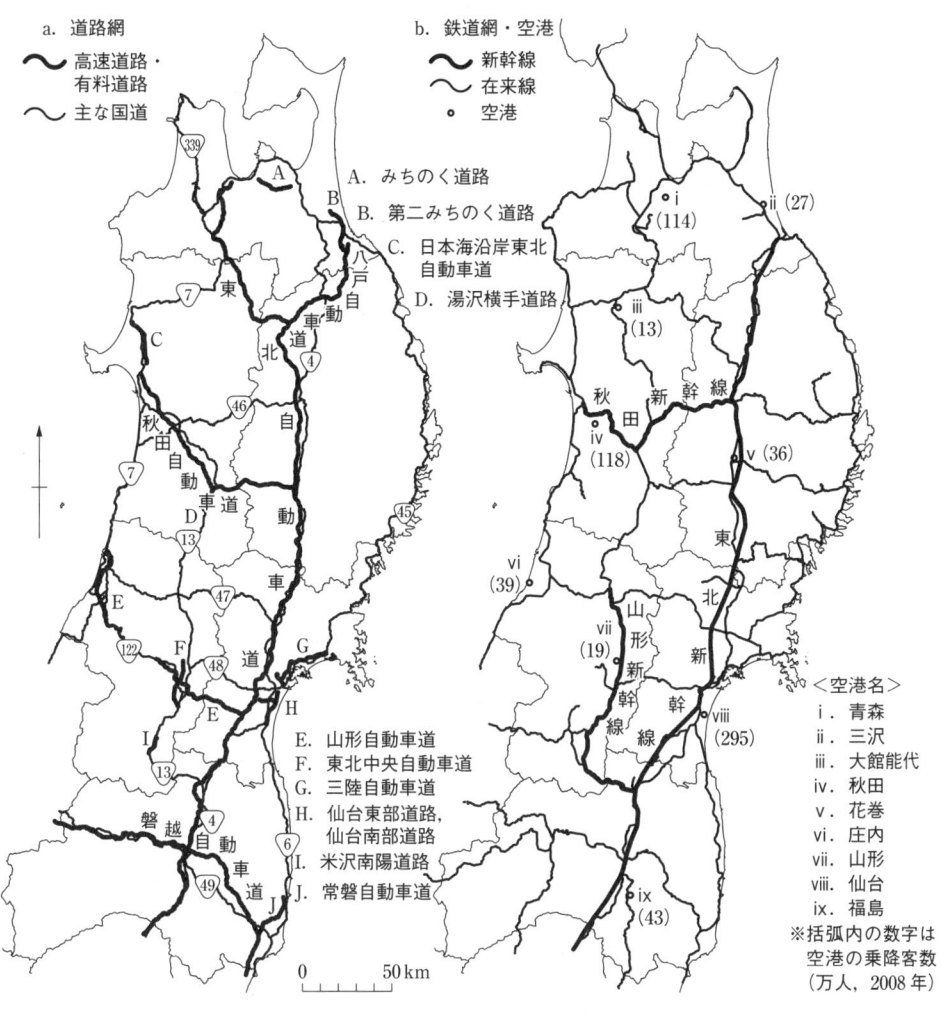

図 7.6 東北地方の交通網（2005 年）
空港の乗降客数は国土交通省の資料より作成.

れた．日光街道と奥州街道（陸羽街道）を継承する国道4号は，東京都中央区日本橋を起点とし，東北本線沿いの各県を経由して青森市へ至る．その距離は740kmであり，日本で最も長い国道である．モータリゼーションの進展と交通量の増加にともなって，各地でバイパスが建設されている．初期に建設されたものは，1960年代には宮城県の仙台と岩沼，岩手県の日詰と盛岡，1970年代初頭には福島県の福島南と二本松，岩手県の前沢などのバイパスである．なかでも仙台バイパス沿いには大規模な流通団地が形成され，東北地方におけるトラック流通の拠点となっている．その他，国道6号は，水戸街道と陸前浜街道を継承する太平洋岸の国道であり，日本橋から千葉，茨城，福島の各県を経由して仙台市へ至る．国道7号は，羽州浜街道と秋田以北の羽州街道を継承する国道であり，新潟市から山形県と秋田県を経由して青森市に至る．また，1975年に国道に指定された339号は，龍飛崎付近に「階段国道」の区間があり，観光地となっている．

東北自動車道は日本で最も長い高速道路である．国道4号線に沿って建設が進み，1973年に宇都宮-仙台南間が開通した．1986年には十和田-碇ヶ関間が開通したことにより，東北地方における路線が全線開通となった．1980年代からは，東西方向の支線となる高速道路網が建設されていった．1988年には村田ジャンクション（JCT）より山形自動車道，1989年には安代JCTより八戸自

7.3 発展する交通網と都市の盛衰　135

動車道，1990年には郡山JCTより磐越自動車道，1994年には北上JCTより秋田自動車道が接続された．山形自動車道は，出羽山系を横断する高速道路の建設が困難であるため，月山インターチェンジ（IC）と湯殿山ICの区間は，国道112号のバイパス（月山道路）によって結ばれている．高速道路網の整備にともなって，仙台，盛岡，郡山などの主要都市の都市圏が拡大した．また，京浜方面へのトラックによる物流も活発になり，1980年代以降，半導体や電子部品などの先端技術産業が発展する基盤となった．旅客面でも，高速道路を運行するハイウェイバス路線が整備され，新幹線や鉄道との競合が激しくなった．

7.3.3 空　　港

名取市にある仙台空港は，東北地方における国の拠点空港である．仙台空港は，1940年に陸軍によって建設された名取飛行場が起源であり，米軍から返還された翌年の1956年に，羽田との定期便が就航した．1972年に滑走路がジェット機に対応し，1990年にはソウルへの国際線が就航した．2008年の乗降客数は約300万人であり，全国で12番目の規模である．国際線には，韓国（仁川(インチョン)），中国（北京首都，上海浦東，長春龍嘉(チョウシュンりゅうか)，大連周水子(だいれんしゅうすいし)），台湾（台湾桃園(とうえん)），グアムへの定期便がある．仙台空港の利用者は，東アジアを中心とする外国人では，ゴルフ，スキー，温泉などの観光客が多く，日本人ではビジネス客が多い．

仙台空港に次いで乗降客数が多いのは，秋田空港と青森空港である．いずれも国際線の定期便は，韓国（仁川）のみである．青森空港は2002年までは150万人以上の乗降客数があり，仙台に次いで2番目であったが，東北新幹線が八戸まで延長された後，秋田空港よりも乗降客数が少なくなった．また，青森空港からはかつて，ハバロフスクへの定期便が就航していた．いずれの空港も，景気の低迷，アメリカ合衆国の同時多発テロ事件の影響，原油価格の高騰などにより，2000年代から定期便が減少している．酒田市の庄内空港は，東北地方では5番目に乗降客数が多い．1991年に羽田空港と大阪国際空港の定期便により開業し，1998年からは松本空港との間にセイコーエプソンの社用機が運行されている．

7.3.4 現代の交易港

本州最北端の青森県には，北海道へ向かう海路として，青函航路（青森-函館），八苫航路（八戸-苫小牧），大函航路（大間-函館）がある．青函航路では，津軽海峡フェリーと青函フェリーの2社が運航している．1908（明治41）年から青函トンネルが開通する1988年までは，鉄道を積み込める青函連絡船が運行していた．青森県南部の八戸港は，重要港湾に指定されている．2006年の八戸港における総貨物量は2822万トンであり，そのうち輸入貨物が690万トンであった（港湾統計による）．貨物船の定期航路は，国内が東京，川崎，横浜，名古屋，広島であり，海外が東南アジア，東アジア，北アメリカである．八戸港には，東北地方で最大の飼料用穀物エレベーターがあり，北東北における畜産の飼料供給基地となっている．また，1961年に八戸市が新産業都市に指定されると，製糸，発電，電気機器，造船などの業種からなる八戸臨海工業団地が整備された．

宮城県の仙台塩釜港は，中核国際港湾および特定重要港湾に指定されており，東北地方で最も貨物量が多い港湾である．2006年の総貨物量は3968万トン，そのうち輸入貨物は765万トンであった．貨物船の定期航路は，国内が東京，横浜，清水であり，海外が韓国，中国，東南アジア，北アメリカである．旅客では，太平洋フェリーが名古屋と苫小牧に就航している．かつて仙台の外港は松島湾内の塩釜港であったが，1964年に仙台湾地域が新産業都市に指定されたことにより，塩釜港の南に大規模な掘込み港が建設された．これが仙台新港であり，2001年に仙台塩釜港と改称された．仙台塩釜港を取り囲んで，鉄鋼，金属，化学，木材，食品などの臨海工業団地が整備されている．また，背後地であるみなと仙台ゆめタウンは，アウトレットパークやショッピングモールなどの大規模店舗が立地する商業地区である．

かつて酒田と並んで北前船の重要な寄港地であった土崎港は，1941年に秋田市に編入されることにより，秋田港と改称された．1951年に重要港湾に指定され，石油，金属，製紙，化学，木材などの

臨海工業団地が整備された．2006年の総貨物量は967万トンであり，そのうち輸入貨物が227万トンであった．主な外国路線は韓国（釜山），中国（天津新港），ロシア（ウラジオストク），東南アジア，北アメリカである．旅客では，新日本海フェリーが苫小牧東港，新潟港，敦賀港を結んでいる．

7.3.5 都市圏

中心都市への通勤率が10％以上の範囲を都市圏とすると，東北地方においてそれに相当するのは，仙台（2005年の都市圏人口157万），郡山（55万），山形（55万），盛岡（45万），秋田（43万），福島（41万），いわき（36万），青森（34万），八戸（33万），弘前（32万），会津若松（25万）である．これらの都市圏の中で，2000年と比較して人口が増加しているのは，仙台，郡山，山形，会津若松など，東北地方南部の都市圏である．

仙台都市圏は，仙台市と周囲の18市町村からなり，日本で8番目に人口が多い都市圏である．宮城県の人口の約7割が，仙台都市圏に含まれる．仙台市内では1975年に開通した東北自動車道のほか，仙台南部道路（1981年開通），仙台東部道路（1994年），三陸自動車道（1982年）などの郊外に延びる高速道路網が整備されたことにより，仙台都市圏が拡大した．また，仙台市の都心部では，東北地方で唯一の地下鉄（仙台市地下鉄南北線）が1987年に開業した．

東北地方で3番目に人口の多い山形都市圏は，山形市を中心とする山形盆地の市町村から構成される．2000年から2005年にかけての人口増加率は115％であり，東北地方の都市圏では最も高い値であった．山形都市圏は，奥羽山脈を挟んで仙台都市圏と隣接する．また，山形自動車道が1998年に仙台と結ばれたことから，山形市から約1時間で仙台市中心部へ行けるようになった．交通網の整備にともなって都市圏人口が減少しなかったのは，東北地方最大の仙台都市圏との近接性によるものである．

盛岡都市圏は，盛岡市を中心として，雫石町，岩手町，滝沢村，玉山村，紫波町，矢巾町からなる．北上盆地に沿って，南北にベッドタウンが広がり，商業施設も郊外のロードサイド店舗が発展している．しかし，2005年の盛岡都市圏人口は，2000年よりも3万ほど減少した．かつて盛岡市は北東北のゲートウェイシティと呼ばれ，市街地には数多くのホテルと旅館が立地していた．しかし，1982年の新幹線の開通によって宿泊業は減少し，企業の支店が増加していった．さらに1997年に秋田新幹線が開通し，2002年に東北新幹線が八戸駅まで延伸されると，支店は仙台へ集中するようになり，盛岡市の中心市街地には以前ほどの活気がなくなっている．盛岡市の最高路線価は，1992年をピークに18年間減少を続けている．

7.4 東北地方の将来像

東北地方の将来像の一端は，観光，農業，先端技術というキーワードにまとめられよう．豊かな自然とそれに育まれた文化は，東北地方における観光の基盤である．一般に，遠方からの訪問を歓迎する住民が東北地方に多い．このようなホスピタリティは，グローバル化が進んだ現代の観光にすぐに適応できるものである．広い土地を占める農業は，経済性ばかりでなく，景観と環境の保全という重要な役割を担っており，東北地方を性格づける要素の1つになっている．しかし，ブランド農産物など，高付加価値を目指してきた東北地方の農業は，今後，農家の高齢化にいかに対応していくかを考えなければならない．先端技術産業について，これまで工場の建設や輸送の面で有利であったため，電子部品の製造業が東北地方で発展してきた．今後は，日本国内で生産する必要がある電子部品を安定供給するため，東北地方においては先端技術や研究・開発部門をさらに拡充していかなければならない． ［仁平尊明］

引用文献

小田宏信（1998）：岩手県北上地域における機械系工業の集積・連関構造．経済地理学年報，44：48-57．

小金澤孝昭（2006）：東北地方における農業地域の変動．宮城教育大学紀要，41：17-32．

斎藤　功（1991）：やませ被害地域における花卉栽培の発展―岩手県安代町のリンドウ栽培を事例として―．地域調査報告，13：39-52．

篠原秀一（2007）：漁業本拠地・主要水揚地の分布からみた東北地方沿海の水産地域区分．秋田地理，27：17-38．

西村幸一（1997）：オウトウの品種開発と産地形成の戦略．東北農業研究（別号），**10**：11-21.

仁平尊明（1997）：福島市松川扇状地におけるナシ栽培の存立基盤．地域調査報告，**19**：23-32.

林　琢也（2007）：青森県南部町名川地域における観光農業の発展要因―地域リーダーの役割に注目して―．地理学評論，**80**：635-659.

松井圭介（1997）：福島市における祭礼空間の変容．地域調査報告，**19**：119-127.

松村公明（1994）：東北地方における宿泊機能の地域的特性．筑波大学人文地理学研究，**18**：19-36.

Nihei, T. (2010): Commodification of rural space and changes in the main varieties of paddy rice in the Tohoku region. *Geographical Review of Japan, Series B*, **82**：1-11.

コラム14

東北地方における山の文化

かつて農閑期となる冬は，炭焼きや木挽きなどのほか，狩猟のシーズンとなった．東北地方では，秋田県，青森県，山形県のマタギなど，伝統的な集団狩猟が有名であるが，農閑期における狩猟は，積雪地帯の山間部では普通に行われていた．雪山での狩猟は，雪崩があるため命がけの仕事であった．狩猟の獲物は，量的にはウサギが多く，次いで大型獣のイノシシやシカであった．ツキノワグマは，毛皮も高価であるが，薬として販売される熊の胆（胆嚢）の価値が最も高い．冬眠中のクマは，食事をとらず胆嚢が大きくなるため，猟師は冬眠中のいわゆる「穴熊」を狙う．木につけられた爪跡や歯形からクマが冬眠する室をみつけ，入口でたき火をしたり，棒でつついたりして，苦しくなって出てきたクマを仕留める．仕留めたクマは，急峻な山では解体して運ぶが，そうでなければ熊の胆が本物であることを証明するために，クマをひいてきて村人の前で解体した．天然記念物に指定されている秋田犬の祖先は，秋田県のマタギが飼育していた山岳狩猟犬である．

早春になると，積雪の表面が昼に融解して，夜に凍るため，雪が固まってくる．かつて雪国では，この1～2週間の季節を「春木山」と呼び，木材や薪炭を橇に乗せて山から運び出していた．雪上の運搬作業は，1人当たり一度に5石（1.4 m³）の木材を運んだが，秋田県では山橇を運転して1人当たり10石の木材を運んだ．木材を運搬する山橇はバチと呼ばれ，その重連はバチバチと呼ばれた．バチ橇は雪を掘って滑走面をつくり，運転者が前面に座ってブレーキを使って速度を調節した．20°を超える急斜面を50 km/h以上の速さでバチ橇をジグザクに滑らせる技術は，雪国特有のものであった．バチ橇は，1960年代まで北海道，福島県，長野県でも利用されていたが，その運転は主に秋田県の出稼ぎ者が担当していた．

菩提樹の仲間であるシナノキは，東北から中部地方の山地に自生している．初夏に淡黄色の小さな花をつけ，良質の蜜が採取できるため，シナノキの多い森では養蜂家が採蜜する．その樹皮は繊維が強いため，ロープやシナ織りの原料となった．東北地方ではかつてシナ織りが盛んであり，現在でも山形県鶴岡市関川では，シナ織りの協同組合が残っている．山形県のシナ織りは，大井川葛布，丹後藤布と並んで日本三大古代織りとされる．シナ織りの過程は，梅雨の頃，男が山に入って，木を切り倒して皮をはぐことから始まる．シナ皮は屋根裏などで乾燥させて，9月頃から大釜で煮ることで繊維だけを残す．冬季の作業は，シナの繊維からより糸をつくって，布を織っていくものであり，もっぱら女性が担当する仕事であった．

東北地方は木材が豊富であり，椀や盆などの日用品が木地師によってつくられていた（写真1）．木地師は，ろくろを使って，こけしなどの鑑賞用の人形ばかりでなく，独楽，剣玉，笛などの玩具もつくっていた．会津地方の山奥には，昭和初期まで，トチ，カエデ，ブナなどを原料として椀などの木地ものをつくる木地師の集落があった．木地師は，木地小屋に住み，良い原料を求めて，山から山へ移動した．このような木地師の起源は，16世紀末にさかのぼる．当時の会津地方の領主であった蒲生氏郷は，漆器産業を興すために，近江地方から木地師と塗り師を招いた．木地師は当初，会津若松市街に住んでいたが，次第に山に入り，原料の供給地で仕事をするようになった． ［仁平尊明］

写真1 会津漆器の製造・販売店（2007年）

8 北海道：壮大なスケールの自然と大陸的風土

十勝平野の畑作風景（1999 年 8 月）

北海道の面積は日本全体の約 22％を占め，これは九州の約 2 倍に相当する広さながら，北海道の人口密度は 66 人/km²（2009 年）であり，これは全国で最も低い値である．1869（明治 2）年の北海道開拓使設置を開拓の嚆矢とし，本州以南からの入植が本格化した．そして，外国から招聘した技術者らを通して欧米諸国の先進技術を導入し，原野を切り開いて開拓が進められた．こうした集落の出自が，いわば「大陸的」と形容されることの多い北海道独特の景観をつくり出している．このようにスケールが大きく大陸的な風土は，北海道の大きな魅力の 1 つである．

8.1 厳しい自然環境と大地の恵み

8.1.1 地形と火山

北海道の中央部を南北に走る脊梁山脈を境にして，変成岩からなる 2 つの帯，日高変成帯と神居古潭変成帯が走っている．北海道の誕生に関しては諸説があるが，さまざまな地質学的な証拠から，今から約 4000 万年前の新生代第三紀の中頃に，北米プレートとユーラシアプレートにのる東西 2 つの島が衝突したといわれている（小野，1994；図 8.1）．地球の裏側では大西洋を生み出した大きなプレートの運動が，同時期に地球の反対側の日本で北海道の誕生に作用していた．

両プレートに挟まれて徐々に間隔が狭まった浅海は，陸上からの土砂の流入もあって徐々に陸地化した．こうして形成された東西 2 つの島の間に位置する陸地には森林が形成され，それらが両プレートのさらなる接近により押しつぶされ，複雑な褶曲構造が形成された（小野，1994）．この過程で高温・高圧の状態にさらされた有機物を多く含む地層が，後に石狩や夕張などの北海道の中央部に存在する大規模な炭田となった．

第四紀の更新世には何度も氷河期が繰り返されたが，寒冷期に海水面が低下した際には北海道はサハリンと陸続きになった．それは同時に北海道が何度もユーラシア大陸とも陸続きになったことを意味する．津軽海峡は最深部で 140 m ほどの水深があり，氷河期にも海峡として存在していたと考えられている．津軽海峡には北海道と本州以南の動植物相を分けるブラキストンラインが走る．このため，北海道は本州以南とは異なる動植物相を示し，ヒグマやエゾシカ，エゾシマリス，シマフクロウなどの固有種のほか，キツネやタヌキ，ニホンリスなどはこの線を境にそれぞれ固有の亜種となっている．

大規模なプレート運動は活発な火山活動も誘発した．気象庁の指定する活動度の最も高い A ランクの活火山は全国に 13 存在するが，そのうちの 4 つ（十勝岳，樽前山，有珠山，北海道駒ヶ岳）が北海道に存在している（写真 8.1）．次いで活動

図 8.1 北海道をつくった 2 つのプレートの衝突の模式図（小野，1994；松井ほか，1984）
約 4000 万年前頃の北海道周辺の古地理と断面．

写真 8.1 有珠山の側火山として 1944 年の噴火によって誕生した昭和新山（出典：壮瞥町）

度の高い B ランクの火山についても，全国 36 火山のうち 6 つが北海道に存在している．一方で，このように火山活動が活発であることは，北海道に良質の火山性温泉が数多く湧出していることに密接に関連している．道東の阿寒湖温泉や道北の層雲峡温泉，道央の登別温泉や定山渓温泉，ニセコ温泉郷，そして道南の湯の川温泉などには大型のホテルが軒を連ね，一大温泉観光地を形成している．これらの温泉観光地には，本州以南のみならず，香港や台湾を含む中国，韓国，ロシアなどの近隣諸国から観光客が訪れている．また，これら以外にも湖岸や川岸に自然に湧出する自然のままの温泉も数多くあり，野趣あふれる大自然の恵みは観光客をひきつけてやまない．

8.1.2 気候

北海道は全域が冷帯気候区に属しており，本州に比べて冷涼な気候である．しかし，広大な面積をもつ北海道は，詳しくみれば地域ごとに気候が異なっている．図 8.2 の雨温図をみると，函館，札幌，稚内はパターンが似ていることがわかる．本州に近く，北海道内では比較的温暖だといわれる函館と，北海道最北端の稚内が同様のパターンを示しているのは，海洋性の気候という点が共通するからである．このことは，旭川や北見，陸別の雨温図では，内陸部の気候特性により冬季の気温が低いことからもわかる．

雨温図では各地の気候の差異が明瞭には読み取りにくい点もあるため，表 8.1 に各地の気象データを詳細に示した．この表によれば，函館と札幌については，夏季の気温は本州とあまり変わらない程度まで上昇すること，また冬季は気温の低下はみられるものの，他の道内各地に比べると比較的温暖であることがわかる．ただし，札幌の方が函館よりもはるかに多くの降雪があることがわかる．「最寒の地」とのイメージをもたれやすい稚内であるが，この表からは，夏季の気温はあまり上がらない一方で，冬季の気温は道内各地に比べてかなり温暖であることがわかる．これは，付近を流れる暖流の対馬海流の影響によるものである．

さらに，北海道の気候として特徴があるのは北見と陸別（十勝地方内陸部）である．オホーツク海側に属する北見は，北見山地と石狩山地によって北海道の南西部から隔てられており，特徴的な気候となる．夏季はフェーン現象が発生することが多く，最高気温が 30℃ を超える日が続くことも珍しくないほか，道内各地が雨や雪に見舞われる日も，オホーツク海沿岸地方だけが晴天に恵まれるといった天気も珍しくない．また，北見周辺は冬季はかなり気温が低下するため，北海道内で最も気温の年較差が大きい地域である．さらに，この地域の気候のもう 1 つの特徴として，オホーツク海沿岸を流れる寒流の千島海流の影響のため，年降水量が少ないことがあげられる．一方，脊梁山脈である日高山脈の東側に位置することから，道内各地に比べて冬季の積雪が比較的少ない陸別の気候は，著しく低い冬季の気温に特徴がある．1 月や 2 月に寒気団が数日にわたって北海道上空にとどまる場合は，内陸部に位置する陸別周辺は最低気温が −30℃ を下回ることも珍しくない．

8.1.3 北海道の自然環境と地域性

これまで述べてきたように，北海道の自然環境は複雑な地質，山地と平地が明瞭にコントラストをなす地形，本州以南に比べて冷涼な気候などに特徴がある．1 万 4000 を超す河川があり，湖沼は 30 以上もあり，豊富な水量や水質の良さの面で高い評価を受ける河川も多い．また，北海道には国立公園が 6，国定公園が 5，道立自然公園が 12 あり，これらの合計面積は約 8600 km² にのぼり，北海道全体の約 10.3% に相当する．さらに，釧路

8.1 厳しい自然環境と大地の恵み　141

図 8.2 北海道の気候
理科年表より作成.

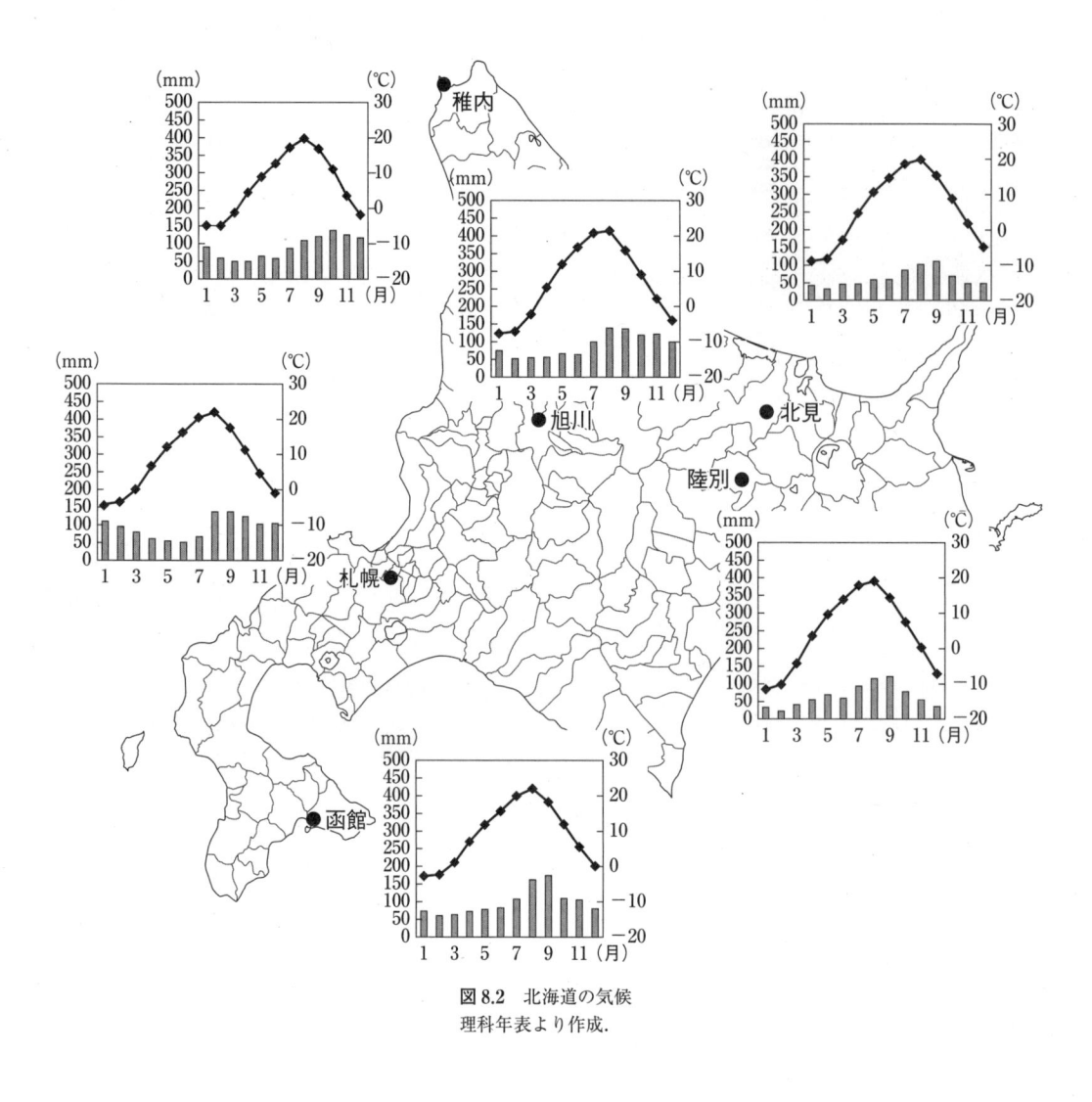

表 8.1 北海道における気候の特徴

	年平均気温 (℃)	最暖月最高気温 (℃)	最寒月最低気温 (℃)	年降水量 (mm)	日照時間 (時間)	雪日数 (日)	降雪量合計 (cm)	最大積雪 (cm)
函館	8.8	25.5	−6.8	1160.3	1782.0	108.2	398.0	45.0
札幌	8.5	26.1	−7.7	1127.6	1774.8	124.7	630.0	101.0
旭川	6.5	26.2	−12.9	1074.2	1621.3	143.8	756.0	96.0
稚内	6.6	19.5	−3.0	1058.4	1490.3	140.0	697.0	83.0
北見	5.8	25.0	−14.5	748.5	1714.1	110.6	データなし	76.0
陸別	4.4	19.0	−19.6	791.2	1651.7	109.5	405.0	60.0

理科年表より作成.

湿原をはじめとする多くの湿原が保護されているほか，世界自然遺産に指定された知床には原始の面影ある生態系が残されている．こうした豊かな自然環境は野生生物の宝庫となっている（北海道の魅力，2006）．

このように，北海道の自然環境は本州以南にはないスケールの大きさが特徴である．カヌーやラフティング，トレッキングや本格的な縦走登山，さらにはさまざまなウィンタースポーツなど，自然そのものを楽しむ観光も人気が高い．四季を通して多様な顔をみせる自然は，北海道の地域性の最も重要な要素である．

8.2 産業の特徴

8.2.1 大陸的なスケールの農業

北海道の特徴的な産業としてまずあげられるものは，全国の約4分の1の耕地面積を活かした大規模な土地利用型の稲作，畑作，酪農などである．2008年の農業産出額は1兆251億円であり，その金額は全国の約12％に相当する．

北海道は広大な面積をもつため，気象や立地条件の違いがそれぞれの地域ごとの農業の特徴となって現れている．各地域の農業経営部門別の農業産出額をみると，札幌大都市圏および石狩平野を含む道央地域が3995億円（2006年）を占め（全道の38％），稲作（26％）を中心に野菜作（24％），その他畜産（22％），野菜以外の畑作（14％），酪農（11％）と続いている．その他，道央地域の特徴的な農業としては，太平洋沿岸の日高地方で行われている軽種馬飼養があげられる．函館周辺の道南地域の農業産出額は896億円（2006年）であり（全道の9％），野菜作（30％）を中心に野菜以外の畑作（19％），その他畜産（17％），稲作（13％），酪農（12％）が続いている．この地域は施設園芸や畑作，果樹栽培などの集約的な農業の割合が高い特徴がある．帯広や北見周辺の道東北地域では，農業生産額は4113億円（2006年）にのぼり（全道の39％），北海道随一の農業地帯となっている．特に，麦類，豆類，てん菜，馬鈴薯，畜産が盛んである．野菜以外の畑作（42％），酪農（32％），野菜作（12％），その他畜産（12％）が続き，この地域は早くから機械化が進展した北海道を代表する畑作および酪農地帯となっている．その他，根釧台地および道北のサロベツ原野周辺は大規模な酪農地帯であり，農業産出額の1524億円（2006年）（全道の14％）のうち約91％は酪農によるものである（図8.3）．このように，北海道，特に道東や道北ではEU並みの大規模で機械化された畑作や酪農が展開されており，カロリーベースでみた北海道の食料自給率は198％（2007年）に達している．

北海道の農家1戸当たりの耕地面積は20.5 haにのぼり，これは他の都府県の約15倍に相当する規模である（2008年）．販売農家に占める主業農家の割合は約73％に達し，大規模で専業的な農業経営が特徴である．その一方で，1990年には9万5437戸あった農家は，2008年には5万2000戸へとほぼ半減しており，これに呼応して農家人口も同期間にほぼ半減した．農家の65歳以上率は2008年には35.6％にまで上昇しており，農業労働

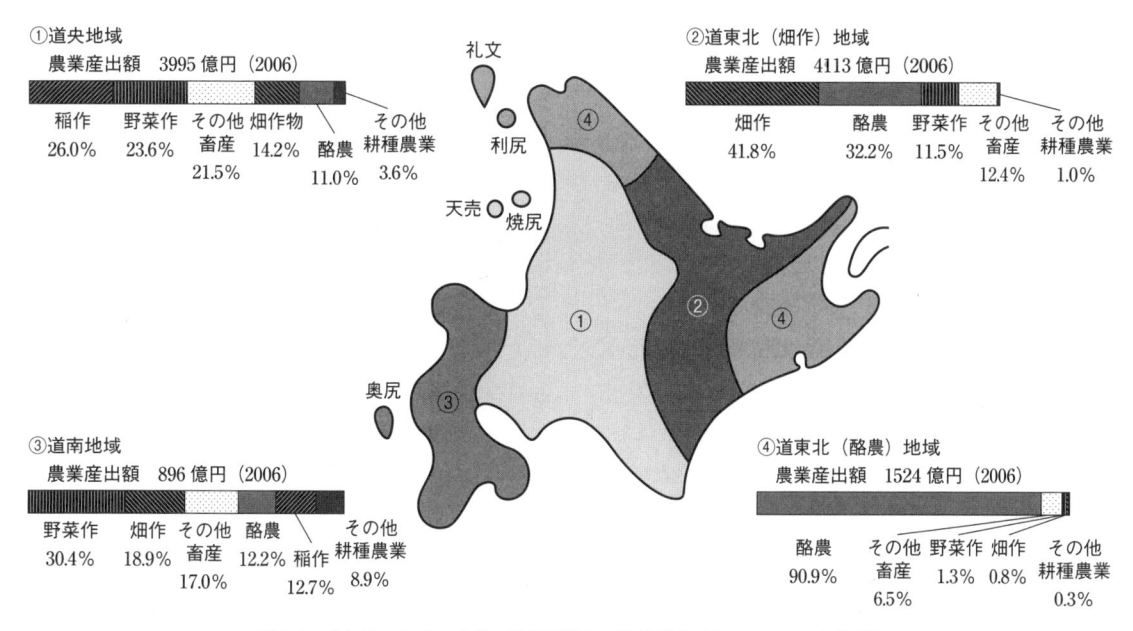

図8.3 北海道における農業の地域別特色（北海道農政部，2010aより作成）

表 8.2 北海道における農家戸数および農業就業人口の推移（1990〜2008年，単位：戸，人，%）

区 分	1990	1995	2000	2005	2008
農家戸数	95437	80987	69841	59108	52000
農家人口	376565	311711	261160	211929	179000
農業就業人口	208965	173530	152387	131491	118000
65歳以上率	20.8	25.2	31.2	34.1	35.6

資料：農林水産省「農業センサス」ほか．
農業就業人口，農家人口は販売農家の数値．

表 8.3 北海道における農業産出額の構成（2008年，単位：億円，%）（北海道農政部，2010b）

区 分	北海道	構成比	全 国	構成比	道/全国	順位
農業産出額	10251	100.0	86509	100.0	11.8	1
耕種	5194	50.7	58796	68.0	8.8	1
米	1255	12.2	19312	22.3	6.5	2
麦類	418	4.1	785	0.9	53.2	1
雑穀	26	0.3	75	0.1	34.7	1
豆類	362	3.5	838	1.0	43.2	1
いも類	632	6.2	2083	2.4	30.3	1
野菜	1786	17.4	21105	24.4	8.5	1
果実	66	0.6	7410	8.6	0.9	33
花卉	131	1.3	3656	4.2	3.6	8
工芸農作物	495	4.8	2649	3.1	18.7	1
畜産	5057	49.3	27108	31.3	18.7	1
肉用牛	587	5.7	5328	6.2	18.7	3
乳用牛	3502	34.2	7514	8.7	46.6	1
豚	344	3.4	5837	6.7	5.9	5
鶏	341	3.3	7930	9.2	4.3	7

資料：農林水産省「生産農業所得統計」．

表 8.4 北海道における耕地面積等の推移（1995〜2009年，単位：千ha，%）（北海道農政部，2010b）

区 分	1990	2000	2005	2007	2008	2009
耕地面積	1201	1185	1169	1163	1162	1158
田	240	235	228	226	226	225
普通畑	418	414	412	414	415	414
牧草地	540	532	525	520	518	516
担い手への利用集積率	48.5	58.6	79.4	84.2	84.6	—

資料：農林水産省「耕地面積調査」，北海道農政部調べ．
担い手は認定農業者および市町村基本構想水準到達者．

力の高齢化は否めない．しかし，本州以南の他の都府県に比べると，比較的若い農業従業者の割合が相対的に高いことに特徴がある（表8.2）．

全耕地面積に占める水田の割合は19%，普通畑は36%，牧草地は45%である．石狩平野をはじめとする平野部では稲作が広く行われ，米の農業産出額は全国第2位の規模である．北海道では米の品種改良も盛んに行われ，耐寒性品種の開発だけではなく，近年では食味そのものも注目を集めている．本州の有名な米産地の米に比べて，北海道米は割安感もあることから，近年では外食産業が業務用米として注目している．その他，小麦をはじめとする麦類，馬鈴薯，大豆，小豆，インゲン，ソバ，てん菜，タマネギなどの野菜生産は全国一であるほか，生乳生産（同47%）も全国一を誇る．その他，畜産部門も全国上位を占めている（表8.3，8.4）．

このように，北海道が全国一となる農産物は，重量物でかつ日持ちする野菜の生産が多いことに特徴がある．しかし，北海道は冷涼な気候のため，いくつかの生鮮野菜は本州以南の産地の端境期に合わせた出荷が可能であることから，近年では，航空機を活用した大市場向けの生鮮野菜の生産も盛んになりつつある．

8.2.2 豊かな漁業資源

北海道は水産業も盛んである．江戸時代末期にはすでに日本海側にはニシン漁のための漁業集落が形成されて大いに賑わったほか，大正期から昭和中期にかけては北洋母船式サケ・マス漁業も盛んに行われた．北海道は面積が広く，また海岸線も4433 km（全国の12.5%）と長く，暖流と寒流が合流する漁場が近いほか，周辺に広がる大陸棚などの好漁場に恵まれている．2008年における属人ベースでみた海面漁業および養殖業の生産量は146万5000トン（全国の27%），生産額は2958億円（全国の19%）を占め全国第1位である．魚種別にみた生産量は，ホタテ貝，スケトウダラ，サンマ，ホッケ，サケなどが多く，いずれも全国一である（表8.5）．

全魚種を合わせた総生産量は，過去30年にわたって150万トン程度でほぼ横ばいであるが，生産額は1991年をピークに減少傾向にある．また，男子の漁業就業者の年齢も60歳以上の割合が30%を超えており，高齢化が進んでいることも問題である．

8.2.3 弱い製造業基盤

農業と漁業が北海道を代表する産業である一方で，北海道の工業に関しては，全国の他の地域と比較すると後進的である．明治後期には装置型の

表8.5 北海道における魚種別の全国シェア（2008年，単位：千トン，百万円）（北海道水産林務部，2010）

区分	生産量（属人）			生産額（属人）		
	全国	北海道	割合	全国	北海道	割合
サケ	180.3	126.5	70%	803	584	73%
タラ	39.7	22.6	57%	130	76	58%
スケトウダラ	211.0	186.6	88%	237	217	91%
ホッケ	169.8	164.6	97%	111	108	97%
サンマ	354.7	179.3	51%	245	143	59%
カレイ類	55.8	20.1	36%	303	75	25%
イカ	290.0	78.7	27%	789	152	19%
ウニ	10.9	5.3	49%	123	76	62%
ホタテガイ	535.8	426.3	80%	684	526	77%
コンブ	120.2	98.6	82%	298	265	89%
総生産量	5519.7	1465.0	27%	15421	2958	19%

資料：農林水産省北海道統計・情報事務所『北海道農林水産統計年報』.

工業を中心に大手財閥系の企業が室蘭や苫小牧などの北海道の太平洋沿岸を中心に多く進出した．また，かつて石炭が国の重要なエネルギー源であった頃は，北海道が石炭の積出し基地としての性格を有したため，北海道の鉱工業は活況を呈していた．しかし，エネルギー転換が進み，また原材料のほとんどを海外からの輸入に依存するようになるにつれ，工業に関しては本州以南の地域に大きく離される結果となった．2006年の工業製品全出荷額をみると，北海道は約5.5兆円であり，これは全国（301.4兆円）の約1.8%を占めるにすぎない．最大の業種は食料品製造業（36.2%）であり，次いで化学（20.5%），機械（13.0%），木材・パルプ（11.5%）が続く．これらのことから，北海道の製造業は，一部の地域を除いて軽工業を中心とした小規模なものが中心といえる．

8.2.4 産業の特徴と地域性

これまでみてきたように，北海道の産業は本州以南に比べていくつかの特徴がみてとれる．豊かな漁業資源は，江戸時代から本州以南からの移住者を受け入れる受け皿となってきたほか，広い農地を活用した稲作，畑作，酪農などの大規模農業も同様である．このように，第1次産業の発達は北海道の産業の特色であった．2005年の国勢調査によれば，第1次産業従業者の割合は7.7%であり，これは全国平均（4.8%）を大きく上回る水準である．一方で，第2次産業従業者の割合は19.0%であり，これは全国平均（26.1%）を逆に大きく下回り，全国でも最低の水準である．

以下では，北海道を代表する産業の事例として，漁業から果樹栽培への転換を遂げた余市町，大規模畑作の中心地である十勝平野，そして北海道随一の工業都市である苫小牧市の総合工業都市化の経緯と，現在抱える問題点について述べる．

8.2.5 ニシン漁から果樹生産への交代 ―余市町の事例―

北海道の日本海側の各地は，明治期を中心にニシン漁で栄えた港町が多い．北は稚内から礼文，留萌，石狩，余市，寿都，瀬棚，熊石，江差，松前，奥尻などの港が代表的である．特に「江差の5月は江戸にもない」とうたわれたほど，道南の江差は北前船（弁財船）による檜材（ヒバ）やニシンの交易によって商業および文化の町として繁栄を極めた．また，北海道の積丹半島の付け根にあたる余市町周辺も，道南と並んで江戸時代末期の安政年間からすでに町並みが形成されていた．余市町周辺はニシンが大量にとれることから「千石場所」と呼ばれ，その名を全国に馳せていた．また一方で，余市町周辺はリンゴの生産地としても知られてきた．一見では無関係のように思われるニシン漁とリンゴ栽培であるが，2つの産業の間には不思議な縁ともいうべき関係が見出せる．

余市の集落名の起源はアイヌ語のイヨーティーン（蛇のように曲がった大きな川のあるところの意）といわれている．ニシンは3月の彼岸頃に岸近くにやってくる．まずは7年魚，8年魚といった体の大きな個体から来る．時期が遅くなるにつれ，若い個体となる．「群来」といわれるニシンの大群は北海道，特に余市町にとって春を告げる風物詩であった．ニシンは産卵場所として岩場の海藻を好むため，北海道の特に日本海沿岸に集中した．実際，砂浜の発達した海岸ではニシンはとれない．明治後期から大正期にかけての最盛期には，余市町から古平町にかけて積丹半島沿岸の岩場に，100本近くの定置網が仕掛けられるほどであった．ニシン漁の最盛期には，各漁場では現在の貨幣に換算して1日に約1億円の収入を生み出す漁場もあった．余市をはじめとする北海道の日

本海側地域では，ニシン漁のもつ意味は絶大であった．

1918（大正7）年に発行された地形図（図8.4左）には，余市川河口近くのモイレ岬からシリバ岬にかけての海岸一帯が，道路を挟んで長方形の建物で埋められている様子が明瞭に現れている．これらの建物は，漁から加工・製品化までの一連の作業を行うための諸施設が整然と配置されたニシン漁場（番屋）である（写真8.2）．1つの漁場は数千坪の広さがあり，親方家族と漁夫が寝起きをする主屋を中心に，貴重品の倉庫である文書庫，製品を保管する石蔵，ヤナ場と呼ばれるニシンの乾燥棚，カズノコや白子の乾燥場，米味噌倉，網倉などの施設からなっていた．水揚げされたニシンの約85％は魚肥用に加工された．

水揚げされたニシンは大きなニシン釜で煮て，天日で乾燥し，干したニシン粕は「俵」単位で取引された．重さは24貫目（90kg）で，米1俵とニシン粕1俵が等価で取引されるほど高価であったため，ニシン粕は高くて一般農民は自由には使えなかった．もっぱらミカン，茶，綿，藍染めなどにニシン粕が有効とされたため，ニシン粕は北前船によって関西方面を中心に取引された．逆に北前船が関西方面から米を北海道に運び，日本海を通じた活発な交易がみられた．余市に鉄道が敷設された1903（明治36）年まで，余市は大阪や京都を結ぶ重要な貿易港でもあった．

ニシン漁は角網を用いた「1か統」を単位とし

写真8.2　北海道余市町におけるニシン番屋（2004年9月）

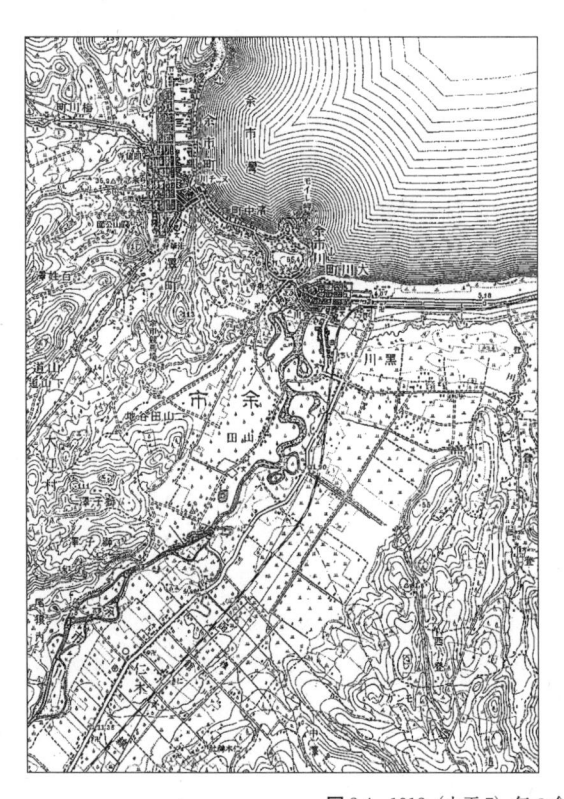

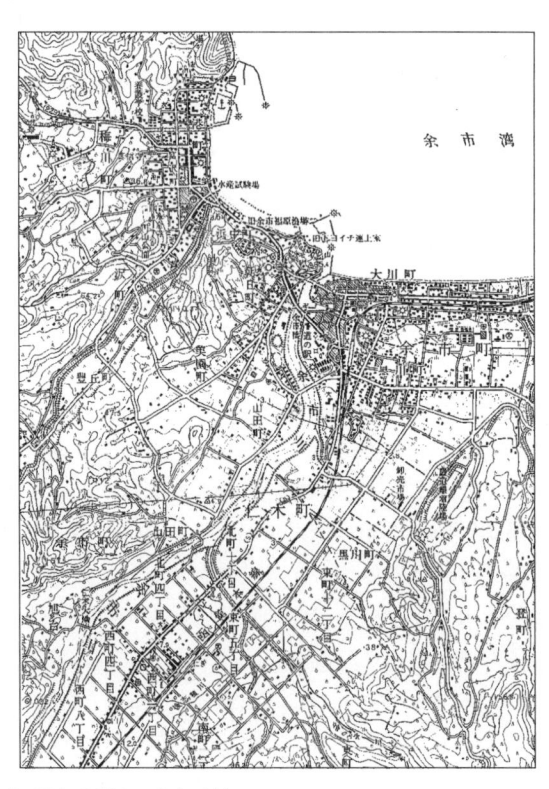

図8.4　1918（大正7）年の余市（左）と現在の余市（右）
5万分の1地形図「小樽西部」（左：大正5年測図，右：平成14年修正），「仁木」（左：大正6年測図，右：平成3年修正）を縮小．

> コラム 15

北前船（弁財船）

　主に江戸時代中期から明治期にかけて北海道と大阪を往復していた帆船が北前船（弁財船）である．3月の初め頃に大阪を出港した下り船は瀬戸内海と関門海峡を越えて日本海に入り，山陰や北陸，東北の港を経由して商売をしながら5月の初め頃に北海道の日本海側の各港に到着した．一方，北海道からの上り船は7月に出発し，往路で立ち寄った港を再び中継して商売をしながら南下し，11月頃に大阪に到着した．下り船の主な積み荷は米や味噌，醤油のほか，古着や日用雑貨などの生活物資であり，上り荷の大半は北海道からのニシン粕（魚肥）や昆布などであった．

　北前船（弁財船）の役割は，単に大阪と北海道間の物資運搬だけではなかった．江戸時代はさまざまな物資の価格は地域ごとに異なっていたため，寄港する土地の産物を仕入れては，次以降の寄港地でそれらを販売することで北前船（弁財船）は大きな利益を上げることができた．商才のある船頭になると一航海で1000両もの利益を上げたケースもあるという．

　こうして北前船（弁財船）による日本海交易が本格化・定期化することにより，各地の港には造船や船の整備機能が立地し，航海の安全に大きく寄与した．また，交易が日常化することにより，寄港地周辺の農業にも影響を与えた．特に綿や藍，柑橘などの商品作物の栽培には，当時最もすぐれた肥料の1つであった魚肥が不可欠であった．

　現在，北海道の海の玄関は太平洋側の苫小牧に移ったが，江戸時代からの日本海交易に始まり，明治以降の北海道開拓のゲートウェイとなった小樽，明治から大正にかけて巨万の富をもたらした日本海側のニシン漁へと続く歴史をみるとき，北海道の近代化に大きく貢献した北前船（弁財船）の存在を忘れることはできない．

［堤　　純］

引用文献
加藤貞仁（2002）：北前船 寄港地と交易の物語，242p，無明舎出版．

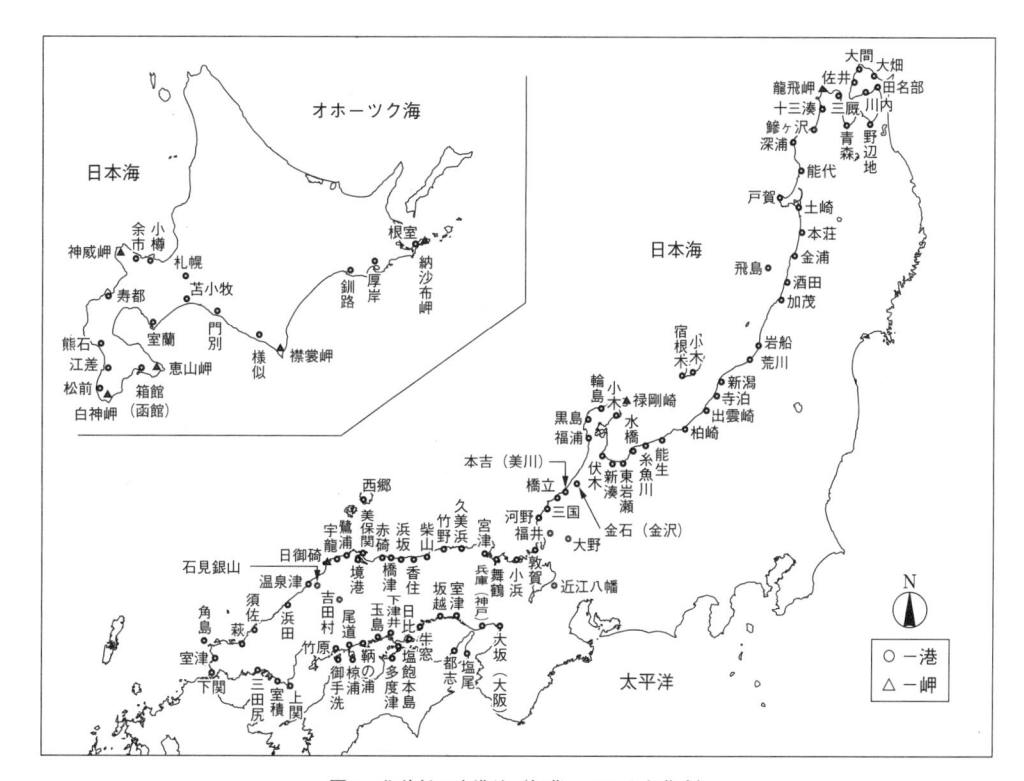

図1　北前船の寄港地（加藤，2002より作成）

て行われた．これは，浜での水揚げから陸での乾燥まで約150人の組織である．ニシンの生態に合わせて，大群の到来とともに朝でも夜中でも漁を行うニシン漁は重労働であった．こうした重労働の担い手を確保するため，ニシン漁場の親方は，「やん衆」と呼ばれる出稼ぎの季節労働の漁師を集めて回った．親方は毎年秋に青森・秋田・岩手の東北3県を中心に労働力確保のための挨拶回りに出向き，正月資金として使えるよう，翌年分の賃金を前金で置いてきた．実際には，貧しい農家の子息だけでなく，地主の子どもなども「やん衆」として出稼ぎに出向くことは珍しくなかったという．ニシン漁が行われる3月下旬からの約2カ月間に，青森・秋田・岩手の東北3県を中心に2000人を超える「やん衆」が余市に集められた．ニシン漁師の食事は，米100％の銀シャリと三平汁，漬け物などであり，質素ではあるが1日に4〜5回の食事が保証されていた．食事の心配がないことも，「やん衆」の募集には重要な要件であった．

ところで，ニシンと並んで余市を代表する産業として果樹栽培があげられる．余市町の果樹栽培の歴史は古く，北海道開拓の初期に相当する1875（明治8）年に，黒田清隆北海道開拓長官がリンゴの苗木をアメリカから持ち帰ったことに端を発している．それらの苗木は1879年に日本で初めて結実した．もとより余市は，沖合を流れる暖流の対馬海流の影響から比較的温暖な気候に恵まれ，果樹栽培に適した気候となっている．この地に移民として入植した会津藩士を中心に，毛利，阿波などからの団体入植者も加わってリンゴ栽培が拡大していった．さらに，堅実なニシン網元衆の豊富な資金力を背景に，不漁期に備え，また漁期以外の仕事の確保という観点から，余市川の扇状地に広がる丘陵地においてリンゴ栽培を始める漁場経営者もいた．漁期以外の遊休漁夫や，本州からの小作人なども担い手としてリンゴ栽培が拡大した．

このように，余市を代表する産業であった漁業によって蓄積された資本の一部が，果樹栽培へも流れていた点も注目される．すなわち，余市町におけるリンゴ栽培は，気候や地形条件が栽培に適していたことに加え，北海道としては歴史的に古くから開拓が進んだことにともなう社会経済的な条件も栽培拡大を促した点も大きな特徴の1つである．1890年頃からの10年間は，余市のリンゴ栽培が平地から傾斜地にかけて大きく拡大した時期であった．病害虫被害などもほとんどなく，収穫されたリンゴは海上輸送によって東京市場にまで運ばれた．1900（明治33）年頃には病害虫の脅威を受けてリンゴが有袋栽培となったが，ウラジオストックへも輸出されるようになり，余市のリンゴ栽培は空前のブームとなった．これは，1903（明治36）年に開通した鉄道によって販路が大きく拡大したことも要因となっている．

こうしたリンゴ栽培発展の契機の1つとして，ニシン漁の不漁というインパクトと，そうした急激な変化に柔軟に対応したニシン漁場親方の先見の明があげられる．余市のニシン漁とリンゴ栽培にとって転機となるのは，1903（明治36）年であった．この年は函館と小樽・札幌を結ぶ函館本線が開通した年であり，これは魚肥やリンゴの販路拡大にとって大きなインパクトであった．東京方面へ出荷されたリンゴの一部は，海を越えて輸出もされた．また，同時にこの年は北海道のニシン漁獲高が85.7万トンを示し，絶頂期であった．最盛期にはニシンは北海道だけで約90万トン（年）もとれ，大正末頃にかけて豊漁が続いた．現在の全国のサンマ漁の漁獲高が年30万トン程度であることと比較してみると，当時ニシンがいかにとれたかがわかる．余市町周辺では明治後期よりも大正時代の方がニシンの漁獲高は多く，最盛期には毎年3〜5万トンにものぼった．

図8.5によれば，1920年頃からは大正期を通してニシンの漁獲高が漸減傾向にあり，こうした動向にいち早く気づいた親方の中には，不漁時に備えた仕事の確保，あるいはニシン漁期以外の時期の仕事の確保という観点から，季節労働者らに就農させる者が現れた．多くの親方がニシンの不漁に疑念をもたず，効果的な対策をとらなかった一方で，いち早く先を見越してリンゴ栽培への多角化に着手した親方の先見の明が光る．リンゴ園が比較的広がっていた余市川左岸の山田地区とニシ

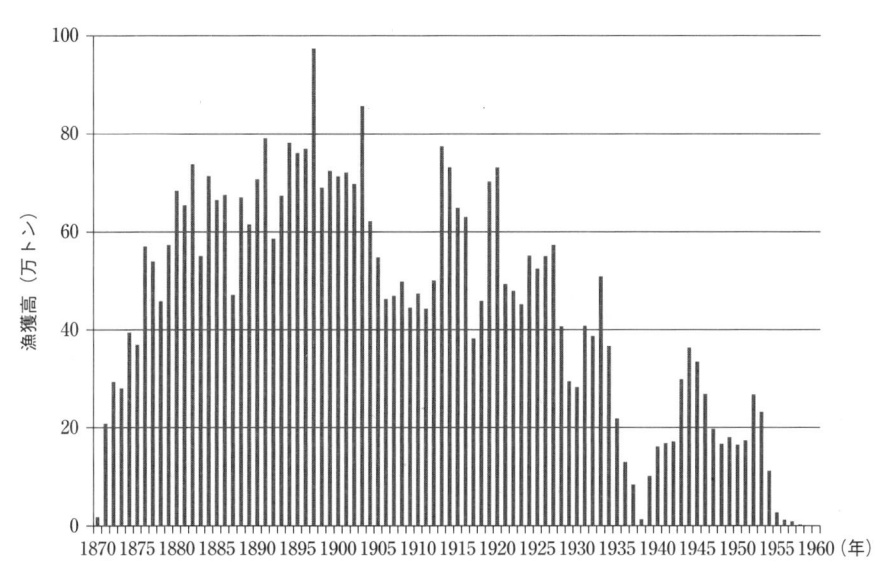

図 8.5 北海道におけるニシン漁獲量の推移（1870～1960 年）
北海道水産試験場のデータより作成.

ン漁場と番屋の集中地区は小高い丘を 1 つ挟んで隣接していた立地条件も見逃せない．同じ頃，札幌の郊外の平岸地区で栽培されたリンゴが名声を博しており，小樽・札幌と函館を結ぶ鉄道がいち早く開通し，多くの情報に接することができたことも，ニシン漁場親方によるリンゴ栽培導入の判断に影響を与えたと推察される．

一部の親方の予想通り，昭和に入るとニシンの漁獲高は激減した．特に，1930（昭和 5）年と 1935（昭和 10）年には漁獲皆無となり，建網業者を中心に決定的な打撃となった．かつては全盛を誇った人々の倒産が相次ぎ，恐慌や魚価の暴落の影響もあって余市のニシン漁は深刻な状況に陥った．1943（昭和 18）年までニシンの漁獲高は毎年 4000 トン以下が続いたが，1944（昭和 19）年から 1947（昭和 22）年にかけて 7000～1 万トンという当時としては高い漁獲高があった．一時は持ち直したものの，1948（昭和 23）年にはニシンは決定的な凶漁となり，それ以来，2000 トンを超えた年はない．ついに，1954（昭和 29）年を最後に，余市でニシンは捕獲されなくなった．漁業関係者の多くが失業したり，捕獲する魚種をカレイなどに変更することを余儀なくされた．

こうした決定的な不漁を前に農業経営を早くから始めていた親方たちにとっては，リンゴは救世主であった．リンゴを中心とする果樹園の分布は徐々に拡大した．大正期から第二次世界大戦の終結までの期間は，病害虫被害によるリンゴ園の廃園が相次ぎ，品種の更新や薬剤の効果的な散布，物流の効率化が図られ，リンゴ栽培農家は合理的な経営者の手によって再編成されていった（余市教育研究所，1968）．

1992（平成 4）年発行の地形図（図 8.4 右）には，余市川の右岸を中心に，JR 函館本線の両側沿線から東部の山麓部にかけて果樹園が展開している様子がよく現れている．現在の北海道のリンゴ栽培は，収穫量や産地のまとまりという点では，東北各県や長野県などの他の先進的な産地に比べると水準がかなり落ちる．余市町ならびに隣接する仁木町を含めた北後志地方は，現在では道内のリンゴ生産の 50% を，同ブドウの 80% 以上を産出し，さらには洋ナシ，プルーン，サクランボなども栽培する集中的な果樹特化地帯となっている．現在の余市町周辺は観光農園の集積地としての顔をもち，収穫期の週末には，主として札幌方面からの観光客で賑わいをみせている（写真 8.3）．

8.2.6 厳しい自然環境の克服と大規模畑作への特化―十勝平野の事例―

今日の十勝平野は，大規模な畑作地帯が広がることで知られる．火山が多く分布する日高山脈の

写真8.3 北海道余市町におけるリンゴ園（1999年9月）

東側に広がることから，十勝平野の表層地質の大部分は火山性ロームで覆われ，土壌は黒ボク土壌が主である．主要河川である十勝川が北西部から南東部にかけて平野を縦走している．北から流れる音更川，そして南側から流れる札内川が，すり鉢状になった十勝平野の中央部で合流する．この場所が現在の帯広市周辺にあたる．開拓の進む以前の帯広市周辺はアイヌ語でオペレペレフ（河口がいく筋にも裂けているところ）と呼ばれていた．十勝平野の最初の開拓は，1883（明治16）年に静岡県から26人が現在の帯広市に入植したことに始まる（平井，2001）．当時の交通手段は十勝川を丸木舟でさかのぼるというものであったため，初期の開拓範囲はおのずと十勝川の流域に限定されていた．その後，1891（明治24）年からは植民地区画（未墾地への入植希望者への土地配分）が実施された．アメリカのタウンシップを範として，標高200m以下，傾斜20°以下の土地が開拓の対象となった．アメリカとは規模は異なるものの，縦横各300間の中区画ごとに道路を設け，その中区画の6分の1（約5ha）を小区画とし，これが各農家に与えられた．こうした入植形態により，農家とその周りに広大な農地が広がる散居村が基本的な農村景観となった．十勝平野では風が強いことと，隣接戸との境を明確にするため，区画の境には防風林が植えられ，このような景観は今日にも引き継がれている．十勝平野における農業は，河川周辺の限られた平地部では稲作が行われている．それを除けば，火山灰台地上では平坦地が少なく，礫や砂が多く含まれるため，畑作が農業の中心になっている．

こうして，十勝平野の開拓は明治中期以降に拡大した．国策の拓殖計画による広面積の土地払下げをはじめ，1905（明治38）年の根室本線帯広-釧路間，1907（明治40）年の同旭川-帯広間の開通により，帯広は札幌・旭川方面と釧路・根室方面を結ぶ幹線交通路の要衝となった．その後も帯広を中心に音更川や札内川の河谷沿いの低地に沿って南北に鉄道が敷設され（現在はいずれも廃止），開拓は平野の内陸部へと進展していった．その後も，十勝平野は関東大震災（1923年）の被災者による入植，そして第二次世界大戦後の戦後開拓においても北海道内の重要な入植地として機能した．

十勝平野では，「豆の十勝」（豆過作農業）と呼ばれるほど，耕地の60%以上に豆を植え，豆類の栽培を農業の基幹とし，残りの耕地に根菜類や飼料作物を栽培する農業が第二次世界大戦前から展開してきた．もともと火山灰に覆われ，水はけがよく，傾斜もある洪積台地上では稲作が適さなかったことも理由の1つであるが，第一次世界大戦中に，世界的に大豆や小豆相場が急騰し，空前の好景気に沸いたことが，豆類の栽培が盛んになった一因である．帯広には集散地問屋が集まり，産地仲買人が平野内部に広がる産地農家をとりまとめる階層的な農産物流通組織が発達した．

こうして順調にみえた十勝平野の畑作であるが，1954年と1956年に相次いだ大冷害は農家経営の疲弊を招き，大きな転機を迎えた．有畜化や根菜類の導入，および機械導入が進み，農業の体系や様式は大きく変化することとなった．このような急速な農業の変化に対応できない農家の離農が進み，農家戸数は大幅に減少した．

表8.6によれば，農家数の減少に反比例して，1戸当たりの経営耕地面積は拡大していることが読み取れる．さらに，農家100戸当たりのトラクター台数から，トラクターなどの農業機械の普及も急速に進んでいることがわかる．また，乳牛飼養農家率をみると，1975年頃までは約半数の農家が畑作に酪農を組み合わせていたが，その後，畑作と酪農の専門分化が進み，それぞれの経営内容に

表8.6 十勝地方における農家経営構造の変化状況（七戸・「畑研」研究会，1998）

年次	1960	1965	1970	1975	1980	1985	1990	1995	2000	2005
総農家数（戸）	23254	19761	16239	12790	11705	10923	9954	8681	7582	6743
耕地面積（ha）	176200	182037	190827	191622	201264	211738	216955	215760	212849	210590
平均面積（ha）	7.6	9.2	11.8	15.0	17.2	19.4	21.8	24.9	28.1	31.2
階層別農家構成比										
〜5.0 ha	26.5	18.7	14.7	14.5	13.0	11.4	10.5	9.8	8.1	8.0
5.0 ha〜	43.4	39.7	25.7	16.7	13.4	11.3	9.4	7.4	5.9	4.6
10.0 ha〜	23.5	30.1	30.7	20.7	16.2	13.2	10.3	8.2	15.2	12.4
15.0 ha〜	5.7	9.2	19.3	21.2	19.5	16.9	13.9	10.6		
20.0 ha〜	1.0	2.3	9.6	26.9	27.6	30.7	31.9	29.6	25.8	22.9
30.0 ha〜					10.3	16.5	16.0	20.5	35.6*	37.2*
40.0 ha〜								8.1	13.8	9.3
50.0 ha〜										14.9**
トラクター台数										
総数	303	3080	7796	13273	16695	21250	23751	25911	26550	27387
農家100戸当たり台数	1.3	15.6	48.0	103.8	142.6	194.5	238.6	298.5	365.9	406.2
乳牛飼養農家率	39.7	44.5	55.3	47.5	38.3	33.7	23.5	29.3	27.7	26.6
1戸当たり飼養頭数	3	6	11.9	22.5	38.3	49.6	57.2	77.4	88.5	103.0
作物別10a当たり労働時間										
てん菜	80.6	61.8	50	36.5	29.3	23.8	20.1	18.2		
馬鈴薯	51.5	35.9	24.6	18.3	13.7	10.9	10.9	9.2		
インゲン	27.2	23.7	20.7	19.8	14.8	12.7	13.8	12.5		
小麦	45.4	36.2	26.8	4.8	2.8	3.1	3.1	2.9		

資料：農業センサス．
＊：2000年と2005年は30〜50 haの値．＊＊：うち100 ha以上は101戸．

特化した形で規模拡大が進んだことがわかる．

1970年代後半以降は，農家減少に歯止めがかかり，農地売買ではなく，賃貸借による農地の規模拡大が増加した．作目別10a当たり作業時間をみると，1960年時点で最も多労的作物であった根菜類はトラクターと専用作業機の普及により省力化が進んだことがわかる．また，小麦もコンバインと大型乾燥施設の利用体系確立により省力的作物となった．これらの機械化と省力化が，畑作部門の規模拡大に大きく寄与している．作物別の作付面積の推移を示した図8.6によると，1975年には栽培品目は小麦（11.9%），馬鈴薯（20.6%），てん菜（22.1%），大豆・小豆・インゲンを合計した豆類（45.4%）の順で広い作付面積をもっていたが，農業機械化と省力化の結果，2005年には小麦（37.4%）と豆類（20.0%）作付比率が逆転したことがみてとれる．もはや，「豆の十勝」の面影はなく，機械化に支えられた小麦栽培を中心にして，EU諸国並みの水準の大規模な畑作地帯となっている．図8.7は経営耕地面積が30 ha以上の農家を大規模な農家として，その分布を農業集落スケールで示したものである．これによれば，大規模な農家は十勝平野と根釧台地を中心に道東から道北にかけて集中していることがわかる．なかでも十勝地方の耕地面積は25.6万haであり，それは北海道全体の約25%，全国の5%に達する．耕地面積の99%は畑である十勝地方は，北海道のみならず日本を代表する食料生産基地となっている（仁平，2009）．

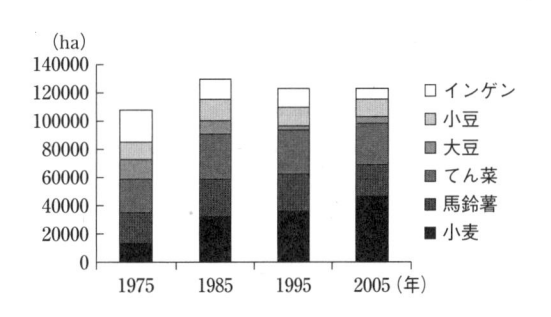

図8.6 十勝地方における作物別栽培面積（1975〜2005年）
農林業センサスより作成．

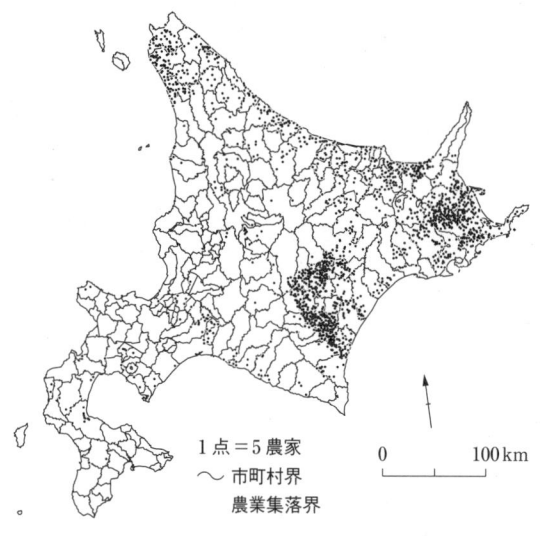

図8.7 北海道における大規模農家の分布（2000年）（仁平，2009）

8.2.7　企業城下町の形成と総合工業都市への転換—苫小牧市の事例—

北海道の中央部にあり，太平洋側に面して大規模な港をもつ苫小牧は，1963年に制定された道央新産業都市の，そして1989年に承認された道央テクノポリスでも中核をなし，北海道内随一の工業都市である．しかし，苫小牧は明治末期に旧財閥系の工場進出を契機として工業化が始まった経緯があり，それ以前はイワシ漁を中心とした寒村にすぎなかった．後背地である勇払原野は，北海道の夏季に太平洋沿岸で発達しやすい霧の影響を受けた湿原が広がり，自然条件の厳しさから農業不適地となっていた．

1910（明治43）年9月に旧王子製紙が苫小牧で操業を開始した理由はいくつかあるが，急速に近代化が進んだ当時の日本国内における洋紙（新聞紙）需要の急増と，そのための原木不足が深刻化していたことが背景にあった．旧王子製紙は豊富な森林資源を求めて北海道への進出を決定した．当時の北海道は「北海道国有未開地処分法」があり，進出企業は国から無償で土地の払い下げを受けることができ，勇払原野の広大な土地や樽前山麓の豊富な工業用水，および動力源としての千歳川水系に恵まれるなど，苫小牧への工場進出は企業側にも大きな利点があった．明治期の地形図には，苫小牧駅に隣接して旧王子製紙の工場がすでに記されている（図8.8）．払い下げがほぼ一段落した1928（昭和3）年時点では，苫小牧市の主要市街地においては約60％に相当する250.7 haが王子製紙によって所有されていた（山下，1980）．また，1943（昭和18）年には大日本再生製紙（後の山陽国策パルプ，現在の日本製紙）が苫小牧に進出した．1950年の統計によれば，これら2社の紙・パルプ事業所は，苫小牧市の全工業製品出荷額の95％（60億円）を，全製造業従業員数の65％（3586人）を占めていた．このことは，苫小牧がそれまで以上に「紙のまち」としての顔をもつようになったことを示している．

苫小牧のもう1つの重要な機能は，北海道中央部の夕張や石狩で産出された石炭の積出し港としての機能であった．1951年に始まった苫小牧港（現在の苫小牧西港）の内陸掘込事業は1963年に一部開港を迎え，苫小牧港は1970年に石炭積出量で全国一を誇った（写真8.4）．その後，石油へのエネルギー転換や海外輸入炭におされて苫小牧港の石炭の積出し量は下降を続け，1993年には石炭積出し港としての役割を終えた．石炭に代わり，現在の苫小牧港は日本国内のフェリー拠点として八戸，仙台，大洗，新潟などへの定期航路をもつほか，国際コンテナターミナルとして北米，極東ロシア，台湾，韓国，中国，タイ，シンガポールの各港とも定期航路で結ばれている．現在では，苫小牧港は北海道全体の取扱貨物量の50.6％を占める北海道最大の港となっている．

一方で，大規模な掘込港湾をもつ苫小牧港は，

写真8.4 苫小牧西港と工業地帯（写真提供：志方写真工芸社）

かつての紙・パルプ特化型から総合工業都市へと苫小牧市の性格を大きく変えることにもなった．港の周辺に整備された工業地区を中心に，アルミニウム一貫生産の日本軽金属（1984年にアルミ電解・精錬事業は撤退），出光石油をはじめとする石油精製各社，北海道曹達，電気化学工業，北海道ケミカル，北海道電力などの数十ha以上の土地を占有する大規模工場の進出が続いた．現在では苫小牧西港周辺では木材・木製品製造業関連（14社），化学工業関連（10社），石油精製関連（8社），食料品製造関連（7社），セメント製造関連（6社）をはじめ，1992年に竣工したトヨタ自動車北海道工場など合計70社の工場が立地し操業中である（図8.8）．1997年の統計によれば，石油製

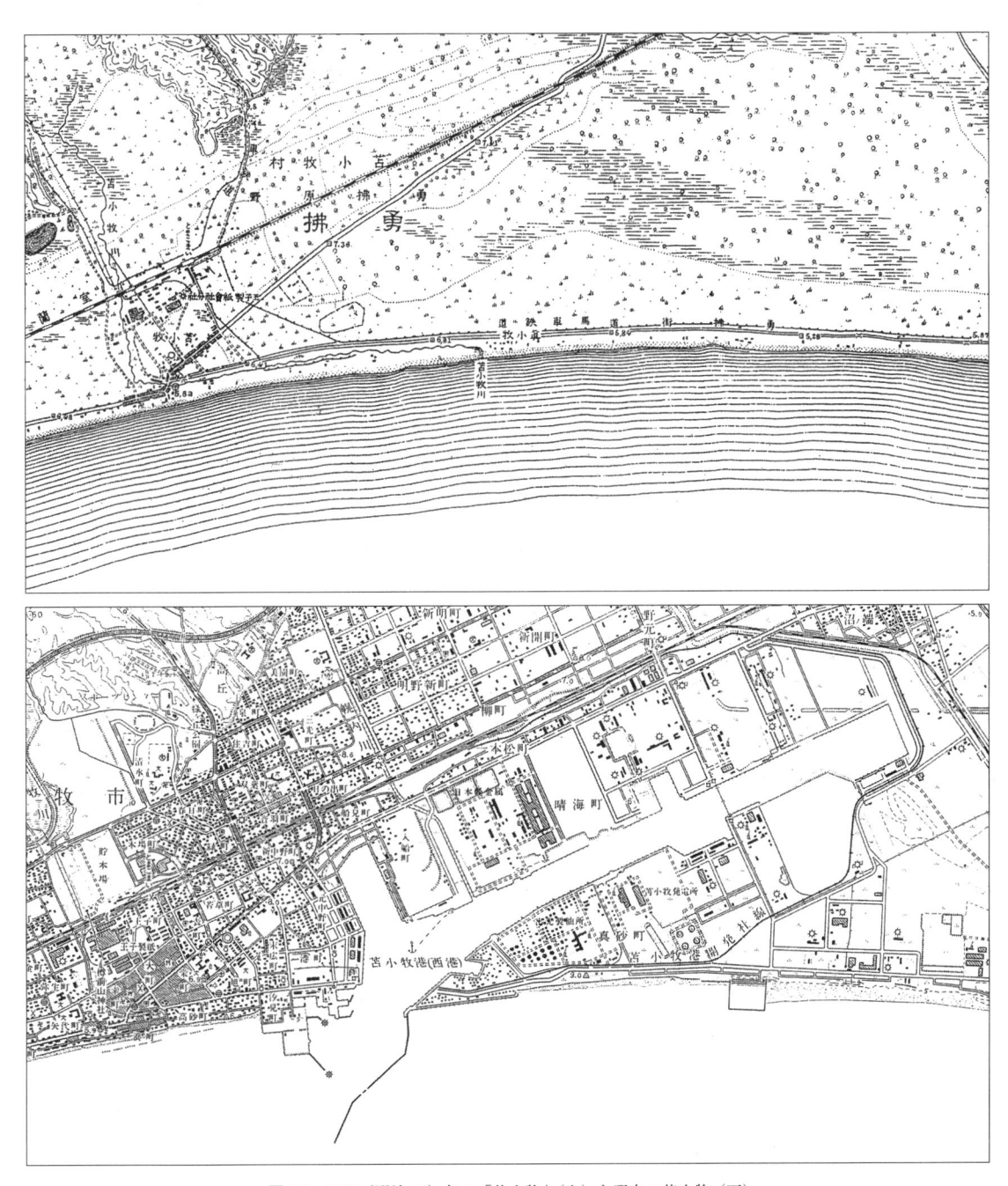

図8.8　1909（明治42）年の「苫小牧」（上）と現在の苫小牧（下）
5万分の1地形図「苫小牧」（上：明治42年測図，下：平成5年修正）を縮小．

8.2　産業の特徴　153

品・石炭製品製造業（2008億円），紙・パルプ製造業（1819億円），輸送用機械器具製造業（1097億円）の上位3業種が，苫小牧における全工業製品出荷額（6787億円）の約73%を占めている．従業者数では，紙・パルプ製造業（2156人），食料品・飲料・飼料・タバコ製造業（1697人），輸送用機械器具製造業（1538人），電気機械器具製造業（1187人）で全従業者数（1万1205人）の59%を占めている．

1984年のいすゞ，そして1992年のトヨタの工場進出により，苫小牧市における輸送用機械器具製造業の出荷額ならびに従業員数の伸びは著しい．両社とも，進出以降，数度にわたり大規模な設備投資を重ねてきた．現時点では，両工場は完成品の組立工場ではない．いすゞは主にエンジンを，トヨタはトランスミッション，アルミホイール，動力分配装置などを生産している．これらの工場に部品を供給している道内企業は両社関連で合わせて27社（2008年）程度にとどまっており，部品の大半は北海道外から調達されている．このような状況は，同じように自動車産業の新興産地である九州と対照的である．九州では，完成車組立工場を中心に協力工場が多数立地したからである．

8.3 都市の特徴

8.3.1 道内主要都市の人口

札幌市と北海道内の他都市（旭川市，函館市，釧路市，小樽市）との人口推移を示した図8.9によれば，札幌市の人口増加が他都市に比べて顕著であることが確認できる．北海道全体の人口は1975年の534万から2005年には563万となり，長期的には微増傾向を示しているが，近年は若干の人口減少に転じている．

札幌市の人口は，1920年の第1回国勢調査時には約10万2000であり，これは同じ北海道内の小樽市や函館市よりも少ない数字であった．しかし，第二次世界大戦後，札幌市の人口は爆発的に増加した．1960（昭和35）年には人口50万に，1970（昭和45）年には人口100万を突破し，1972年の札幌オリンピックと，政令指定都市化などを経て，2005年国勢調査時点では約188万となっている．

札幌市の成長を考察する上でもう1つ重要な点は，人口の社会動態である．図8.10に札幌市と北海道外および北海道内との転出・転入の推移を示した．この図によれば，札幌市と北海道外の市町村との間の人口の社会動態をみると，全体的には毎年数千人規模の転出超過の状態が続いている．一方，札幌市と北海道内との社会動態をみると，札幌への転入超過が著しい．このように，毎年1～2万人規模で膨張を続ける札幌市の人口は，主として北海道内市町村からの流入であるという特徴がみてとれる．

8.3.2 北海道の「首都・札幌」と「支店経済」

松前藩のあった道南地方，そして北海道開拓のゲートウェイとして上陸拠点が置かれた小樽をよ

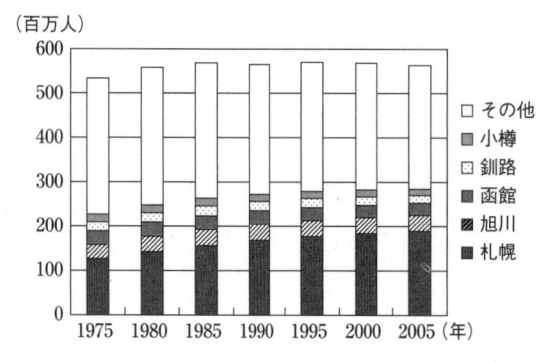

図8.9 北海道の主要都市における人口変化（1970～2005年）
国勢調査より作成．

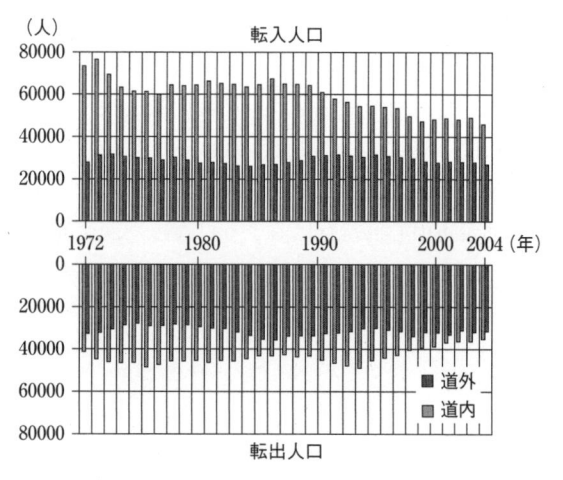

図8.10 札幌市における人口の社会動態（1972～2004年）
札幌市のデータより作成．

そに，北海道開拓使の本府は1869（明治2）年に札幌に置かれた．札幌市の位置する札幌扇状地（豊平川扇状地）および石狩平野の重要性については，北海道開拓の初期から明治政府にも認識されていた．厳しい自然条件の中で札幌扇状地の開拓が進められ，南北に通じる運河の開削（現在の創成川）や屯田兵制度の導入などにより，札幌では次第に街としての形態が整えられてきた．当初は防火帯として設けられたといわれる現在の大通公園を境に，街は北側を業務地区，南側を商業地区として発展してきた．北海道庁が設置された1886（明治19）年以降は市街地内部の整備がいっそう進んだ．開拓当初のすぐれた都市計画，すなわち，札幌扇状地と扇端部（現在のJR函館本線付近）の湧水帯を巧みに利用した街路パターンおよび産業配置は，現在の市街地にも強く影響を残している．札幌市の成長を支えてきた企業の支店を主たる入居者とするオフィスビルは，今日でも大通の北側の業務地区に集中している．

札幌商工会議所（1988, 2003）や平澤・河西（2003）の経済的な視点からのレポート，また寺谷（1993）らによれば，上場約2000企業の6割は北海道に支店をもたず，北海道の支店の多くは東京本社企業の札幌支店であること，また，企業の支店数や従業員数は札幌市の事業所の約40％を占めるほど札幌市の経済にとって重要であることが報告されている．このことから，札幌以外の資本（域外資本）の流入が，札幌の成長を牽引してきたといえる．札幌はいわば，典型的な「支店経済都市」である．

札幌市都心部におけるビルの竣工状況を年度別に示した図8.11によれば，札幌市都心部においては1970年代前半と1980年代中盤以降の二度のピークが確認できる．前者のピークは1972年の冬季オリンピック開催ならびに地下鉄南北線の開通にともなう，老朽化した既存のビルの建て替え需要によるもので，地下鉄沿線にオフィスビルが集中した．その後，1980年代に入り二度目のオフィスビル建設のピークが現れた．特に，7階建てを超える高層ビルは1980年代後半に相当数の建築をみたことがわかる．

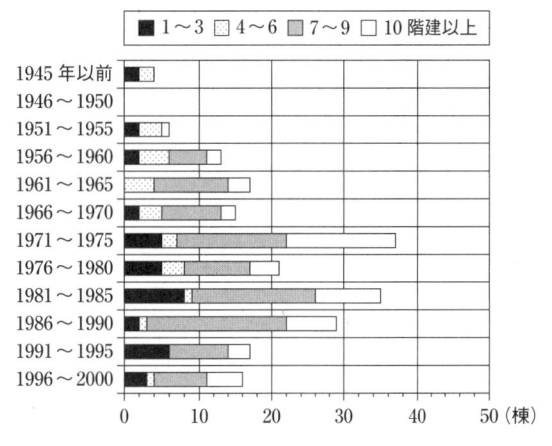

図8.11 札幌市都心部におけるビル階数別竣工件数
札幌市都市計画課の資料より作成．

ビルの分布と竣工年との関連を図8.12に示した．駅前通りの西側の街区は北海道庁を中心にそれを取り巻く形で比較的大区画の土地割であり，駅前通りの東側の街区は中通りをもつ商業・住宅の混在地域となっている．明治以降のこうした札幌開拓の経緯は今日のビルの分布にも確実に現れている．北海道庁周辺と駅前通りの沿線は，敷地面積の大きいビルで占められている．これらは1950年代から1960年代前半までに完成した旧財閥系の大資本によるビル群である．これらのビルの中には，同系列の企業グループの支店も同時に入居しているケースが多く見受けられる．駅前通りの東側は一区画当たりの敷地面積は，西側に比較して相当小さくなるものの，1972年までに竣工したビルの割合が高い．このことから，1972年の冬季オリンピック開催ならびに地下鉄南北線の開通が，札幌市都心部におけるビルの供給にたいへん大きな影響を与えたことがみてとれる．

その後，1980年代に入って起こった次なるビル供給ブーム時には，1972年までに竣工したビルに隣接した街区で多くのビルが新築された．1990年までに新築されたビルは，北海道庁の北側，および駅前通り東側の北2条，北3条付近に集中して分布している．ビルの竣工年からみた分布の特徴は，1972年までに大手資本によるビルが北海道庁の周辺に立ち並び，その後，中小のビルが南北線東側の商・住混在の個人所有地を中心に建築され，近年ではさらにそれらの外側に大型ビルの

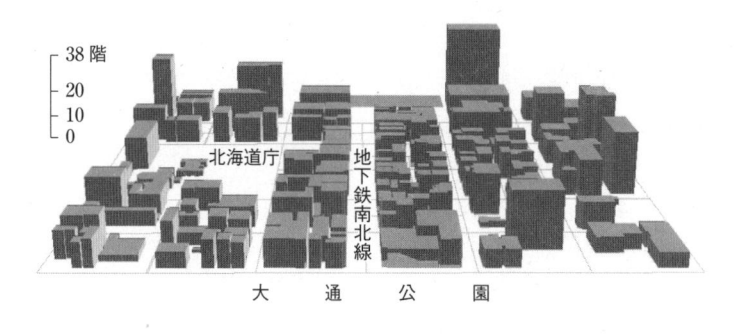

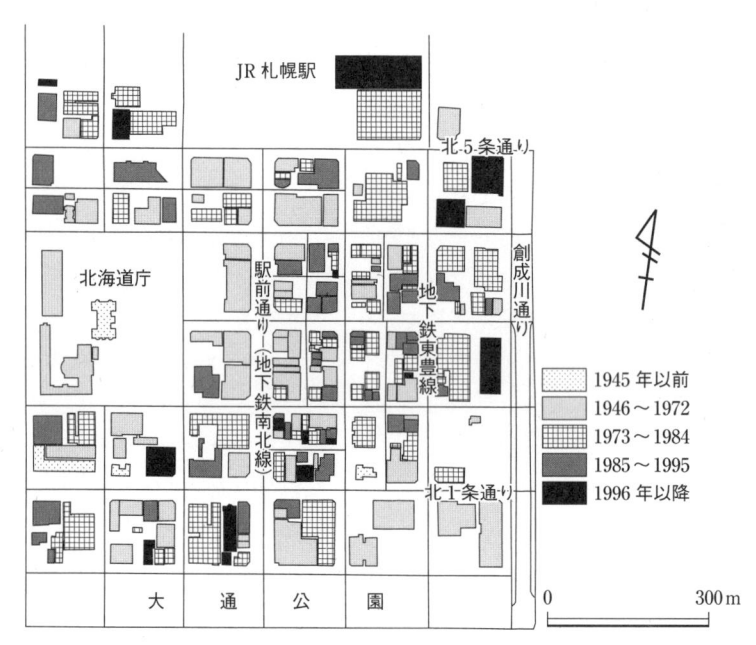

図 8.12　札幌市都心部におけるビルの竣工年と都市景観
札幌市都市計画課の資料より作成.

新築が続いたことがわかる.

またビルの分布と階数の関連をみると, 駅前通りの沿線は 1972 年までに竣工したビルの割合が高い. これらのビルは都市計画法による 31 m の絶対高さ制限の解除 (1971 年) 以前の竣工であることから, 10 階建以下のビルの割合が高い. また, 北海道庁南側や大通周辺に古くから立地するビルには, 6 階建以下の中・低層のビルも多く存在している. これらのことから, 札幌市における比較的新しい大規模なビルは, 総じて地価の安い周辺部へと分散する傾向が確認できる.

1990 年代後半以降にみられたバブル経済の破綻とその後の長い経済停滞にともなう企業の再編や統廃合, さらに北海道内では, 1997 年の北海道拓殖銀行の経営破綻などは地域経済に影響を及ぼすものとして無視できない. 3 大メガバンクへの統合に代表されるように企業の再編が進めば, これまで札幌の成長を支えてきた「支店需要」そのものも減少することが懸念されている. そのような中, 2003 年 3 月には JR 札幌駅前に JR タワーが竣工し (写真 8.5), それ以降も新規のオフィスビル建設が続いている. JR タワーは, 札幌では最高の立地条件を備えたオフィスビルの 1 つであるが, 入居オフィスをみると, ホテルや各種オフィスのほか, 東京から進出したコールセンターが複数階にわたって入居している. これは, 従業員の技術水準が立地要因ではなく, 単に東京に比べて安いオフィス賃料水準や安い人件費に起因する企業進出である.

一方, 北海道内の周辺市町村 (特に農村部) で

写真8.5 札幌JRタワー（2003年1月）

は深刻な不況に拍車がかかっている．「札幌で働く」あるいは「札幌の一等地にあるJRタワーで働く」ということは，有望な就職先に乏しい北海道の周辺市町村の若者にとって非常に魅力的である．札幌で働けるのであれば，職種や雇用の形態は大きな問題とはならない傾向にある．進出企業にとっては，札幌の一等地にオフィスを開設することで，人材確保の問題を克服できる利点もある．札幌のオフィス事情は向こうしばらくの間は好況が続くとみられている．その理由は，北海道内の他都市に立地する支店の札幌支店への統合・再編や，札幌市内の都心周辺部（創成川東や西11丁目周辺など）から札幌市都心部への拡張移転や館内増床の動きが顕著にみられるからである．これらの動向をみる限り，札幌は今後も成長を続けると判断することもできるかもしれない．しかし現状は，北海道内における札幌への一極集中の加速とみるべきであり，今後も持続的な成長が見込めるかどうかは不確実とみるのが妥当である．

8.4 北海道地方の将来像

北海道の経済的な基盤は弱く，名目GDP（道内総生産）は減少を続け，全国に占める総人口シェア（4.4%）も大きく下回るほか，各種の経済指標にも明るい兆しはみられない（北海道総合政策部，2010）．また，2030年の人口は464万まで減少するとの推計もあり，これは2000年の時点に比べて約100万人の減少に相当する（日本経済新聞社，2006）．明治以降の開拓以来，公共投資と本州以南からの企業進出により支えられてきた北海道であるが，現実に人口減少が始まった現在，自立に向けた岐路に立っている．

しかし，本章の冒頭でも述べたように，壮大なスケールの自然と大陸的な風土，そして雄大な大地に育まれた新鮮な食材などは北海道の大きな魅力である．ビジットジャパン・キャンペーンの効果により，冷涼な気候，花，雪，ゴルフ，スキー，温泉といった北海道の大自然を活かした魅力が広まったことにより，台湾，韓国，香港，中国本土，そしてオーストラリアなどからの観光客が大幅に増加していることは，北海道にとって明るい材料である．　　　　　　　　　　　　［堤　　純］

引用文献

小野有五（1994）：氷河時代のドラマ―北海道の創世記―．北海道・自然のなりたち（石城謙吉・福田正己編著），北海道大学図書刊行会．

札幌商工会議所（1988）：ソフト社会における札幌市の支店企業の活動実態，120p，札幌商工会議所．

札幌商工会議所（2003）：第5回札幌支店企業の活動に関する実態調査 要約，14p，札幌商工会議所．

七戸長生監修，「畑研」研究会編集（1998）：十勝―農村・40年の軌跡，農林統計協会．

寺谷亮司（1993）：企業の支店配置よりみた北海道の都市階層．地理科学，48：175-183．

仁平尊明（2009）：北海道―大規模畑作―．日本農業の維持システム（田林　明・菊地俊夫・松井圭介編），pp.75-99，農林統計出版．

日本経済新聞社（2006）：北海道2030年の未来像―「人口減少100万人」を超えて，日本経済新聞社．

平井松午（2001）：郊外化と流通戦争が進む田園都市 帯広市．北海道地図で読む百年（平岡昭利編），古今書院．

平澤亨輔・河西邦人（2003）：第5回札幌支店企業動向調査(1)．札幌学院商経論集，20：71-151．

松井　愈・吉崎昌一・埴原和郎（1984）：北海道創世記，197p，北海道新聞社．

山下克彦（1980）：特定企業による土地所有の土地利用変化への影響―苫小牧市における事例研究―．東北地理，32：64-71．

余市教育研究所編（1968）：余市農業発達史，382p，余市町郷土史研究委員会．

北海道水産林務部（2010）：データでみる北海道の水産 http://www.pref.hokkaido.lg.jp/sr/sum/kcs/yutakanaumi/data15.htm（2010年8月17日検索）

北海道総合政策部（2010）：北海道経済白書 平成18年度版 http://www.pref.hokkaido.lg.jp/NR/rdonlyres/4AD18D50-A645-4AE2-A496-3E8A39B6CA1A/0/

H18hakusho11.pdf（2010 年 8 月 17 日検索）
北海道農政部（2010a）：北海道農業・農村の現状と課題 http://www.pref.hokkaido.lg.jp/NR/rdonlyres/4EDFB834-842E-40AA-8D1A-355A236FC281/0/genjyoutokadai2207.pdf（2010 年 8 月 17 日検索）
北海道農政部（2010b）：北海道農業・農村の概要 http://www.pref.hokkaido.lg.jp/NR/rdonlyres/80A0DF2A-966F-429E-881C-568FC5801CAB/0/gaiyou201007.pdf（2010 年 8 月 17 日検索）
北海道の魅力（2006）：北海道の豆知識 http://www.hokkaido2006.com/hokkaido-information.html（2010 年 11 月 1 日検索）
気象庁ウェブサイト http://www.jma.go.jp/jma/index.html（2010 年 8 月 19 日検索）
苫小牧小学校分離 http://pucchi.net/hokkaido/report/numanohata_es.php（2010 年 8 月 16 日検索）
苫小牧小中学校の現状 http://www.city.tomakomai.hokkaido.jp/gakko-soumu/PDF/tekiseikaplan/3_chapter1.pdf（2010 年 8 月 16 日検索）

苫小牧小中学校の現状 http://www.city.tomakomai.hokkaido.jp/gakko-soumu/edu-tekiseikaplan.htm（2010 年 8 月 16 日検索）
苫小牧人口 http://www.city.tomakomai.hokkaido.jp/seisaku/toukeipage/jinkoudoutai/20gaiyou.pdf（2010 年 8 月 16 日検索）
日本の活火山. 気象庁ウェブサイト http://www.jma.go.jp/jma/kishou/intro/gyomu/index95zu.html（2010 年 8 月 16 日検索）
北海道農業全般 http://www.pref.hokkaido.lg.jp/NR/rdonlyres/80A0DF2A-966F-429E-881C-568FC5801CAB/0/gaiyou201007.pdf（2010 年 8 月 17 日検索）
北海道農業の課題 http://www.pref.hokkaido.lg.jp/NR/rdonlyres/4EDFB834-842E-40AA-8D1A-355A236FC281/0/genjyoutokadai2207.pdf（2010 年 8 月 17 日検索）
十勝地方の畑作の概要 http://www.tokachi.pref.hokkaido.lg.jp/NR/rdonlyres/ED3E1247-A528-4724-8750-06A161EBB501/0/914.pdf（2010 年 8 月 16 日検索）

コラム16

ラムサール条約：北海道の湿原の保全と適正利用

1971年にイランのラムサールで開催された国際会議において「特に水鳥の生息地として国際的に重要な湿地に関する条約」（ラムサール条約）が採択された．この条約は湿地の賢明な利用（Wise Use）を提唱しており，産業や地域の人々の生活と湿地との生態系のバランスを維持しつつ，そこから得られる恵みを持続的に活用することを提唱している．

1980年に日本の湿地の中で最初にラムサール条約に登録されたのは日本最大の湿地面積をもつ釧路湿原（2万2656 ha；写真1）であり，その後，1991年から1993年にかけて8カ所の湿原が相次いで登録されたが，登録の早かったこれら9カ所の湿原のうち5カ所が北海道の湿原であった．2010年2月現在では，日本国内の登録湿地は37カ所（13万1027 ha），世界の登録湿地は1886カ所（約1億8515万6612 ha），159カ国に及ぶ．

現在国内で登録されている37カ所の湿地のうち，12の湿原が北海道に集中している．国内や国外の他の湿原は高緯度や海抜高度の高いところに分布していることが多いが，北海道では特に道東と道北の平地に湿原が広く分布することが特徴である．これは火山灰性の土壌に起因する比較的平坦な土地が多いこと，さらに，暖流の黒潮と寒流の千島海流が交わることで霧が発生し，それらがオホーツク海高気圧からの北東卓越風に運ばれて湿原周辺に達することによる．夏季を通して低温多湿の環境に置かれることにより，土中に含まれる植物の遺骸など有機物の分解が遅れるため，泥炭湿地帯が形成されやすい．

こうして形成された湿原は，国指定特別天然記念物であるタンチョウをはじめ，国指定天然記念物のオジロワシやオオワシ，さらにはアオサギやカワセミなどの野鳥の宝庫となっている．また，日本最大の淡水魚であるイトウ（サケ科）やキタサンショウウオなど，冷たい水を好む希少な魚類も多く生息している．北海道は本州以南に比べて人口密度が圧倒的に低く，いわゆる「手つかずの自然」も多く残されている．湿原を目指す観光客も多くいるが，生態系を乱さないように十分に配慮し，こうした豊かな自然環境を持続的に維持する取り組みが必要である．　　　　　　　　　　　［堤　　純］

写真1 細岡展望台からみた釧路湿原（写真提供：釧路市役所産業振興部観光振興室）

参考資料
環境省ウェブサイト http://www.env.go.jp/nature/ramsar/conv/2-1.html
北海道開発局ウェブサイト http://www.ks.hkd.mlit.go.jp/kasen/nframes/04.html

9 世界の中の日本

外国人観光客に最も人気のある日本の風景の1つ「茶畑と富士山」（写真提供：静岡県観光協会）

日本における地域像は近隣諸国との関係やグローバル化にも影響を受ける．特に，日本における社会経済や生活文化，あるいは外国における日本のイメージは近隣諸国との関係やグローバル化によって大きく変化している．そのような状況のなかで，変わらない地域像や将来の世代に残すべき地域像も日本の地誌を学ぶことで理解することができる．例えば，美しい日本の自然や四季のある風景は変わらない地域像であり，未来に残すべき地域像かもしれない．

9.1 近隣諸国との関係

日本は，明治期以降の近代化において欧米を手本にして産業経済の発展や社会制度の整備を進めてきた．その反面，東アジアや東南アジア，あるいはロシアといった近隣諸国への関心は，第二次世界大戦以降においても，欧米諸国のそれと比べて必ずしも高いものといえなかった．しかし，1980年代以降，韓国や中国との外交が見直され，経済や文化の交流が民間レベルの交流を基盤にして盛んになると，東アジアという地域的なまとまりを考えていく上でも，近隣諸国との関係は重要なものとなった．特に，近年ではそれぞれの国を往来する人々の増加や，それぞれの国を対象とする貿易の増大や企業の進出など，日本と近隣諸国との関係や交流の深化を示す様相は数限りない．また，近隣諸国も東アジアの国々やロシアにとどまらず，東南アジアの国々や環太平洋諸国にまで及ぶようになり，日本はより広範囲にわたる地域と関わらなければならなくなった．

当然のことながら，近隣諸国との関係で重要なのは，中国や韓国との関係である．1997年から2008年の日本人の海外旅行先の推移を示した図9.1によれば，1997年ではアメリカ合衆国本土とハワイが上位2位までを占め，ともに年間200万人以上の日本人観光客の旅行先になっていた．しかし，2000年以降になると，日本人の海外旅行先として中国と韓国が台頭し，かつてのアメリカ合衆国やハワイの地位にとってかわってしまった．特に，中国への日本人旅行者は年間300万人以上となり，他地域への旅行者数と比較して卓越している．また，日本人の2008年の海外旅行先では，

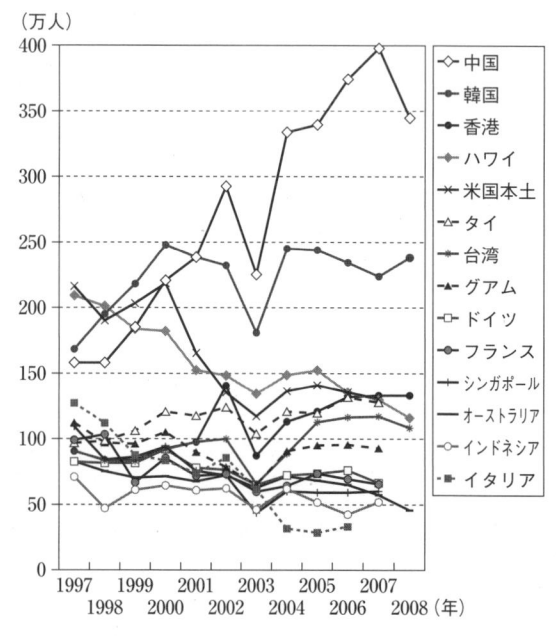

図9.1 日本人の海外旅行先の推移
受入国統計による．米国本土は米国計からハワイ，グアムを除いたサイパンなどを含むデータ．資料：観光白書．

香港と台湾がそれぞれ3位と5位に躍進し，近隣諸国への関心や近隣諸国との交流はさらに密接なものになっている．

一方，日本を訪れる外国人観光客は2008年現在で約835万人であり，日本人の海外旅行者数と比べると半分以下である．しかし，2000年以降，外国人観光客は経済動向を反映して若干の増減があるが，増加傾向にある．そのような増加傾向を支えてきたのが，韓国や台湾，および中国など近隣諸国からの観光客である（図9.2）．特に，2002年のサッカーワールドカップの日韓共同開催以降，韓国からの観光客は両国間の相互理解の深まりや交通ネットワークの整備，および査証の免除などによって年間200万人以上に達している．外国人延べ宿泊者数に占める韓国人の都道府県別シェアをみると（図9.3），韓国人のシェアは九州や山陰，および九州で高く，青森県から富山県にかけての日本海側や福島県でも高い．この特徴的な分布パターンは，韓国との航空路線をもつ地方空港の立地や，韓国との連絡航路（下関‒釜山など）の有無と関連している．つまり，九州や山陰などの西日本，あるいは日本海側の地域は韓国への距離的優位性を生かして，両国の交流を深化させているといえる．

日本と近隣諸国との関係は人的な交流だけでなく，物流の面においても深化している．例えば，日本における野菜輸入量における中国のシェアについて1995年から2008年の推移をみると（図9.4），野菜の輸入量は日本の気候変化や消費者動向などを反映して年間2000～3000トンの幅で増減しながら推移しているが，中国からの野菜の輸入量が全体に占める割合は増加傾向にあることがわかる．実際，1995年における中国からの野菜は輸入量全体の約37％を占めるだけであったが，2001年以降は50％を超えるようになった．これは，中国からの野菜が日本市場で安く取引されることを反映しており，中国野菜の廉価性は豊富で安い労働力と大規模生産によるコスト削減に起因していた．このように，中国の野菜は日本市場においてなくてはならない存在になり，そのことは日本と中国の結びつきの強さを示すものとなった．しかし，中国野菜の輸入量が増大するにつれて，日本の農業を保護するための施策（セーフガード）が発動されたり，中国野菜の残留農薬や安全性が懸念されたりして，両国の関係をさらに深化させるための課題も少なくない．

9.2 グローバル化と日本の地域性

日本と近隣諸国との関係では，人的な交流や物的な交流，および金や資本の交流が重要なものになっており，それらの交流は近隣諸国関係の現象としだけでなく，グローバルな現象の1つとしてとらえることも必要になっている．例えば，金や資本の交流の1つとして，日本企業の海外進出があげられる．実際，日本企業が近隣諸国などに現地法人として進出する件数は増加する傾向にあ

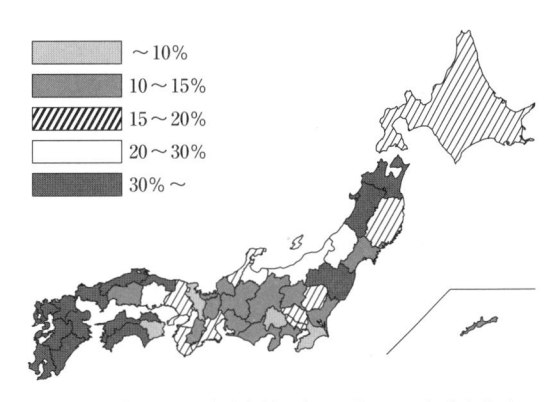

図9.3 外国人延べ宿泊者数に占める韓国人の都道府県別シェア（2008年）
資料：国土交通省総合政策局観光経済課．

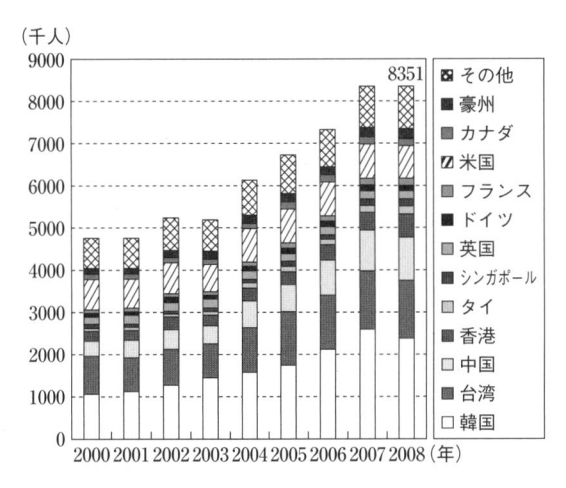

図9.2 日本を訪れる外国人の国別推移
資料：訪日外国人観光客統計．

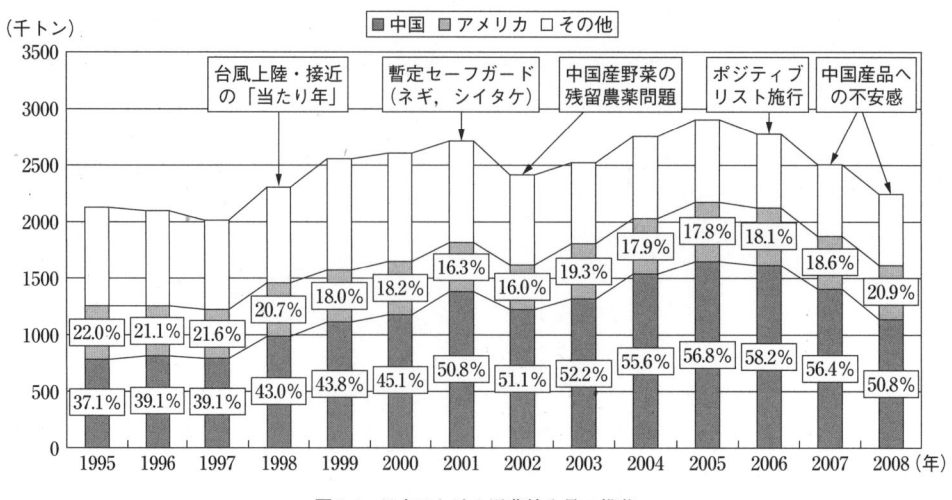

図9.4 日本における野菜輸入量の推移
資料：貿易統計．

り，そのことによって国内産業の空洞化が引き起こされている．このような空洞化は，プラザ合意にともなう円高を背景とした工場移転や，国際競争力を高めるため，安い労働力や土地を求めて生産拠点を中国などの近隣アジア諸国に移すことにより生じてきた．いわば，国内産業の空洞化は経済のグローバル化によって引き起こされた現象である．このような空洞化の現象は製造業において深刻であり，伝統的な地域産業は生産の海外移転にともなって衰退し，それは地域の雇用機会の低下にもつながった．

事業所・企業の増減率を都道府県別にみると（図9.5），事業所・企業は石川県や京都府（繊維業），および岡山県（木工業）など，伝統的な地域産業が立地していた府県で大きく減少し，大分県や長野県のように，IT産業や精密工業など労働集約的でない産業（資本集約的産業ないし技術集約的産業），あるいは土地利用型でない産業が立地している県では事業所の減少が目立っていない．全体的には，経済のグローバル化にともなって，企業や事業所，および土地利用型の工場や製造業の海外移転が進むと，そのことが地域の伝統的な産業を衰退させ，企業・事業所の減少につながった．このように，経済のグローバル化は日本各地にさまざまな影響を及ぼしたが，最も大きな影響は，国内の雇用機会が低下し，多くの地方や地域で地元の経済の比重が低下したことである．

その結果，中心地と周辺，あるいは都市と農村という二極化の地域構造がさらに顕在化するようになった．

日本企業の海外進出に関して中国を事例に検討してみると（図9.6），日本企業の現地法人は1999年に2477件であったが，2000年以降に急速に増大し，2008年には5000件を超えるようになった．2000年以降，日本企業の現地法人が中国で急増したのは，安い労働力と土地によるコスト削減に起因しており，日本企業が産業のグローバル化に対応して，国際競争力を高めた結果としてとらえることができる．加えて，中国の社会的・経済的状

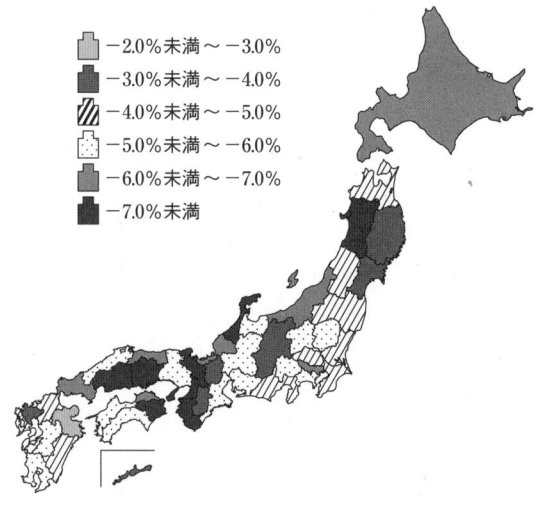

図9.5 事業所の都道府県別増減率（1998〜2003年）
資料：事業所・企業統計．

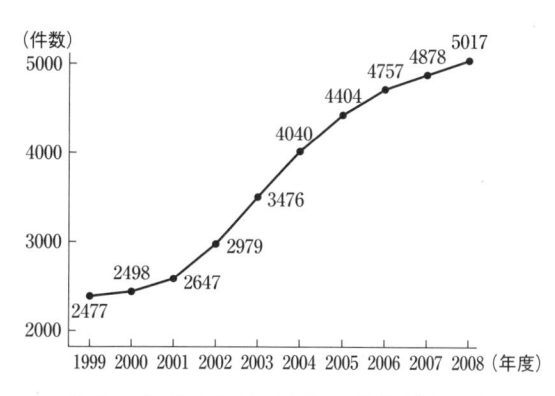

図 9.6 中国における日本企業の現地法人数の推移
資料：海外進出企業総覧.

況の安定と WTO（世界貿易機関）加盟による信頼性の向上があげられ，それらのことも産業や政治・経済のグローバル化と関連している．その一方で，安い労働力と土地という有利性は中国の経済発展とともに薄れてきており，中国よりも安い労働力と土地を確保するため，日本企業は東南アジア諸国に現地法人を多く立地させる傾向を強くしている．

日本における産業のグローバル化に関連して，外国人労働力の増加が目立っている．これは，多くの低廉な労働力を必要とする地域産業の国内労働力不足に起因しており，外国人労働者の多い少ないはグローバル化に対応した地域産業の活性化や発展にも通じている．外国人労働者の都道府県分布の推移をみると（図 9.7），外国人労働者の分布が地域的に偏っていることがわかる．愛知県・静岡県・岐阜県・三重県の中京圏に多く分布し，その分布パターンは自動車工業やそれに関連した製造業を中心とした地域産業と関連している．同様に，東京都・神奈川県・群馬県に外国人労働者が多く分布しているのも，自動車工業や電気機器製造などの地域産業の立地と密接に関連している．以上に述べた地域への外国人労働者の集中は 2000 年から 2006 年にかけて顕著になっており，そのことは産業のグローバル化が日本において確実に進展していることを物語っている．他方，北海道や東北地方，および四国地方や九州・沖縄地方では外国人労働者数は著しく低い．これは，地域産業が産業のグローバル化とともに衰退傾向にあり，地域産業がグローバル化に対応してきた地域とそうでない地域とに両極化していることを示している．

グローバル化の地域への影響は地域産業だけでなく，生活文化やそれに関連した景観にも反映されている．地球的規模でさまざまな情報が瞬時に伝播し，いつでも，どこでも，誰でも同じようなサービスや文化を享受することができるようになる．例えば，野球観戦をしながら，コーラを飲み，ハンバーガーを食べることは，20 世紀初めのア

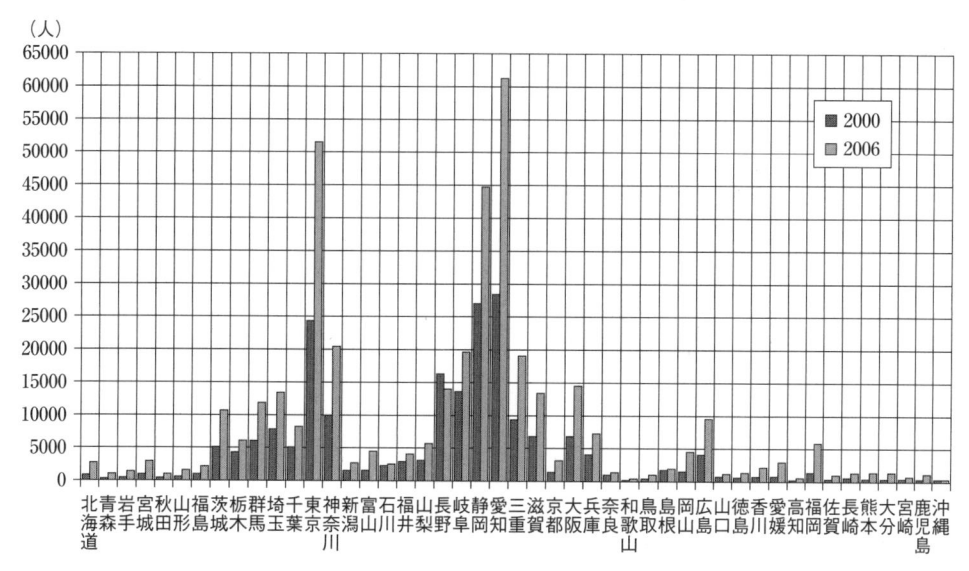

図 9.7 日本における外国人労働者の都道府県分布の推移
資料：厚生労働省「外国人雇用状況報告」.

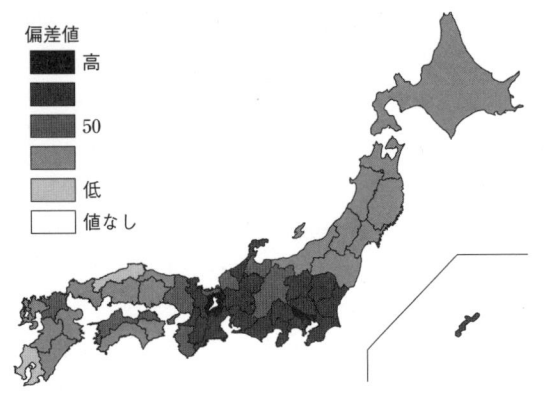

図9.8 マクドナルドの都道府県別店舗数（2010年）
http://todofuken.ww8.jp/t/kiji/10097 より作成.

写真9.1 東京の原宿駅前タウンスケープ（2006年6月）

メリカ合衆国の大衆文化にすぎなかったが，20世紀の終わりにはコーラとハンバーガーの文化は世界中に広まった．その結果，世界中121の国と地域で3万を超える店舗をもち，毎日5000万人以上が利用する巨大ハンバーガーチェーンも現れた．このような画一的で同質的な食文化が多くの国で受け入れられてきた現象もグローバル化の1つである．

日本におけるマクドナルド・ハンバーガーの店舗数を都道府県別にみると（図9.8），それらの店舗は相対的に首都圏や京阪神圏，および中京圏に多く，その周辺で少ないという，中心-周辺のパターンで説明できる．しかし，マクドナルドの店舗は人口分布に関連して多い少ないがあるが，全体的にまんべんなく分布し，その分布が食文化の画一化や同質化を促進させる要因になっている．また，そのハンバーガーチェーンがつくり出す街の景観（タウンスケープ）も画一的なものとなり，地域の個性的な景観を失わせている（写真9.1）．

つまり，ファストフードの店舗が林立するタウンスケープは，どこにでもある普通の景観になってしまった．

9.3 「美しい国」日本の行方

日本は中緯度に位置し，亜熱帯から亜寒帯の気候帯に属しているが，1年を通じて適度な降水量があり，四季が明瞭である．そのことが，季節ごとに美しい日本の景観をつくる基盤になるとともに，人々の伝統的な生活文化の基底にもなっている．例えば，日本の植生は気候条件を反映して，西日本の照葉樹林帯と東日本の落葉広葉樹林帯（潜在的ブナ帯とブナ-ミズナラ帯），および北日本の常緑針葉樹林帯の3つに大きく区分することができる（図9.9）．そして，落葉広葉樹林が季節の移り変わりとともに，新緑-深緑-紅葉-落葉と風景を変えていき，それらの風景が日本の美しさを支えていた．また，それらの風景に基づいて，田植えや稲刈り，あるいは夏祭りや秋祭りなどの年中行事が行われてきた．これらの年中行事は移

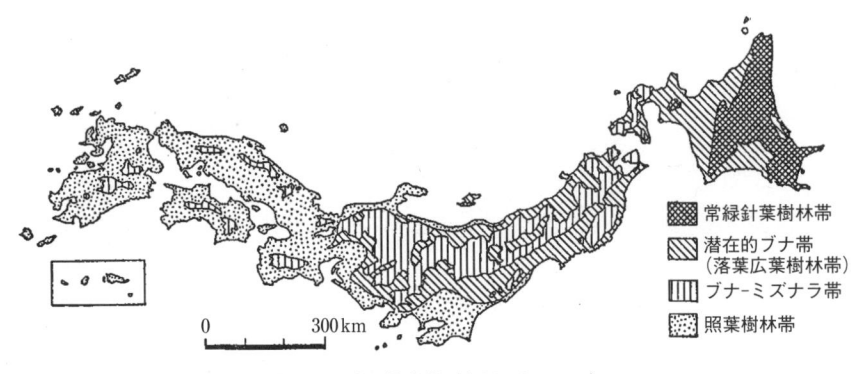

図9.9 日本の植生帯（市川ほか，1984）

り変わる季節の風景とともに，各地の伝統的な風物詩として日本の美しさを特徴づけてきた．

20世紀以降になると，日本の自然環境に大きな変化が人為的な影響によってみられるようになる．1つは，経済発展や都市化の進展にともなう，大規模な土地開発であり，それによって美しい日本の基盤であった森林は都市域や都市近郊を中心に縮小するようになった．もう1つは，中心と周辺の経済格差によって人口が都市に集中するようになり，過疎地域が拡大し，森林の管理が労働力不足で困難になっている．その結果，森林の荒廃が進み，各地に残された美しい日本の景観や伝統的な生活文化が損なわれるだけでなく，地滑りや土砂崩れなどの自然災害も多く引き起こされるようになった．さらに近年では，人間活動のグローバル化にともなって，動植物の外来種が意識的にあるいは無意識的に持ち込まれ，美しい日本の景観の基盤となる生態系を変化させている．

私たちが日本地誌から学ぶことの1つは，美しい日本の景観を再認識することであり，その美しい日本の景観を残すためには何をすべきなのかを考えることにある．本書では，日本の多様性に注目してきた．美しい日本の景観は多様な自然や歴史的背景，あるいは産業や生活文化に基づいてつくられてきた．そのような多様性は日本各地の地域性となっても現れている．しかし，交通や情報通信の技術革新によって，あるいは都市化やグローバル化によって，地域性を無視した画一的・等質的な地域がつくられつつある．例えば，駅前のタウンスケープはどこも同じようであり，どこのスーパーに行ってもダイコンといえば青首大根である（かつては，練馬大根のように地域を特徴づけるダイコンがあったはずである）．したがって，私たちは日本の多様性や各地の地域性を考慮した地域発展のあり方を考えなければならないし，それが美しい日本の景観を次世代に残していく方策の1つになることを肝に銘じなければならない．

[菊地俊夫]

引用文献

市川健夫・山本正三・斉藤　功編（1984）：日本のブナ帯文化，307p，朝倉書店．

コラム 17

世界の人々は日本をどのようにみているのか

イギリスのBBCワールドサービスは，世界各国の国際的な評価（良い影響を与えているか，悪い影響を与えているか）に関して，2005年から継続して27カ国の約3万人に世論調査を行ってきた（http://www.globescan.com/news_archives/bbc2010_countries/BBC_2010_count ries.pdf）．2010年の調査結果から国際的に良い影響を与えていると評価された国をみると（図1），ドイツが56％と最も高く，次いで日本とEUの53％，さらにイギリスの52％とカナダの51％，フランスの49％と続いている．日本は2005年の調査開始から毎年高い評価を得ているが（毎年第1位ないし第2位である），それは日本の経済発展や技術力，および社会的な安定性と安全性が評価されたものである．それらの評価はドイツと通じるものがあるが，ドイツやイギリス，あるいはフランスは伝統的な生活文化や歴史性も評価されている点が日本と異なっている．日本が今後，高い国際的評価を受け続けるためには，ヨーロッパ諸国のように伝統的な生活文化や歴史性も評価の対象になるようにしなければならない．

他方，世界に悪い影響を与えている国として，イランが56％で最も高く，次いでパキスタンの51％とイスラエルの50％が続く．これらの国々では戦争や紛争が継続的に生じており，その影響で国際的な評価が下がっている．また，戦争や紛争は国や地域の社会的秩序や経済安定を脅かし，国際的な信用を低下させることとなる．その意味でも，国際的な評価は低くなる．それらの国々以外でも，北朝鮮（48％）や中国（38％），ロシア（37％），アメリカ合衆国（34％）の数値が高い．これらの国々は，北朝鮮を除けば大国であり，大国に対する批判が少なからずある．一方，北朝鮮は国際的に理解されていない面が多く，その意味で否定的な評価になっていた．

次に，世界各国における日本の評価を同じ BBC の調査結果からみてみよう（図2）．日本が世界に良い影響を与えていると評価する国々は多い．ブラジルやフィリピンやインドネシアでは70％以上の人々が日本を評価しており，アメリカ合衆国，チリ，ケニア，ナイジェリア，タイ，韓国などでも60％以上の人々が日本を評価している．ここで注目するのは，韓国における日本の評価が飛躍的に上昇したことである（2005年では日本を評価する人々は31％にすぎなかった）．これは，日本と韓国の交流がさまざまな分野で進み，相互理解が深化した結果でもある．全体的にみると，日本は東アジアや東南アジア，および環太平洋諸国との交流によって，相互理解を深め，日本に対する評価を確かなものにしてきた．しかし，日本に対する評価が低い国に中国があり，それは中国との交流を深め，相互理解をさらに進めなければならないことを示唆している．さらに，日本に対する評価が高い人々が多い反面，ドイツやフランスや韓国のように，低く評価する人々も多い国もある．これらの国々に対してもさらに相互理解を深める必要がある．加えて，日本に対する日本人の評価が高くないことも問題である．したがって，私たちは日本をよく知り，日本の良さを理解しなければならない．

［菊地俊夫］

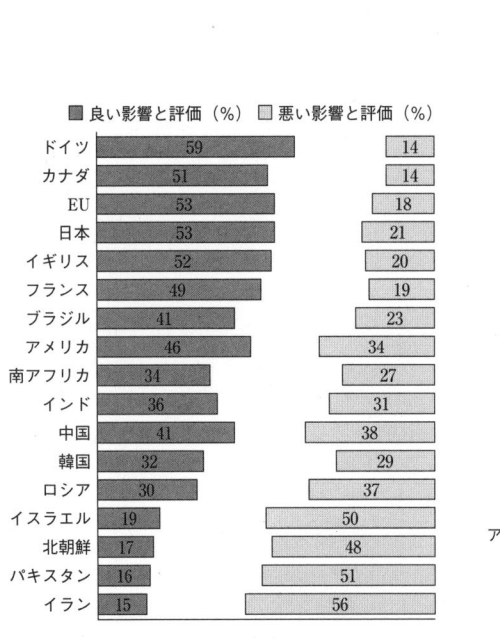

図1 世界に影響を与えている主要国
（BBC World Service, 2010）

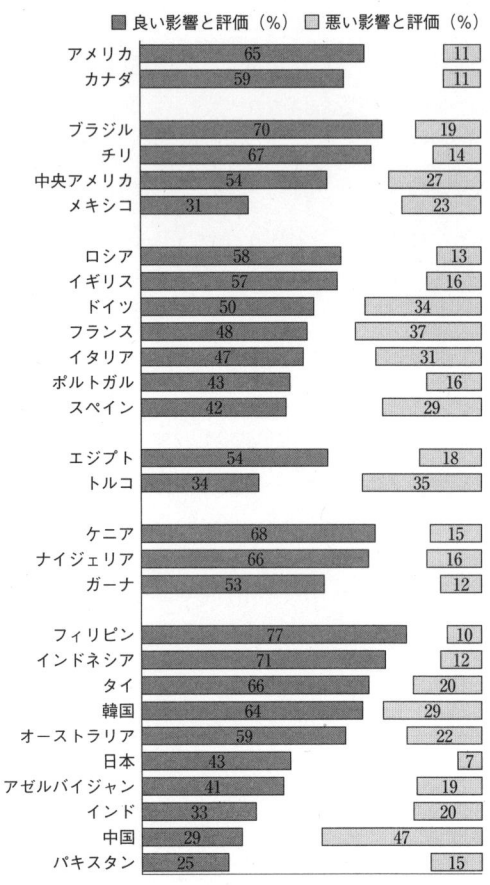

図2 世界各国における日本の評価
（BBC World Service, 2010）

さらなる学習のための参考図書

第1章　総論：日本の地域像

　学習に役立つ図書や資料は多いが，ここでは特に役立つ図書2冊（『日本地誌』と『日本の地誌』）と資料1件（『日本統計年鑑』）について説明する．

『日本地誌』　『日本地誌』は1967年から1980年にかけて日本地誌研究所によって編纂され，二宮書店から出版された．『日本地誌』は日本総論（第1巻）と地方総論と都道府県地誌（第2～21巻）からなり，日本は10の地方に区分された（図）．また，都道府県地誌は都道府県総論と都道府県内地誌に分けて記載されている．『日本地誌』の記載内容は，地理的特性（位置・面積・人口・領域の変化），歴史的背景，自然（地形・地質・気候・植生），人文（農林水産業，鉱工業，交通・通信，商業・貿易，観光，地域開発，人口，集落，政治・文化，地域問題，地域区分）であり，地域区分に基づく各地域の地誌の記載内容も地域の性格（位置・歴史・自然・特徴的な地域変化），人文（産業・経済，集落・都市），各地域における市町村の概要になっている．全体的には，地域の様相を静態地誌として丹念に記載しており，日本全体のレベルと地方のレベル，および都道府県と市郡や市町村レベルと地域レベル応じて記載内容の差別化を図っている．

図　日本地誌研究所による日本の地理区（青野・尾留川，1980）

『日本の地誌』　日本地誌研究所による『日本地誌』から約30年後の日本の諸相を記載するため，『日本の地誌』が編纂され，朝倉書店から出版された．『日本の地誌』は10巻からなり，日本総論（自然編と人文・社会編）と地方編（北海道，東北，首都圏Ⅰ，首都圏Ⅱ，中部圏，近畿圏，中国・四国，九州・沖縄）に分けて記載されている．『日本地誌』が日本全体の地誌や地方の地誌だけでなく，都道府県の地誌や市町村の地誌にこだわったのに対して，『日本の地誌』は日本全体と8つの地域区分に基づいて地域の様相を記載してきた．また，『日本地誌』は静態地誌を基本にして地域要素を網羅して記載していたのに対して，『日本の地誌』は日本地誌の記載以降の30年間の変化の中で特徴的な現象に焦点を当てて動態地誌として記載している．したがって，『日本の地誌』は地域の様相を網羅的に必ずしも記載していないが，地域の変化がどのような地域の要素と結びついて生じたのかを分析的に説明している．

『日本統計年鑑』　『日本統計年鑑』は総務省統計研修所が編集し，総務省統計局から毎年発行されている．この資料は，日本の基本的な統計データを網羅的・体系的に収録したもので，統計の調査方法や出所も説明されている．実際，『日本統計年鑑』には国土・気象，人口・世帯，国民経済計算，通貨・資金循環，財政，企業活動，農林水産業，鉱工業，建設業，エネルギー・水，情報通信・科学技術，運輸，商業・サービス業，金融・保険，貿易・国際収支・国際協力，労働・賃金，物価・地価，住宅・土地，家計，社会保障，保健衛生，教育，文化，公務員・選挙，司法・警察，環境・災害・事故，国際統計に関するものがまとめられている．この統計年鑑の大きな利点は多様な統計が1冊にまとめられていることであり，経年的に統計の変化を概観できることである．また，統計表は英文でも説明されているため，海外に日本の様相を紹介する際にも利用できる．しかし，『日本統計年鑑』は基本的な統計データを網羅的に紹介しているため，より詳細なデータはそれぞれの統計資料の出所や原典をみなければならない．

中村和郎・新井　正・岩田修二・米倉伸之編（2005）：日本総論Ⅰ（自然編）（日本の地誌1），416p，朝倉書店．
矢ヶ崎典隆・加賀美雅弘・古田悦造（2007）：地誌学概論（地理学基礎シリーズ3），168p，朝倉書店．
ヨーゼフ・クライナー編（1996）：地域性からみた日本―多元的理解のために―，297p，新曜社．
立正大学地理学教室編（2007）：日本の地誌，261p，古今書院．

第2章　九州：その特異性と進化

九州経済調査協会（2009）：図説九州経済2010，九州経済調査協会．
平岡昭利編（1999）：九州　地図で読む百年，古今書院．

第3章　中国・四国：三海に囲まれた多様な特性をもつ地域

飯豊毅一ほか編（1982）：中国・四国地方の方言（講座方言学8），国書刊行会．
太田陽子ほか編（2004）：近畿・中国・四国（日本の地形6），東京大学出版会．
地質調査所（1982）：日本地質アトラス，地質調査所．
中国地方総合研究センター（2001）：中国地域の経済と地域開発2001，中国地方総合研究センター．
中村和郎ほか編（1995）：中国四国（日本の自然　地域編6），岩波書店．
農林水産長期金融協会（1996）：全国市町村地域農業活力図鑑，農山漁村文化協会．
森川　洋・篠原重則・奥野隆史編（2005）：中国・四国（日本の地誌9），648p，朝倉書店．

第4章　近畿：古代から近代までの展示場

生田真人（2008）：関西圏の地域主義と都市再編―地域発展の経済地理学，439p，ミネルヴァ書房．
石川雄一（2008）：郊外からみた都市圏空間―郊外化・多核化のゆくえ―，241p，海青社．
大場秀章・藤田和夫・鎮西清高編（1995）：近畿（日本の自然　地域編5），183p，岩波書店．
橿原市教育委員会編（1997）：歴史・町並み読本　寺内町今井―今井町の歴史とまちづくり―，197p，橿原市教育委員会．
近畿都市学会編（2008）：21世紀の都市像―地域を活かすまちづくり，272p，古今書院．
谷岡武雄（2010）：関西―その生き方と環境，190p，古今書院．
奈良女子大学文学部なら学プロジェクト編（2009）：大学的奈良ガイド―こだわりの歩き方，272p，昭和堂．
野外歴史地理研究会編（2010）：近畿を知る旅―歴史と風景―，213p，ナカニシヤ出版．
渡辺定夫編著（1994）：今井の町並み，207p，同朋社．

第5章　中部：東日本と西日本を結ぶ回廊

愛知大学綜合郷土研究所編（1995）：天竜川・豊川流域文化圏から東・西日本をみる，220p，名著出版．
飯豊毅一ほか編（1983）：中部地方の方言（講座方言学6），442p，国書刊行会．
池　俊介（2006）：村落共有空間の観光的利用，254p，風間書房．
市川健夫（1966）：高冷地の地理学，414p，令文社．

植村元覚・二神弘編著（1980）：北陸の都市と農村，278p，古今書院．
貝塚爽平・遠藤邦彦・鈴木毅彦・小池一之・山崎晴雄編（2000）：関東・伊豆小笠原（日本の地形4），349p，東京大学出版会．
斎藤　功編著（2006）：中央日本における盆地の地域性―松本盆地の文化層序―，268p，古今書院．
斎藤　功・石井英也・岩田修二編（2009）：首都圏Ⅱ（日本の地誌6），596p，朝倉書店．
竹内淳彦編（2008）：日本経済地理読本（第8版），254p，東洋経済新報社．
中村和郎・木村竜治・内嶋善兵衛（1986）：日本の気候，237p．岩波書店．
野上道男・守屋以智雄・平川一臣・小泉武栄・海津正倫・加藤内蔵進編（1994）：中部（日本の自然 地域編4），182p，岩波書店．
平岡昭利・野間晴雄編（2000）：地図で読む百年 中部1，113p，古今書院．
平岡昭利・野間晴雄編（2000）：地図で読む百年 中部2，125p，古今書院．
藤岡謙二郎監修（1983）：中部地方（新日本地誌ゼミナールⅣ），233p，大明堂．
藤田佳久・田林　明（2006）：中部圏（日本の地誌7），688p，朝倉書店．
町田　洋ほか編（2006）：中部（日本の地形5），385p，東京大学出版会．
松井貞雄（1978）：日本の温室園芸地域，309p，大明堂．
山口恵一郎・清水靖夫・佐藤　侊・中島義一・沢田　清編（1974）：中部Ⅰ（日本図誌大系），400p，朝倉書店．
山口恵一郎・清水靖夫・佐藤　侊・中島義一・沢田　清編（1974）：中部Ⅱ（日本図誌大系），388p，朝倉書店．
山崎謹哉編（1989）：さかいの地理学，140p，古今書院．
山村順次（1998）：新版 日本の温泉地―その発達・現状とあり方―，234p，日本温泉協会．

第6章　関東：東進する日本の中心

貝塚爽平・遠藤邦彦・鈴木毅彦・小池一之・山崎晴雄編（2000）：関東・伊豆小笠原（日本の地形4），349p，東京大学出版会．
貝塚爽平・中村和郎編（1994）：関東（日本の自然 地域編3），岩波書店．
菅野峰明・佐野　充・谷内　達編（2009）：首都圏Ⅰ（日本の地誌5），596p，朝倉書店．
国土交通省（2010）：首都圏白書，佐伯出版．（毎年度発行，webからダウンロードが可能．http://www.mlit.go.jp/statistics/file000007.html）
斎藤　功・石井英也・岩田修二編（2009）：首都圏Ⅱ（日本の地誌6），596p，朝倉書店．
高橋伸夫・谷内　達編（1994）：日本の三大都市圏―その変容と将来像，古今書院．
竹内淳彦編（2008）：日本経済地理読本（第8版），254p，東洋経済新報社．
寺坂昭信・平岡昭利・元木　靖（2003）：関東Ⅰ・Ⅱ 地図で読む百年，古今書院．
富田和暁・藤井　正編（2010）：新版図説大都市圏，古今書院．
山本正三（1991）：首都圏の空間構造，二宮書店．

第7章　東北：豊かな自然とそれに育まれた地方文化

市川健夫（1993）：日本の四季と暮らし，古今書院．
市川健夫・山本正三・斎藤　功編（1984）：日本のブナ帯文化，朝倉書店．
田村俊和・石井英也・日野正輝編（2008）：東北（日本の地誌4），516p，朝倉書店．
日本地誌研究所編（1971）：日本地誌 第4巻 宮城県・山形県・福島県．
日本地誌研究所編（1975）：日本地誌 第3巻 東北地方総論 青森県・岩手県・秋田県．
平岡昭利編（2000）：東北 地図で読む百年，古今書院．

第8章　北海道：壮大なスケールの自然と大陸的風土

石城謙吉・福田正己（1994）：北海道・自然のなりたち，207p，北海道大学図書刊行会．
島村英紀・森谷武男（1994）：北海道の地震，224p，北海道大学図書刊行会．
小野有五・五十嵐八枝子（1991）：北海道の自然史 氷期の森林を旅する，219p，北海道大学図書刊行会．

加藤貞仁（2002）：北前船 寄港地と交易の物語，242p，無明舎出版．
関　秀志・桑原真人・大庭幸生・高橋昭夫（2006）：新版 北海道の歴史(下)近代・現代編，412p，北海道新聞社．
大沼盛男編（2002）：北海道産業史，343p，北海道大学図書刊行会．

第9章　世界の中の日本

上山春平編（1969）：照葉樹林文化，208p，中公新書．
上山春平・佐々木高明・中尾佐助（1976）：続 照葉樹林文化，238p，中公新書．
内田　樹（2009）：日本辺境論，255p，新潮新書．
加藤恭子（2008）：私は日本のここが好き！―外国人54人が語る―，256p，出窓社．
ジョージ・リッツア著，正岡寛司監訳（1999）：マクドナルド化する社会，383p，早稲田大学出版部．
ドナルド・キーン著，足立　康訳（2002）：果てしなく美しい日本，336p，講談社学術文庫．
吉田尚宏（2010）：ガラパゴス化する日本，264p，講談社現代新書．

付録 統計資料

	人口 (人)[*1]	自然増減数 (人)[*2]	労働人口 (1,000人)[*3]	面積 (km²)[*4]	可住地面積 (ha)[*5]	耕地面積 (ha)[*6]	耕地率 (%)[*7]
北海道	5,506,737	−12,980	2,739	83,457	2,704,611	1,158,000	14.8
青森県	1,378,743	−5,910	697	9,644	314,719	157,200	16.4
岩手県	1,340,062	−5,440	687	15,279	371,453	154,200	10.1
宮城県	2,335,517	−1,747	1,202	6,862	313,871	136,600	18.7
秋田県	1,095,591	−6,951	525	11,636	319,351	150,900	13.0
山形県	1,178,646	−4,969	611	6,652	289,020	123,200	13.2
福島県	2,039,737	−5,246	1,031	13,783	422,166	150,300	10.9
茨城県	2,960,328	−3,167	1,541	6,096	399,793	175,700	28.8
栃木県	2,005,939	−1,502	1,077	6,408	296,306	127,800	19.9
群馬県	2,007,019	−2,487	1,041	6,363	229,904	76,300	12.0
埼玉県	7,129,762	8,158	3,833	3,767	256,919	80,500	21.2
千葉県	6,139,119	5,341	3,260	5,082	352,017	129,400	25.1
東京都	12,868,342	10,094	7,117	2,103	144,332	7,800	3.6
神奈川県	8,943,114	15,479	4,715	2,416	146,270	20,500	8.5
新潟県	2,378,016	−7,054	1,239	10,364	447,577	174,900	13.9
富山県	1,095,439	−3,056	583	2,046	185,260	59,500	14.0
石川県	1,164,889	−1,336	625	4,186	138,054	43,400	10.4
福井県	807,751	−987	424	4,190	107,216	41,000	9.8
山梨県	866,931	−1,927	460	4,201	95,030	25,100	5.6
長野県	2,159,258	−4,852	1,173	13,105	332,139	111,300	8.2
岐阜県	2,091,774	−1,838	1,111	9,768	210,608	58,300	5.5
静岡県	3,791,938	−1,506	2,065	7,329	280,919	71,400	9.2
愛知県	7,417,567	15,912	3,971	5,116	296,767	79,700	15.4
三重県	1,869,914	−1,621	956	5,762	203,325	61,500	10.6
滋賀県	1,405,077	2,192	731	3,767	128,606	53,500	13.3
京都府	2,622,107	−1,840	1,313	4,613	117,119	32,200	7.0
大阪府	8,800,669	1,962	4,345	1,898	131,836	14,100	7.4
兵庫県	5,582,635	−1,009	2,702	8,396	276,921	76,800	9.1
奈良県	1,398,917	−1,347	672	3,691	84,921	22,600	6.1
和歌山県	1,004,450	−4,084	493	4,726	109,986	35,600	7.5
鳥取県	590,605	−1,681	318	3,507	83,848	35,200	10.0
島根県	718,157	−3,262	378	6,708	134,351	38,500	5.7
岡山県	1,941,565	−2,547	984	7,010	221,425	69,400	9.8
広島県	2,863,066	−1,208	1,461	8,479	226,385	58,800	6.9
山口県	1,454,757	−5,534	723	6,114	176,543	50,600	8.3
徳島県	789,230	−2,784	383	4,147	102,137	31,300	7.5
香川県	999,065	−2,257	514	1,862	100,022	32,200	17.2
愛媛県	1,436,012	−4,189	706	5,678	167,698	54,200	9.5
高知県	766,461	−3,958	388	7,105	116,160	28,700	4.0
福岡県	5,053,115	1,410	2,532	4,845	274,963	87,100	17.5
佐賀県	852,066	−1,316	442	2,440	133,917	54,700	22.4
長崎県	1,429,820	−3,439	708	4,105	163,023	50,700	12.4
熊本県	1,813,629	−2,293	902	7,077	275,578	117,800	15.9
大分県	1,194,723	−2,544	585	5,099	177,445	58,200	9.2
宮崎県	1,131,527	−1,892	564	6,346	185,837	69,300	9.0
鹿児島県	1,707,565	−4,679	834	9,044	327,698	123,300	13.4
沖縄県	1,382,216	6,933	673	2,276	115,564	39,100	17.2
全国	127,509,567	−58,958	66,034	377,947	12,192,783	4,609,000	12.4

[*1] 総人口. 2009年10月1日現在. 2010年4月16日公表. 統計局
[*2] 総人口. 2008年10月1日〜2009年9月30日. 2010年4月16日公表. 統計局
[*3] 2010年平均結果. 2011年3月1日公表. 統計局
[*4] 2009年10月1日現在. 統計局
[*5] 可住地面積＝行政面積−林野面積−湖沼面積. 2008年現在. 国土交通省
[*6] 2009年現在. 日本統計年鑑 (2011)

製造品出荷額 (100万円)*8	小売販売額 (100万円)*9	県内総生産 (100万円)*10	県民所得 (100万円)*11	1人あたりの所得 (1,000円)*12	
5,202,551	98,783	18,458,430	13,411,585	2,408	北海道
1,457,403	15,753	4,570,246	3,422,890	2,433	青森県
2,010,170	13,414	4,544,443	3,250,279	2,383	岩手県
2,944,135	38,940	8,285,510	6,056,555	2,580	宮城県
1,184,799	10,079	3,808,494	2,782,179	2,483	秋田県
2,391,489	13,141	4,208,671	3,044,977	2,541	山形県
4,724,529	22,892	7,883,359	5,884,503	2,847	福島県
9,779,425	30,517	11,577,898	8,925,983	3,007	茨城県
7,679,672	29,318	8,268,453	6,252,078	3,105	栃木県
6,706,669	26,774	7,498,211	5,805,780	2,880	群馬県
11,774,761	109,172	21,108,084	21,078,640	2,973	埼玉県
12,345,845	97,764	19,650,939	18,358,676	3,010	千葉県
8,023,647	338,654	92,300,479	57,926,986	4,540	東京都
14,868,385	160,096	31,960,343	29,165,937	3,284	神奈川県
4,144,795	31,913	8,979,390	6,550,823	2,724	新潟県
2,868,220	12,608	4,654,341	3,414,870	3,088	富山県
2,049,140	16,441	4,709,124	3,444,973	2,945	石川県
1,673,401	7,312	3,308,091	2,301,737	2,821	福井県
1,900,013	9,103	3,236,400	2,425,707	2,767	山梨県
4,983,927	22,250	8,147,872	6,123,390	2,808	長野県
4,569,082	27,019	7,386,360	5,827,099	2,770	岐阜県
15,050,953	38,431	16,927,524	12,859,595	3,384	静岡県
34,431,322	134,839	37,171,925	26,409,301	3,588	愛知県
9,374,584	22,676	8,207,134	6,057,249	3,229	三重県
6,115,968	24,349	6,017,129	4,380,787	3,138	滋賀県
4,675,054	52,850	10,092,747	7,886,738	2,993	京都府
14,806,158	182,554	38,921,824	27,376,752	3,107	大阪府
13,423,028	93,396	19,135,712	15,777,885	2,823	兵庫県
1,984,809	24,735	3,749,870	3,780,894	2,681	奈良県
2,414,808	12,408	3,403,350	2,687,803	2,637	和歌山県
853,198	6,445	1,999,163	1,418,355	2,364	鳥取県
873,181	6,220	2,506,160	1,780,908	2,436	島根県
6,611,585	26,920	7,532,514	5,491,397	2,812	岡山県
7,917,797	47,715	11,981,498	8,790,866	3,059	広島県
5,412,904	17,075	5,840,349	4,394,168	2,982	山口県
1,570,055	6,797	2,643,749	2,245,319	2,807	徳島県
2,493,885	17,038	3,663,749	2,667,220	2,652	香川県
3,581,581	21,858	4,942,123	3,608,719	2,485	愛媛県
490,881	8,069	2,285,185	1,652,507	2,114	高知県
7,767,530	72,064	18,510,916	13,884,029	2,746	福岡県
1,553,500	7,271	3,011,553	2,212,433	2,575	佐賀県
1,675,555	12,701	4,282,160	3,185,093	2,191	長崎県
2,321,415	19,151	5,745,329	4,351,827	2,381	熊本県
3,084,425	13,585	4,474,615	3,170,746	2,636	大分県
1,229,519	9,623	3,531,593	2,459,109	2,152	宮崎県
1,715,169	18,968	5,464,314	4,071,882	2,353	鹿児島県
548,107	13,863	3,662,020	2,813,932	2,049	沖縄県
265,259,031	2,043,545	520,249,343	390,871,161	3,059	全国

*7 耕地率＝耕地面積（総数）÷総土地面積．2009年現在．日本統計年鑑（2011）
*8 平成21年工業統計表確報（概要版）．経済産業省
*9 商業販売統計確報（2010年12月）．経済産業省
*10 平成19年度県民経済計算．内閣府
*11 平成19年度県民経済計算．内閣府
*12 平成19年度県民経済計算．内閣府

索　引

ア 行

IC 生産　24
会津盆地　124
IT 関連企業　109
青葉通り　132
青森空港　136
赤石山脈　80
明石海峡大橋　51
秋田空港　136
秋田港　136
あきたこまち　128
秋田新幹線　134
秋田平野　123
秋吉台　39
安積疎水　124, 131
足尾鉱毒事件　110
足尾銅山　110
亜熱帯気候区　20
アーバンツーリズム　112
阿武隈高地　122
天橋立　60
有明海　22

域外資本　155
い草　46
池田ダム　47
石巻港　130
伊豆諸島　100
和泉層群　40
出雲大社　52
出雲平野　45
イタイイタイ病　97
1 割経済　23
厳島神社　52, 53
糸魚川-静岡構造線　80
稲作　144
岩国大竹コンビナート　51
石見銀山　52, 53
石見高原　37
インテリジェントビル　114
インナーシティ　71

ウィンタースポーツ　111, 118, 142
ウォーターフロント　114
後山　37
温州ミカン　46

映像資料　8
エコアイランド　25, 27, 28
越後平野　81
エネルギー革命　26
エネルギー転換　145, 152
園芸農業　47, 107
塩田　43
遠洋漁業　48

奥羽山脈　121
大内宿　134
大河津分水路　81
大阪ウォーターフロント開発　69
大阪国際空港　68
大阪湾ベイエリア　67
大迫ダム　76
大台ケ原　61
大滝ダム　76
小笠原諸島　100, 112
男鹿半島　124
沖ノ鳥島　101
牡鹿半島　124
オホーツク海流　121
表日本気候区　20
雄物川　125
オレンジ　46
卸売業　114
温泉　19, 133, 141
温量指数　20

カ 行

カーアイランド　25, 27, 29
海外旅行　160
海岸段丘　40
外国人観光客　161
外国人労働力　163
海水浴　111, 118
海洋性気候　141
香川自動車道　52
香川用水　42
火山性ローム　150
火山フロント　22, 100
春日山原始林　63
霞ヶ浦　102
過疎化　33, 47, 56, 77, 92
活火山　140
金型　109
からっ風　104
カルスト地形　39
カルデラ　22
官営八幡製鐵所　25
関越自動車道　92
環境保全米　128
韓国　160
関西国際空港　67, 68
関西文化学術研究都市　73
寒天　85
関東山地　100, 111
関東平野　101
関東ローム層　102
かんな流し　37
かんばん方式　30

紀伊山地　61
紀伊半島　62

機械化　151
気候区分　5
木地師　139
汽水湖　39
季節風　42
木曾三川　82
木曾山脈　80
北上川　124
北上高地　122
北上盆地　123
北九州工業地帯　25
北前船　145, 147
紀ノ川　59
吉備高原　37
逆転層　105
魚肥　146
近海漁業　48
近畿トライアングル　60
近郊農業　118
近郊農業地帯　106
近接性　9, 19
近代化産業遺産群　25
金の卵　127
近隣諸国　160

櫛田川　59
九十九里浜　104
釧路湿原　159
組立工場　109
倉吉平野　45
黒潮　47
グローバル化　45, 161, 165
グローバル経済化　56
黒ボク土　102, 150

景観　164
軽種馬飼養　143
系統地理学　1
けいはんな学研都市　73
京浜工業地帯　108
飢渇慣らし　121
減化学肥料野菜　107
圏構造　10, 14
言語境界　99
検索エンジン　8
減反政策　88
減農薬野菜　107
原爆ドーム　53, 54

小岩井農場　134
広域地方行政区分　6
広域中心都市　32
公害　28
郊外核　118
工業整備特別地域　43
豪雪地帯　121
高層マンション　113

高知自動車道　52
高度経済成長　127
神戸淡路鳴門自動車道　51
高齢化　56,77
高冷地性輸送園芸農業　21
高冷地農業　88
五畿七道　6
国際コンテナターミナル　152
国土開発幹線自動車道　50
古都法　78
コナベーション　112
米　125
コールセンター　156
根釧台地　143

サ　行

境港　45
相模川　100
サクランボ　128
ササニシキ　128
雑穀　129
札幌オリンピック　154
サービス経済化　48
山陰自動車道　50
山陰本線　49
散居村　150
サンゴ礁　20
三大都市圏　90,92,112
三本木原　122
山陽自動車道　43,50
山陽新幹線　49
山陽本線　49
三陸沖　130
三陸海岸　124

JRグループ　13
市街地再開発事業　33
しぐれ　41
資源の一極集中化　118
四国山地　37
施設園芸農業　84,87
GDP　157
支店経済都市　32,155
自動車産業　85,154
シナ織り　139
信濃川　81
しまなみ海道　51
下総台地　102
社会動態　154
ジャストインタイム（JIT）　30
周南コンビナート　51
シュガーロード　36
首都圏整備法　109
準平原　37
上越新幹線　92
上信越道　92
醸造業　132
小天橋　60
庄内平野　123
湘南海岸　111
情報サービス業　115
情報通信関連業　115
照葉樹林帯　164

省力化　151
植生　21
食文化　164
植民地区画　150
食料自給率　143
白神山地　133
シラス　22
シリコンアイランド　25,27
シリコンロード　131
新産業都市　27,152
侵食小起伏面　38
神通川　97
新東京国際空港　116

スキー場　90,94,111,133
スケール　1

生活文化　10,163
青函トンネル　134
製造業　54
静態地誌　2
西南日本外帯　59
西南日本内帯　59
政令指定都市　70,154
世界遺産　53
世界自然遺産　133,142
石州瓦　45
石炭　145
石炭積出量　152
石油化学コンビナート　44,55
脊梁山脈　4
絶対高さ制限　155
瀬戸内気候区　20
瀬戸大橋　51
瀬戸中央自動車道　51
瀬戸内海　37
瀬戸内海国立公園　51
全国総合開発計画　27
仙台空港　136
仙台塩釜港　136
仙台都市圏　137
仙台平野　122
扇端　154

雑煮文化　11
促成栽培　47
素材型工業　44

タ　行

耐寒性品種　144
帝釈台　39
大山　37
大山隠岐国立公園　51
大都市圏　14
太平洋　37
太平洋式気候　104
太平洋プレート　100
太平洋ベルト　43,85,90
タウンシップ　150
たたら製鉄　37
脱工業化　48
多島海　39
棚田　22

多様性　165
暖温帯常緑広葉樹林　21
炭鉱　25
丹沢山地　100
暖地性輸送園芸農業　21

地域区分　5,17
地域構造　15
地域構造図　2
地域差　14
地域性　165
地域づくり　94
筑豊炭田　25
地形区分　5
地誌学　1
地図資料　8
地熱発電　28
地方運輸局　12
地方銀行　132
地方中核都市　32
地方農政局　13
中央構造線　22,40,59
中央自動車道　92
中京工業地帯　63
中国　160
中国横断自動車道　50
中国山地　37
中国自動車道　43
中国縦貫自動車道　50
中山間地域　37
中心市街地活性化　33
中枢管理機能　32
中尊寺　134
中部山岳地帯　80
超高齢社会　76
銚子漁港　104
沈降海岸地形　40

津軽平野　122
つくばエクスプレス（TX）　120
筑波研究学園都市　103,120
対馬海峡　42
土崎港　136
嬬恋村　107

TMO　33
出稼ぎ　127
テクノポリス　131,152
鉄道ターミナル　114
テーマパーク　19
電気事業　13
伝統工業　45
伝統工芸品　132

東海道　83
東海道新幹線　83
東海道線　83
東京国際空港　116
東京証券取引所　113
東京大都市圏　112,118
東京湾　102
統計資料　8
道後山　37
東山的要素　118

索　引　175

湯治　133
杜氏　132
道州制　17,57
同心円構造　118
動態地誌　2
『遠野物語』　134
東北自動車道　135
東北新幹線　134
東北地方太平洋沖地震　124
東北的要素　118
東北本線　134
東名高速道路　83
徳島自動車道　52
都市化　165
鳥取砂丘　39
鳥取平野　45
利根川　103
トヨタ自動車　85
十和田八幡平国立公園　133
屯田兵　154

ナ　行

名古屋大都市圏　91
那須疎水　107
成田空港　116
南港ポートタウン　70

二期作　43
肉牛　129
西瀬戸自動車道　51
西回り航路　37
ニシン粕　146
ニシン漁場　146
ニシン漁　144
日用消費財工業　108
日本海　37
日本銀行　113
日本放送協会（NHK）　14
乳頭温泉郷　133
ニュータウン　74, 112, 118

農業機械　150
農業地域区分　7
農村空間区分　9
濃尾平野　81
ノリ養殖　23
　――の協業化　23
ノロ　39

ハ　行

ハウステンボス　19
ハケ　102
箱根　111
端境期　21, 144
ハタハタ　131
八戸港　130, 136
八郎潟　123

バックオフィス　114
羽田空港　116
阪神・淡路大震災　61
阪神工業地帯　63
磐梯朝日国立公園　133
飯田高原　21
番屋　145

比較地誌　4
東アジア　19, 160
干潟　23
飛驒山脈　80
ヒートアイランド現象　105
ひとめぼれ　128
標準語形　11
氷ノ山　37
広島空港　50

フィリピン海プレート　40, 100
フェリー　152
フェーン現象　84, 121, 141
フォッサマグナ　59, 80
福岡空港　19
福岡都市圏　32
福島盆地　123
フードアイランド　27, 36
ブナ帯　21
ブナ帯文化　122
ブラキストンライン　140
ブランド米　125
プレート運動　140
ブロイラー　129
文化産業　108
文献資料　8
豊後水道　42

平成の大合併　56
別荘地　89
ベッドタウン　118
弁財船　145, 147

房総半島　103, 106
防風林　150
北米プレート　140
北陸新幹線　92
北海道国有未開地処分法　152
ホップ　129

マ　行

マタギ　139
松江城　52
松山自動車道　52

三浦半島　103
水島コンビナート　43, 51
宮島　54
宮本常一　58
民宿　90, 93

武蔵野台地　102
陸奥湾　124

名阪道路　61

最上川　125
盛岡都市圏　137

ヤ　行

野菜輸入量　161
谷津田　102
山形自動車道　137
山形新幹線　134
山形都市圏　137
山口宇部空港　50
やませ　107, 118, 121
大和シジミ　46
やん衆　148

有機農産物　107
湧水帯　154
雪国　121
輸送用機械器具製造業　153
ユニバーサル・スタジオ・ジャパン
　（USJ）　67, 77
ユーラシアプレート　40, 140

養豚　129
横手盆地　123
吉野川　61
吉野川分水工事　61
米子平野　45

ラ　行

酪農　107, 143
落葉広葉樹林帯　164
ラムサール条約　39, 159
リアス式海岸　22, 60
陸中海岸国立公園　133
隆起準平原　38
リンゴ　128
冷温帯落葉樹林　21
冷帯気候区　141
歴史的景観　78
連担都市　112

ワ　行

和牛　58
輪中　82
渡良瀬川　110
渡良瀬遊水地　110
和鉄　58

編集者略歴

菊地俊夫(きくちとしお)

1955 年　栃木県に生まれる
1983 年　筑波大学大学院地球科学研究科博士課程修了
現　在　首都大学東京大学院都市環境科学研究科教授
　　　　理学博士

世界地誌シリーズ 1

日　本

定価はカバーに表示

2011 年 4 月 25 日　初版第 1 刷
2018 年 9 月 20 日　　　第 6 刷

編集者　菊　地　俊　夫
発行者　朝　倉　誠　造
発行所　株式会社　朝　倉　書　店

東京都新宿区新小川町 6-29
郵便番号　　162-8707
電　話　03 (3260) 0141
Ｆ Ａ Ｘ　03 (3260) 0180
http://www.asakura.co.jp

〈検印省略〉

Ⓒ 2011〈無断複写・転載を禁ず〉　　　　Printed in Korea

ISBN 978-4-254-16855-6　C 3325

JCOPY　〈(社)出版者著作権管理機構 委託出版物〉
本書の無断複写は著作権法上での例外を除き禁じられています．複写される場合は，そのつど事前に，(社) 出版者著作権管理機構 (電話 03-3513-6969，FAX 03-3513-6979，e-mail: info@jcopy.or.jp) の許諾を得てください．

学芸大 上野和彦編 世界地誌シリーズ2 **中　　　　　国** 16856-3　C3325　　B5判　180頁　本体3400円	教員を目指す学生のための中国地誌学のテキスト。中国の国と諸地域の地理的特徴を解説する。〔内容〕多様性と課題／自然環境／経済／人口／工業／農業と食糧／珠江デルタ／長江デルタ／西部開発と少数民族／都市圏／農村／世界の中の中国
学芸大 加賀美雅弘編 世界地誌シリーズ3 **Ｅ　　Ｕ** 16857-0　C3325　　B5判　164頁　本体3400円	教員を目指す学生のためのヨーロッパ地誌学のテキスト。自然，工業，観光などのテーマごとに，特徴のあるEU加盟国を例として解説する。〔内容〕総論／自然・農業／工業／都市／観光／移民／民俗／東欧／生活／国境／世界とEU
日大 矢ケ﨑典隆編 世界地誌シリーズ4 **ア　メ　リ　カ** 16858-7　C3325　　B5判　176頁　本体3400円	教員を目指す学生のためのアメリカ地誌学のテキスト。生産様式，生活様式，地域が抱える諸問題に着目し，地理的特徴を解説する。〔内容〕総論／自然／交通・経済／工業／農業／多民族社会／生活文化／貧困層／人口構成／世界との関係
広島大 友澤和夫編 世界地誌シリーズ5 **イ　ン　ド** 16925-6　C3325　　B5判　160頁　本体3400円	インド地誌学のテキスト。インド共和国を中心に，南アジアの地域と人々のあり方を理解するために最適。〔内容〕地域編成と州／巨大人口と多民族社会／自然／農業／鉱工業／ICT産業／交通と観光／農村／巨大都市圏／他
立教大 丸山浩明編 世界地誌シリーズ6 **ブ　ラ　ジ　ル** 16926-3　C3325　　B5判　184頁　本体3400円	ブラジル地誌学のテキスト。アマゾン，サンバ，コーヒー，サッカーだけでなくブラジルを広く深く理解するために。〔内容〕総論／自然／都市／多民族社会／宗教／音楽／アグリビジネス／観光／日本移民／日本の中のブラジル社会／サッカー
首都大 菊地俊夫・成蹊大 小田宏信編 世界地誌シリーズ7 **東南アジア・オセアニア** 16927-0　C3325　　B5判　176頁　本体3400円	東南アジア・オセアニア地域の地誌学のテキスト。自然・生活・文化などから両地域を比較しつつ，その特色を追求する。〔内容〕自然環境／歴史・文化の異質性と共通性／資源／伝統文化／グローバル化と経済活動／都市の拡大／比較地誌
学芸大 上野和彦・学芸大 椿真智子・ 学芸大 中村康子編著 地理学基礎シリーズ1 **地　理　学　概　論** 16816-7　C3325　　B5判　176頁　本体3300円	中学・高校の社会科教師を目指す学生にとってスタンダードとなる地理学の教科書。現代の社会情勢，人類が直面するグローバルな課題，地域や社会に生起する諸問題を踏まえて，地理学的な視点や方法を理解できるよう，具体的に解説した
首都大 高橋日出男・前学芸大 小泉武栄編著 地理学基礎シリーズ2 **自　然　地　理　学　概　論** 16817-4　C3325　　B5判　180頁　本体3300円	中学・高校の社会科教師を目指す学生にとってスタンダードとなる自然地理学の教科書。自然地理学が対象とする地表面とその近傍における諸事象をとりあげ，具体的にわかりやすく，自然地理学を基礎から解説している。
日大 矢ケ﨑典隆・学芸大 加賀美雅弘・ 学芸大 古田悦造編著 地理学基礎シリーズ3 **地　誌　学　概　論** 16818-1　C3325　　B5判　168頁　本体3300円	中学・高校の社会科教師を目指す学生にとってスタンダードとなる地誌学の教科書。地誌学の基礎を，地域調査に基づく地誌，歴史地誌，グローバル地誌，比較交流地誌，テーマ重視地誌，網羅累積地誌，広域地誌の7つの主題で具体的に解説
前東大 田辺 裕監修　東大 荒井良雄訳 図説大百科 世界の地理22 **日本・朝鮮半島**（普及版） 16922-5　C3325　　A4変判　148頁　本体4800円	戦後目覚ましい発展により経済規模で世界第2位となった日本。それを追うように高い成長率を遂げている韓国。一方で北朝鮮は共産主義政権下で独自の道を進んでいる。それぞれの変化はまた，伝統文化との摩擦をはらみながら複雑化している
前駒沢大 中村和郎・前立正大 新井 正・ 前立大 岩田修二・元東大 米倉伸之編 日本の地誌1 **日　本　総　論　Ⅰ**（自然編） 16761-0　C3325　　B5判　416頁　本体18000円	〔内容〕日本列島の位置と自然の特徴（地形・気候・生きものたち・自然史）／日本列島の自然環境（自然景観・気候景観・水循環と水利用・人間が作った自然）／日本の自然環境と人間活動（土地利用・大規模開発と環境破壊・防災・自然保護運動）
前筑波大 山本正三・帝京大 谷内 達・放送大 菅野峰明・ 前筑波大 田林 明・元筑大 奥野隆史編 日本の地誌2 **日　本　総　論　Ⅱ**（人文・社会編） 16762-7　C3325　　B5判　600頁　本体23000円	〔内容〕現代日本の特質／住民と地域組織（人口・社会・文化・政治・行政）／資源と産業（農業・林業・水産業・資源・工業・商業・余暇・観光・地域政策）／農村と都市／日本の生活形態／人口と財・情報の流動／日本の地域システム

上記価格（税別）は 2018年 8月現在